民商法论丛
Civil and Commercial Law Series

● 朱羿锟 著

董事问责标准的重构
Reconstructing the Standards of Director's Accountability

司法部国家法治与法学理论研究课题（07SFB2030）
教育部"十一五"规划课题（09YJA820027）的成果

北京大学出版社
PEKING UNIVERSITY PRESS

图书在版编目(CIP)数据

董事问责标准的重构/朱羿锟著.—北京:北京大学出版社,2011.7
(民商法论丛)
ISBN 978-7-301-19476-8

Ⅰ.①董… Ⅱ.①朱… Ⅲ.①董事会-公司法-研究 Ⅳ.①D912.290.4

中国版本图书馆 CIP 数据核字(2011)第 185654 号

书　　　　名:	董事问责标准的重构
著作责任者:	朱羿锟　著
策 划 编 辑:	李燕芬
责 任 编 辑:	李燕芬
封 面 设 计:	独角兽工作室
标 准 书 号:	ISBN 978-7-301-19476-8/D·2937
出 版 发 行:	北京大学出版社
地　　　　址:	北京市海淀区成府路 205 号　100871
网　　　　址:	http://www.pup.cn
电　　　　话:	邮购部 62752015　发行部 62750672　编辑部 62752027　出版部 62754962
电 子 邮 箱:	law@pup.pku.edu.cn
印　刷　者:	三河市富华印装厂
经　销　者:	新华书店
	965 毫米×1300 毫米　16 开本　17.5 印张　278 千字
	2011 年 7 月第 1 版　2011 年 7 月第 1 次印刷
定　　　　价:	35.00 元

未经许可,不得以任何方式复制或抄袭本书之部分或全部内容。
版权所有,侵权必究
举报电话:010-62752024　电子邮箱:fd@pup.pku.edu.cn

目　录

第一章　董事问责标准的三元化 …………………………………（1）
　一、亟须认真对待董事们的习惯性沉默 ……………………（1）
　二、董事非理性行为与问责空隙 ……………………………（4）
　三、诚信问责路径的兴起 ……………………………………（12）
　四、董事问责标准的三元化趋势 ……………………………（18）
　五、董事问责标准三元化的正当性分析 ……………………（25）
　六、诚信路径下的司法审查标准与涵摄对象 ………………（29）
　七、结语 ………………………………………………………（36）

第二章　董事自我交易问责的完全公平标准 ……………………（38）
　一、如何对待董事"脚踏两只船"？ …………………………（38）
　二、董事自我交易的强制保护机制：完全公平标准 ………（40）
　三、董事自我交易的程序公平 ………………………………（43）
　四、董事自我交易问责规则的效率基础 ……………………（56）
　五、董事自我交易问责规则的选择 …………………………（61）
　六、基于产权规则的责任规则：
　　　我国董事自我交易问责规则的完善 ……………………（70）

第三章　董事经营决策问责的商事判断标准 ……………………（76）
　一、如何对待董事决策失误？ ………………………………（76）
　二、商事判断规则：勤勉路径下的公共政策选择 …………（78）
　三、勤勉路径下问责标准与行为标准的分离 ………………（86）
　四、商事判断规则下的董事经营决策问责 …………………（100）
　五、积极不干预政策：我国董事勤勉问责标准的完善 ……（109）

第四章 董事会结构性偏见问责的合理性标准……（114）
- 一、他们为何习惯性地"董董相护"?!……（114）
- 二、董事会结构性偏见的问责真空……（116）
- 三、董事会结构性偏见的心理学机理剖析……（121）
- 四、董事会结构性偏见问责的诚信路径……（136）
- 五、董事会结构性偏见问责的合理性标准……（139）

第五章 高管"问题薪酬"董事问责的合理性标准……（145）
- 一、他们何以习惯性地接受高管的"问题薪酬"?!……（145）
- 二、高管薪酬激励机制……（147）
- 三、现实困境："董董相护"与高管"问题薪酬"……（162）
- 四、高管"问题薪酬"的董事问责：商事判断规则及其局限性……（183）
- 五、高管"问题薪酬"董事问责的合理性标准……（195）

第六章 反收购决策董事问责的合理性标准……（203）
- 一、他们何以习惯性地拒绝"外人"?!……（203）
- 二、反收购的正当性与反收购措施的合理性……（207）
- 三、企业反收购的董事会决策及其结构性偏见剖析……（223）
- 四、反收购决策董事问责的中间标准评析……（232）
- 五、反收购决策董事问责的合理性标准……（240）

第七章 股东代表诉讼决策董事问责的合理性标准……（248）
- 一、他们何以对公司诉权习惯性地冷漠?!……（248）
- 二、股东代表诉讼的代位性与代表性……（251）
- 三、股东代表诉讼的董事会决策及结构性偏见分析……（258）
- 四、股东代表诉讼决策董事问责的中间标准评析……（265）
- 五、股东代表诉讼决策董事问责的合理性标准……（272）

第一章 董事问责标准的三元化

这是一个转型的时代,社会在转型,学术范式亦在转型。随着行为经济学和神经经济学逐步揭开董事会治理的生理和心理机制,传统公司法上对董事的乌托邦式的理性"经济人"假设,被更为贴近现实的理性与非理性相结合的现实人范式所取代,而以仅仅针对董事作为理性"经济人"的二元问责路径和司法审查标准对其非理性行为的问责,无异于缘木求鱼,自应确立更有针对性的问责标准,从而形成了董事问责标准的三元化格局。

一、亟须认真对待董事们的习惯性沉默

董事会乃公司决策中心,其决策质量事关公司的盛衰兴旺。20 世纪 90 年代以来,世界各国公司治理改革浪潮此起彼伏,董事会职能愈来愈明晰,结构日趋合理,董事素质也愈来愈高。那么,董事会决策质量是否真的提高了?董事会治理是否更有效呢?

按理说,答案无疑是肯定的,毕竟董事会的组织特性属于投入,而公司绩效就是其产出。然而,只要我们将目光回到现实,立即就会对此产生怀疑。早在 20 世纪 90 年代初,著名经济学家詹森(Jensen)就发现,"很少有董事会在这个职责上做得很好",管理大师德鲁克(Drucker)就更不客气了,他说"所有的董事会在一件事情上是共同的,它们都不起作用"[1]。本世纪以来,安然和世通等公司丑闻发生后,美国参议院调查委员会指出,在公司

---

[1] 参见绕育蕾和史凤至:《董事会治理失效的行为金融学视角》,载《董事会》2008 年第 7 期。

出现问题之初,如果董事会更加积极警惕,那些财务状况恶化的趋势应该被避免,但董事会没有起到这种监控职能。虽然董事们在形式上参加了每一次董事会议,但并没有表现出公司需要的那种评价、领导力和勇气。这并非个别现象,而是具有相当的普遍性。从表面上看,该开的会都开了,该参会的都参会了,该走的程序都走了,该举手的都举手了,其实不过是一场游戏,实则是认认真真走过场。其结果仍然是,董事长或CEO一言九鼎,一手遮天,董事们对公司经营管理中的系统性风险麻木不仁,一错再错,越陷越深,而董事或高管同僚的一些利益冲突事项,经过层层包装,曲线救国,最终得以合法化。

以上市公司为例,它们无疑属于我国企业的佼佼者,也是董事会治理改革的旗手,董事会治理愈来愈规范,其有效性又如何呢?董事们在董事和高管的薪酬和变相自我交易等事项上习惯性地同意,而在公司收购和股东代表诉讼等事项上则是习惯性地反对,形成了一道十分独特的景观。其实,无论是习惯性同意和习惯性反对,都是董事们随声附和,集体沉默,而董事会决策任凭董事长或CEO摆布。就高管薪酬而论,做事情领薪水,天经地义。物以稀为贵,好的高管也是具有特殊禀赋的稀缺资源,享受高薪丰酬自无可厚非。但是,这里有一个前提,那就是薪酬激励以公司价值最大化为根本使命。如果高管们将公司业绩这个蛋糕做大了,他们多拿一些,这是符合薪酬激励逻辑的,谁都没有意见。若公司业绩虽有增长,而其薪酬涨幅远远高于业绩增长,或者业绩没有增长,甚至业绩下降或亏损,高管仍然高薪丰酬,就根本不符合激励的逻辑了。然而,残酷的现实就是如此,纵观高管薪酬与公司业绩,不难发现,高管薪酬普遍跑赢公司业绩[①],不少公司高管薪酬增速数

---

① 我国上市公司自1998年公开披露董事和高管薪酬以来,其薪酬每3年翻一番,迄今翻了3番。1998年平均年薪才5.1万,2001年增长到11.6万;2004年又翻一番,达到23.6万;2007年在2004年的基础上又接近一番,平均年薪为38.3万,薪酬增长明显快于业绩增长。就2007年大牛市而言,与2006年相比,董事会和高管薪酬同比增长为50%,而净利润才增长48%,仍不相称。参见贺宛男:《看不懂的高管薪酬》,载《新财经》2003年第6期。

倍于业绩增长①，许多公司业绩下滑甚至亏损，高管薪酬照涨不误，照样"摘星"②。董事素质越来越高，董事会中的独立董事群体力量越来越大，薪酬委员会又是以独立董事为主导，如果他们真的起作用了，就不应该眼睁睁地让如此有悖常理的薪酬方案得以通过。问题是，这些都是生米煮成熟饭了，都是既成事实，那又怎么能够让人相信他们真正发挥作用了呢？显然，董事们此时沉默了。何以至此呢？巴菲特以其过去 40 年担任 19 家公司董事的亲身经历现身说法，在 2002 年年报中披露了天机，他承认，"当我意识到 CEO 的提议有违股东利益时，我选择了沉默"③。

董事们的沉默就是失职，而这样的失职极具隐蔽性和欺骗性，危害极大。表面上看，董事会治理愈来愈规范，一片繁荣，实则潜伏着巨大的甚至是致命的危机，一些堪称公司治理典范的公司一夜就轰然倒下了，就是明证。安然公司曾被誉为全美最佳董事会，董事会 14 名董事就有 12 名属于外部董事④，董事专长和背景的多元性、董事会结构的合理性以及董事会程序的规范性，令无数公司仰慕不已。在全球金融危机中率先倒下的金融巨

---

① 中国平安保险集团 2007 年有三位高层年薪超过 4000 万元，前三名董事薪酬总额为 1.393 亿元，前三名高管报酬总额为 1.61995 亿元，同比增长了 3.8 倍，而公司利润同比才增长 105.5%，而董事长马明哲的税前年薪 6616.1 万，增长了 394%，接近公司业绩增长的 4 倍。民生银行年薪最高的两位高管 2006 年不过 400 多万元，2007 年一下子超过千万元，而净利润不过增长 68.57%。参见曹西京：《上市公司高管薪酬大跃进，高管年薪节节攀升》，载《新闻晨报》2008 年 3 月 28 日。

② 江西铜业的董事长李贻煌 2007 年年薪 118.38 万元，同比增长 27.7%，而公司利润同比下降了 12.89%，每股收益也下降 12.67%。伊利股份 2007 年净利润亏损 5261.4 万元，同比下降 116.08%，每股收益同比下降 -115.87%，而董事长潘刚的薪酬则从 2006 年 87.4 万元上升到 122.1 万元，如加上股票期权则高达 3266 万元。2007 年科学城高管的年薪总额为 298.57 万元，而净利润仅 193.17 万元，高管收入居然比净利润高出 105.4 万元！无独有偶，京新药业 2007 年实现净利润 150.38 万元，而高管收入高达 151.9 万元。三联商社 2007 年净利润从 2006 年的盈利 116.24 万元转为亏损 565.54 万元，董事和高管们薪酬总额竟然从 2006 年的 115 万元提高到 144.23 万元，真是"穷庙富方丈"。参见彭剑锋、崔海鹏、李洪涛和王涛：《中国 CEO 到底该拿多少钱》，载《中国企业家》2008 年 4 月 8 日；苗夏丽：《高管年薪 VS 企业利润，媒体大晒上市公司高管薪酬》，载《新闻晨报》2008 年 4 月 26 日。

③ 参见绕育蕾、史凤至：《董事会治理失效的行为金融学视角》，载《董事会》2008 年第 7 期。

④ Troy A. Paredes, Enron: The Board, Corporate Governance, and Some Thoughts on the Role of Congress, in Nancy B. Rapoport & Bala G. Dharan, Enron: Corporate Fiascos and Their Implications 495, 504–505 (2004).

鳄雷曼公司何尝不是如此,董事会10名董事就有9名独立董事,2007年度董事会会议频度高达8次,审计委员会更是多达11次会议。[①] 遗憾的是,他们并未起到监控作用,董事会决策在CEO一言堂的氛围之下,在错误的道路上越走越远,以至于覆水难收,进而酿成了破产倒闭的悲剧。显然,应当对这种不当行为予以问责。问题是,如何对其问责呢?在董事会治理愈来愈规范的新形势下,如何才能将董事沉默这种情形纳入问责视野呢?这是董事问责制以及公司治理改革实践亟须解决的重大现实问题,需要认真对待。

二、董事非理性行为与问责空隙

董事们为何当为而不为?为何其素质愈来愈高,却甘于选择沉默呢?对此,股神巴菲特在2002年公司年报中对这种遭遇做过非常坦率的描述,在他看来,董事会之所以不能制止CEO对股东利益的损害,"主要原因不在法律的漏洞,而在于董事会的气氛。在一个气氛和谐的董事会例会上,几乎不可能让一个家教良好,受过上等教育的绅士举起手说'我认为应该更换CEO',或者说'我不同意刚才CEO所做的陈述',这是令人尴尬和需要勇气的"[②]。这就说明,董事会运行过程是紧要的。而这向来是传统公司法和董事会治理的"黑匣子",往往将董事会的组织特性当做投入,以为董事会职能明晰了,结构优化了,决策程序完善了,董事素质提高了,有了这种投入,自然而然就有相应的产出了:董事会决策质量就会提高,董事会质量就会更有效了。然而,这不过是一厢情愿,残酷的现实给了这种美好愿望一个响亮的耳光。可见,组织特性仅仅是确保公司绩效的必要条件,而非充分条件,更不是决定性因素。这不是说它不重要,而是说还有与其具有同等重要的因素。要增强董事会治理的有效性,董事会治理的研究不能再停留于组织特征这一表层,而是要深入到董事会的运行过程,才能揭开为何董事们不顾其

---

① 参见雷曼公司2007年度报告。Lehman Brothers 2007 Annual Report, http://www.lehman.com/,2008年10月25日访问。

② 参见绕育蕾、史凤至:《董事会治理失效的行为金融学视角》,载《董事会》2008年第7期。

所肩负的公司利益和股东利益,心甘情愿地选择沉默,随声附和,敷衍了事。而只有这样,我们才能查找到真正的病因,对症下药,探索出有的放矢的问责路径和相应的司法审查标准。

(一) 董事会运行的"黑匣子"揭秘

董事乃是董事会运行过程的主体,要了解其奥秘,自应从董事着手。然而,长期以来董事在决策过程中到底是如何思考的,只有他本人清楚,别人看不见,摸不着,也不能测量。1871年英国经济学家威廉姆·杰文斯就说过:"我对于人们能否拥有直接测量内心感情的方法感到犹豫。"① 为此,对董事决策过程中的生理和心理机制的无知,一直是深入了解董事会治理的最大障碍和瓶颈。然而,最近30年来,行为经济学和神经经济学所发生的巨大变化,证明杰文斯的悲观预期是错误的。随着脑电图(EEG)、脑磁图(MEG)、正电子发射断层扫描(PET)、单光子发射断层扫描(SPECT),特别是获得2003年诺贝尔生物医学奖的磁共振成像(MRI)及在此基础上发展起来的功能性磁共振成像(fMRI)等技术的发展,科学家已经可以无创伤地深入到人的大脑,观察和研究大脑在意识、思维、认知和决策过程中所表现出来的基本特征。② 尽管我们对人的大脑知之甚少,但这对我们逐步打开董事决策过程的这一"黑匣子"无疑具有巨大意义。下面就从生理机制和心理机制两个方面,解析董事为何当为而不为,心甘情愿地"失语"和沉默。

1. 董事非理性行事的生理机制

在古希腊哲人柏拉图看来,"人的精神是一辆由理智和情感两匹马驱动的战车",传统观念也认为,人的大脑不仅有情感性思维和逻辑推理,而且左右大脑有着明确的分工,右脑负责情感性思维,而左脑负责逻辑推理。这种说法并非没有道理,而神经经济学的发展进一步揭示了大脑的工作机制,证实了这两个系统的分工,只是这种分工更多的不是在左右脑之间,而是在上

---

① Camerer, C. and Prelec, D., 2005. "Neuro Economics: How Neuroscience Can Inform Economics." *Journal of Economic Literature*, 1, pp. 9–64.

② 参见叶航、汪丁丁、贾拥民:《科学与实证——一个基于"神经元经济学"的综述》,载《经济研究》2007年第1期。

下之间。① 大脑有思维和反射两个系统,分别相当于柏拉图所说的理智和情感,以及传统观念上的逻辑推理和情感性思维,也就是通常所说的理性和非理性。主司非理性的反射系统位于大脑皮层下面,绝大多数活动是在基底神经节和大脑边缘部位的皮层下完成的。其速度极快,可以在不到0.1秒的时间里发出警报,以至于在完成反应时,大脑还没有意识到反应对象,故被誉为直觉系统或系统1。主司理性的思维系统主要位于前额后部的前额叶皮质,属于额叶的一部分,呈腰果状围绕在大脑核心的周围。神经元通过与大脑其他部分复杂的连接,归纳和演绎纷繁复杂的信息,并对其进行组织、分类和整理,结合周围发生的变化得出结论。它的另一个核心则位于耳朵后面的顶叶,负责处理大量的数字和语音信息。尽管思维系统也会处理一些情感事物,但主要是处理复杂的事项,而当反射系统遇到无法解决的情况时,它也会拔刀相助。不难看出,人的理性和非理性均为人的生物本能,董事亦非圣人,自然也有非理性的生物本能。

问题是,董事素质越来越高,理性行事乃是其职责使然,其理性能否战胜非理性,进而完全理性行事呢? 神经经济学揭示的大脑工作机制表明,这是不可能的。究其原因,主要有两个方面:第一,反射系统总是先行。② 顾名思义,系统1就是处于原始的自发状态,而思维系统则处于备用状态。反射系统的神经细胞历经千百万年锤炼,速度极快,会自发进行大多数判断和决策,稚嫩而微薄的思维系统往往甘拜下风,只有在直觉无能为力时,才会启用它。人类受到神经细胞发出的本能刺激产生的行为,远比来自理性思维的分析的大脑皮层的信号更多。正因为如此,大脑常常会驱使我们做出非理性行为,而人比动物更智慧,恰恰是因为人的本能比它们更多。难怪董事们高谈阔论时,往往有"直觉告诉我"、"凭我的感觉"等论调,而这种直觉往往是经验的积累和智慧的结晶。第二,思维系统总是偷懒。③ 反射系统的活动属于自为过程,是一种无意识的、快速激发、条件发射性的并发过程,而思维系统的活动则是自主过程,是一种目标导向的、能够内省的、通过计算而为的过程。比较而言,思维系统倾向于享受,如遇难以解决的问题,它可能

---

① 〔美〕贾森·茨威格:《当大脑遇到金钱》,刘寅龙译,广东经济出版社2009年版,第30页。
② 同上书,第30页。
③ 同上书,第37页。

会退出挑战,甘拜下风,而反射系统就会重掌大权,"跟着感觉走",循捷径而为之。其实,这是有道理的①,因为理性思维涉及信息识别、信息判断、信息处理等多个环节,能量消耗肯定超过本能和情感。反射系统优先,理性思维殿后,是经济上有效率的。反之,理性思维优先,则是不经济的,是对人脑决策机制的误读、误识,会陷入理性主义的误区。可见,凭直觉办事,"跟着感觉走",也是董事的生物本能,董事会上"失语"和沉默可能就是直觉本能所驱动的。

2. 董事非理性行事的心理机制

社会神经经济学则可以从人与人的社会交往中的情感特征,进一步解释股神巴菲特在董事会上的遭遇。社会神经经济学是本世纪才开始蓬勃发展的神经经济学的一个重要分支,致力于从神经学层面研究在社会情境下个体与个体在经济活动中的各种交互行为,通过探寻人们各种社会行为背后的神经机制,来更好地理解人在社会环境中的经济行为。它以大量的实证和实验研究,证伪了人在约束条件下总是自利的理性"经济人"的假设,发现很多人在社会行为中不仅考虑自身的利益,还会根据别人在社会环境中的得失而做出相应的行为。也就是说,作为现实人,人是社会动物,就得遵守社会规范,懂得如何与别人相处。为此,人会根据环境的变化而不断调整自己的行为,以实现自身利益最大化。同时,也会调整自己的策略,从而增加或减少他人的利益。这就表明,人不仅是自利的理性"经济人",而且还具有利他主义倾向的趋社会性(pro-sociality)。② 人为何具有利他的本能呢?桑塔费研究院经济研究所所长萨缪·鲍尔斯(Samuel Bowles)和赫伯特·金迪斯(Herbert Gintis)教授认为,这可能是我们这个物种在漫长的进化过程中形成的一种特定的行为模式。当严酷的生存竞争迫使人类把合作规模扩展到血亲关系以外,而普遍存在的单次囚徒困境又无法为互惠行为提供条件时,由基因突变产生的强互惠或利他惩罚,可以侵入完全自私的人类群体,进而有效维护族群内部的合作规范,显著提高族群的生存竞争能力。为了证实这个猜想,该院通过计算机仿真技术模拟了距今10—20万年以前游

---

① 参见叶航、汪丁丁、贾拥民:《科学与实证——一个基于"神经元经济学"的综述》,载《经济研究》2007年第1期。

② 同上。

猎采集社会的人类生活,证实了该假设。作为个体的人之所以这样做,显然不是深思熟虑的理性行为,而是可以从这种行为本身获得满足,正是这种愿望诱导和驱动的结果。①

这样,也就不难解释为何股神巴菲特也不敢公然质疑 CEO 了。站在人与人的社会交往场景之中,这种行为是完全可以理解的。其一,董事互惠。日久生情是自然而然的,董事们同在一个董事会公事,不仅通过开会等公务活动会很快熟悉起来,而且还有各种名目繁多的吃请、俱乐部、免费度假等社交活动,即使是外部董事和独立董事也会很快成为朋友,甚至成为"铁哥"、"铁姐"。既然是朋友,是"哥们儿",自然要相互给面子了,董事会自然是一团和气,质疑 CEO 的就会被视为另类。这样,谁有站起来质疑的勇气呢?!其二,董事群体偏好。物以类聚,人以群分。能够成为董事的,可以说都是社会精英,即使是外部董事和独立董事往往都是功成名就,不是其他企业的现任或原领导,就是具有相当社会声望的专家学者,其社会地位相当,自然相互具有吸引力。何况,还可以通过前述各种社交活动成为"铁哥"、"铁姐",成为"自己人","我们"自然有别于"他们"。这样,董事会上审议公司经营管理事项,许多事项会引发董事们的共鸣,"谁不会遇到点难事","谁都有难处","谁都会有在人屋檐下的时候"等等,是自然而然的。既然这样,何必得理不饶人,自然会网开一面,这就是所谓移情(empathy)。在董事和高管薪酬事项上,他们下意识地认为,做企业家真不容易,自然会高抬贵手。如遇决定董事和高管的股东代表诉讼,则会无意识地联想到,"若非上帝保佑,被告的可能是我了"②(there but for the grace of God go I),自然是惺惺相惜,网开一面,毫不犹豫地对股东代表诉讼说"不"。可见,一旦董事们认人、认情、认面子,就会"董董相护",所谓董事会会议往往成为董事长或 CEO 的一言堂,董事们基本上都是人云亦云,随声附和。

(二)董事非理性行为的问责空隙

既然董事绝不可能是纯而又纯理性的,他们可能出于本能或人情和面

---

① 叶航、汪丁丁、罗卫东:《作为内生偏好的利他行为及其经济学意义》,载《经济研究》2005 年第 8 期。

② Julian Velasco, Structural Bias and the Need for Substantive Review, 82 *Washington University Law Quarterly*, 2004.

子,而非理性行事,长期以来公司法上对董事乌托邦式的自利理性"经济人"的假设,显然是站不住脚的。现实中,他们并非总是"强而智"的理性"经济人",而是往往情感占据上风的"强而智"和"弱而愚"的统一体。这样,貌似完善的现行公司法和董事会治理规范,因其漠视现实而被现实所漠视,往往形同虚设。反应在董事问责制度安排上,那就是对董事非理性行为的问责鞭长莫及,无能为力,从而形成问责空隙。何以至此呢?

我们知道,依据现行公司法,董事对公司承担忠实和勤勉两项义务①,相应地形成了忠实和勤勉两条问责。在前述理性"经济人"下,忠实路径防范董事徇私利,而勤勉路径则防范董事不尽合理注意,不合理行事。从表面上看,对董事不尽忠和不尽职均已经设防,似乎也挺完备,公司利益和股东利益应有保障了。问题是,董事还会非理性行事,可能"跟着感觉走",这种凭直觉行事往往处于先发状态,而理性行事则处于备用状态,但无论是忠实路径还是勤勉路径,均不能予以涵摄,成为无人问津的中间地带。兹分述如下:

1. 忠实路径不能涵摄董事非理性行为

利益乃社会领域中最普遍、最敏感、同时也是最根本的问题之一,"人们奋斗所争取的一切,都同他们的利益有关"②,难怪自古就有"天下熙熙,皆为利来,天下攘攘,皆为利往"的感慨。人们正是为实现和发展自己的利益,才推动了社会的发展和制度变迁。为预防董事徇私利,不仅关联交易规则对董事自我交易作出了严密的规范③,而且对此采用最严格的司法审查标

---

① 学术界向来用注意义务概念。2005 年修订的《公司法》,因立法机关的偏好,第 148 条采用了"勤勉"概念。一般认为,这里的勤勉义务就是指注意义务。本书将注意与勤勉作为同义词。

② 《马克思恩格斯全集》第 1 卷,人民出版社 1956 年版,第 82 页。

③ 《公司法》第 125 条就是上市公司董事关联交易的规范,《上海证券交易所股票上市规则》和《深圳证券交易所股票上市规则》第 10.1.5 条第(四)项、第 10.2.1 条第 2 款明晰了范围,董事直接自我交易和间接自我交易均在涵摄之列。董事为交易对方,为直接自我交易,而董事为交易对方的直接或者间接控制人,在交易对方任职,或者在能直接或间接控制该交易对方的法人或其他组织,该交易对方直接或者间接控制的法人或其他组织任职,则属于间接自我交易。通过家庭关系进行间接自我交易,亦在涵摄之列,以下情形均纳入了董事的家庭关系:为交易对方或者其直接或间接控制人的关系密切的家庭成员,为交易对方或者其直接或者间接控制人的董事的关系密切的家庭成员。关系密切的家庭成员包括配偶、年满 18 周岁的子女及其配偶、父母及配偶的父母、兄弟姐妹及其配偶、配偶的兄弟姐妹、子女配偶的父母。

准：完全公平标准。问题是，这些规则旨在防范董事徇私利，而无论董事互惠，还是董事群体偏好，董事认人、认情、认面子，则属于徇私情。广义上讲，徇私情也是徇私也是一种利益冲突。这是因为，所谓利益也就是好处，除了通常所说的经济利益（financial interest）之外，声誉地位、人际关系、宗教信仰、政治需要、个人爱好、心理满足等等，都可以成为利益①，人情和面子显然也属于利益，也具有干扰董事在经营活动中作出客观、独立的判断的趋势②。只不过这是隐性利益，而关联交易规则所涵摄的则是显性利益，针对董事通过自我交易和通过家庭关系间接进行自我交易，而获取经济利益的情形。可见，董事徇私情并不忠实路径的涵摄范围之内。

实际上，隐性利益冲突就是利益冲突，人情和面子对董事决策的影响更为隐蔽、更为复杂、微妙，其对公司利益和股东利益的威胁一点也不亚于体现为经济利益的显性利益冲突。那么，能否扩大忠实路径的涵摄范围，将其纳入该问责路径呢？答案是否定的。其一，董事自我交易是完全可以避免的，对其采用完全公平标准也就无可厚非，而董事作为现实人，乃是社会动物，要避免人情、面子以及人际交互关系中的社会规范，则是不可能的。其二，作为关联交易规则的产物，董事和高管自我交易需由无利害关系董事和独立董事决策，以隔离利益冲突。如果将这种决策也纳入忠实问责路径，适用同样的完全公平审查标准。那么，该利益冲突隔离机制还有什么意义呢？可见，这里没有捷径可走，不能简单地将其纳入忠实问责路径了事。

2. 勤勉路径不能涵摄董事非理性行事

勤勉问责路劲以董事不尽职为涵摄对象，董事们"跟着感觉走"，显然难说他们是尽职的。从理论上讲，可以将其归入勤勉问责路径，这是否可行呢？

问题就在于，商事胜棋局，变化莫测，面对不可测的茫茫商海，董事经营决策只能依据有限信息，部分依赖科学，部分依赖经验、常识或直觉，对可能的选择作出取舍。这样的决策不能万无一失，常常会出错，对此大家心知肚明。即使自认为最高明的决策，我们亦应有心理准备，一旦出现人所未料的

---

① 参见邱仁宗：《利益冲突》，载《医学与哲学》2001年第12期；曹南燕：《科学活动中的利益冲突》，载《清华大学学报》（哲学社会科学版）2003年第2期。

② 同上。

局面,就要及时进行调整应变,不可墨守成规,刻舟求剑。为避免因为董事问责伤害其开拓创新和承担风险的积极性,法院在司法审查时采取十分克制和宽容的态度,对董事的自由裁量一般予以尊重。这样,发源于美国的商事判断规则(business judgment rule)得到了普遍推崇和效仿。① 问题是,该规则几乎掏空勤勉义务,制约了董事问责,因违反勤勉义务而被问责的情形极为罕见。② 主要有两个方面的原因:其一,原告承担严格的举证责任。要实现董事问责,原告首当其冲的任务就是推翻该推定,即需要用优势证据证明任何一个要件不成立。比如,董事与该决策有利益冲突,或者董事缺乏诚信等。否则,董事就受其保护,法院无须就董事决策予以实质上审查。该规则使原告负担严格的举证责任,原告要获得公司内部的证据谈何容易,董事问责往往困难重重。其二,董事决策审查的形式化。合理注意要求董事有正当理由相信,其所作判断是在尽可能收集到所有信息的基础上作出的,尽其谨慎和技能为公司寻求并考虑其他可能的合理选择。面对不确定性世界,作为企业领导的董事拥有信息越多,越有可能作出正确的决策,可以说信息决定经营决策的质量好坏。如果董事根本没有积极去收集有关信息,或收集信息不充分,法院没有理由尊重其决定。当然,董事在获取充分信息的基础上,还应以公司最佳利益为出发点,认真研究各种可能的选择,再作出取舍。缺少调查分析,轻率地作出决策,就达不到合理注意的要求,也不会受到商事判断规则的保护。这样,勤勉义务的司法审查就演变成了商事决策过程或程序的审查了,决策过程或程序与决策内容发生分离,法院不对决策内容的好坏、优劣进行评价,不对内容的合理性作出判断。只要决策不是极其愚蠢或荒谬,董事也无须承担法律责任。

于是,董事决策只要例行公事,按部就班地考虑相关信息,就可以安然无恙,也就没有问责的后顾之忧了。轰动全球的迪斯尼公司股东代表诉讼案就是一个典型。③ 1995年10月,迪斯尼公司董事长兼CEO艾斯纳经多方

---

① 日本自20世纪70年代中期就有判例承认该规则。德国法院历来采取自我克制的态度,具有不打击企业家进行尝试性试验的理念,早有了德国式商事判断规则,2003年还决定引入该规则,并作为完善公司法和资本市场规制的十大计划之一。

② Joseph W. Bishop, Jr., Sitting Ducks and Decoy Ducks: New Trends in the Indemnification of Corporate Directors and Officers, 77 *Yale Law Journal*, 1968.

③ 907 A. 2d 693, Del. Ch. 2005; 906 A. 2d, 2006 WL 1562466.

面努力终于如愿以偿,将其老朋友也是好莱坞明星级经纪人欧维兹请入公司,担任董事兼总裁。欧维兹仅工作 14 个月就不干了,公司为解除其服务合同付出了高昂的代价,支付了近 1.4 亿美元的遣散费。股东们义愤填膺,将董事们告上法院。特拉华州衡平法院经过 37 天的审理,于 2005 年 8 月作出驳回诉讼请求的判决,2006 年 8 月特拉华州最高法院维持原判。法官指出,艾斯纳一手遮天,独断专行,虽不符合最佳公司治理的要求,但是,他聘请欧维兹加盟纯粹是为了公司最佳利益,至于如何请其加盟、服务合同如何安排以及最终如何终止这份合同,均收集了足够的信息,而且还就各种可能的方案进行了分析和选择,故已经尽到合理注意,无须承担赔偿责任。其他董事同样也尽到合理注意,亦无须为公司遭受的巨大损失承担赔偿责任。

不难看出,只要董事没有谋私,又不属于极其无能的情形[①](extreme cases of managerial incompetence),勤勉路径就对其无可奈何。尤其是,董事会治理愈来愈规范,董事会决策日益程序化,董事们可以轻而易举地应付程序化的要求。果真如此,这就丝毫不影响他们随声附和,人云亦云,董事长或 CEO 的一言堂依然故我,董事会俨然成为董事长或 CEO 的附庸。显然,以勤勉路径涵摄董事"跟着感觉走"也是不可行的。既然这种中间地带的不当行为不能不问责,而忠实和勤勉路径又对其无能为力,另辟蹊径也就成为必然的选择。

三、诚信问责路径的兴起

所幸的是,法院对董事这种不当行为并未完全不闻不问,听之任之,坐视不管。向来引领公司法创新风气之先的美国特拉华州法院将判例法的"临事立法"机制发挥得淋漓尽致,通过启用长期被虚置的董事诚信义务,进行创造性转化,对填补董事问责起到了化腐朽为神奇的作用。

[①] Stephen. J. Lubben and Alana. J. Darnell, Delaware's Duty of Care, 31 *Delaware Journal of Corporate Law*, 590 (2006).

(一) 主观诚信使得诚信规范被虚置

其实,诚信义务久已有之,即使在诚信概念发展相对缓慢的英美法,公司法上也有着大量的诚信规范。英国2006年《公司法》至少有13个条文直接规定了诚信规则。第172条第1款规定,公司董事必须以其认为诚信、最有可能为所有股东利益而促进公司成长的方式行事。美国联邦层面并无公司法,但律师协会(ABA)的《示范公司法》也有13个条款具有诚信规范,美国法学会(ALI)的《公司治理原则:建议与分析》(以下简称《ALI治理原则》)仅第4.01条就有两处诚信规范。《示范公司法》第8.30条(a)(1)要求董事履行职责时诚信行事,第8.31条(a)(2)进一步规定,董事决策未诚信行事,应对公司或股东承担责任。依据第8.51条(a)(1)(i),公司对董事在有关程序中承担的赔偿或费用给予补偿,也以诚信行事为前提。大多数州公司立法都有这种规定。① 然而,长期以来诚信被理解为主观诚信,因可诉性不强而被虚置,基本上无用武之地。原因何在?主要有两方面的原因:一是诚信的模糊性,二是主观诚信的误导。没错,作为无色透明的白纸规范,诚信本来就非常抽象、概括、模糊,并无确切的含义可言。正因为它没有积极含义,法官往往说不清楚诚信是什么,而是指出诚信不包括什么,他们在排除的意义上使用"诚信"一词。不是迫不得已,法官不会动用这样一个模棱两可的工具。更主要的是,制定法中的"诚信"均做副词使用,一直被片面地理解为主观诚信,即善意。国内许多英美公司法文献或著作的翻译,也是将其译作"善意"。以"好心办坏事"开拓董事责任的做法,所谓"好心"也就是"善意"的翻版。这就严重地束缚了诚信的手脚,妨碍了其司法运用,只好坐冷板凳。

诚信本来是主观诚信与客观诚信的统一。客观诚信是指行为规则,表

---

① 比如,纽约州《公司法》第717条(a)规定,每个董事均应以诚信的方式履行其作为董事的义务。特拉华州《普通公司法》第102条(b)(7)(ii)准予公司章程对诚信行事的董事违反勤勉义务,减免其赔偿责任。第145条(a)和(b)中公司对董事在有关程序中承担的赔偿或费用给予补偿,以其诚信行事为前提。加利福尼亚州《公司法》第309条(a)和204条(a)(10)(ii)与此相同。英美法的其他国家也有这样的规定。加拿大《公司法》第122条(1)和124条(1)(a)规定,公司的每个董事和高管在行使权力和履行职责时,应:(a)为公司最佳利益而诚实、诚信行事。第124条(1)(a)则准予公司对董事或高管因为公司最佳利益而诚实、诚信行事,所承担的赔偿责任给予补偿。

现为外部行为，而主观诚信是指内心状态，表现为内心确信。个人的主观确信并不必然构成诚信，而是必然受制于社会评价，也就是说主观诚信亦有客观色彩。① 易言之，客观诚信是绝对的，而主观诚信则是相对的。有趣的是，英美合同法上的诚信大多限于客观诚信，是指说话算数、不欺诈并公平行事以及承担默示义务。② 公司法却没有走上这条道路，而是将其理解为主观诚信，将没有诚信与恶意、恶信（bad faith）等同起来。也就是说，不是诚信，就是恶意，没有中间地带。恶意被理解为一种心理上的不良企图或恶念，不具有提升公司利益的真诚意图。③ 这就严重制约了董事问责制。一是原告承担极其严格的举证责任。原告要推翻董事诚信行事的推定，往往需要举出优势证据证明，董事具有接近欺诈的意图，或主张董事经营决策明显不合理，除了恶意别无其他解释。④ 这种苛刻的举证责任往往使原告望而生畏。何况，这种赤裸裸的恶意在现代公司也很少见，本来用武之地就很小。二是司法错误（judicial error）。法官也是人，由他们审查董事的主观意图难如登天。这是因为，要判断董事是否真诚地为公司最佳利益行事，而公司最佳利益又非常模糊，实现路径具有多样性。比如，公司有多个要素提供者，是股东利益至上，还是兼顾利益相关者？若是股东利益至上，如何兼顾大股东利益和小股东利益？股东眼前利益与长远利益如何协调？若是考虑利益相关者，是职工、债权人、社区还是社会责任优先，是眼前利益还是长远利益重要？就算目的是确定的，又如何评价董事从"工具箱"所选择工具的真实意图。何况，董事还可将一己之利包装为利益相关者之利。董事绝对不会明说其本意，除非个别情况下特别幸运，董事自认了，一般说来法官对董事的主观意图的探究无异于猜测，很容易造成司法错误。为避免这样的错误，法官也就只好多一事不如少一事，少惹是非。

---

① 参见徐国栋：《客观诚信与主观诚信的对立统一问题——以罗马法为中心》，载《中国社会科学》2001年第6期；另见徐国栋：《诚信原则二题》，载《法学研究》2002年第4期。

② 参见徐国栋：《英语世界的诚信原则》，载《环球法律评论》2004年第3期。

③ Desert Equities, Inc. v. Morgan Stanley Leveraged Equity Fund, II, L. P., 624 A2d 1199, 1208 n. 16, Del. 1993.

④ In re J. P. Stevens & Co., Inc. Shareholders Litigation, 542 A. 2d 770, Fed. Sec. L. Rep. pp. 780–781.

（二）创造性转化的动因

20世纪90年代以来,美国特拉华州法院在董事问责的司法实践中开始挖掘诚信的新功能。为何启用长期被闲置的诚信义务呢?主要有两大因素:第一,填补问责空隙的需要。如前所述,Smith v. Van Gorkom案惹是生非,第102条(b)(7)得以普遍采用。公司通过章程约定,即可减免董事违反勤勉义务的赔偿责任,事实上也被绝大多数公司采用。对于严重失职的董事,即使通过勤勉义务路径对其问责,这种赔偿责任最终又被减免。这样,在董事自由裁量与问责之间天平再次偏向了董事。法院对董事失信也不能束手无策,无所作为,必须寻找新的问责路径,目光自然聚集到了长期闲置的诚信规则。本世纪初安然事件和世界通信事件以来,投资者信心遭受重大打击,对董事无能、董事贪婪、董事失职、董事失信的批评如潮,强化董事问责的呼声日益高涨,更加快了这一创造性转化的进程。第二,公司法上的诚信概念亟须与时俱进。20世纪的侵权法发生了翻天覆地的变化,客观过错说取代主观过错说的主流地位。过错由行为人应受非难的心理状态,演变为应受非难的行为,对行为人行为的评价取代了对其心理状态的评价,从而适应了现代社会强化对无辜受害人提供补救的需要。[①] 显然,公司法的主观诚信观念已经落伍了。为了强化对投资者的保护和救济,诚信概念亦需实现现代转型。这样,诚信概念"因获得新的意义而复苏,而我们所面临的一些问题也因此获得了新的、有效的方案而得以解决。"[②]

（三）司法裁判推动创造性转化

诚信义务的创造性转化过程主要有两大标志:一是尝试董事信义义务的三分法(triad),试图确立诚信的独立地位;二是将行为标准注入诚信概念,确立有意失职或懈怠职责就是不诚信。

1. 信义义务三分法(triad)的探索

为赋予诚信以新的含义,特拉华州最高法院用心良苦。它首先尝试对

[①] 参见王利明:《侵权行为归责原则研究》,中国政法大学出版社2003年版,第198页;另见熊进光:《侵权行为法上的安全注意义务研究》,法律出版社2007年版,第17页。

[②] 参见林毓生:《"创造性转化"的再思与再认》,刘军宁等编:《市场逻辑与国家观念》,上海三联书店1995年版,第235—236页。

董事信义义务进行"三元"划分,以便诚信与忠实和勤勉义务平起平坐。1993年的Cede II案开辟这一先河,现在已有十多个判例采用三分法,主要有Cede III案、Malone v. Brincat案、Emerald Parners v. Berlin案等。1993年,特拉华州最高法院在Cede II案的司法意见中首次提出了"三元"信义义务的观点,"对于董事被指控违反了三大信义义务的任意一个——忠实、勤勉或者诚信的义务,原告负有举证责任"①。该法院在1995年Cede III案判决书指出:"要反驳商事判断规则,原告股东须证明董事会的被诉决策违背了任何信义义务:诚信、忠实或者合理注意。"②在1998年的Malone v. Brincat案中该院明确指出:"我们在努力地为董事提供了清晰的信号灯塔和明亮的航道标志,使其为了特拉华州公司及其股东利益,做到合理注意、诚信以及忠实。"③在2001年在Emerald Partners v. Berlin一案中,该法院又指出:"特拉华州公司董事负有三项信义义务:合理注意、忠实和诚信。……特拉华州公司股东有权相信其董事们随时履行这三项信义义务。"④尽管这些司法意见并没有赋予诚信义务以具体的内涵,也没有以其对案件进行具体分析,但该院试图赋予诚信以独立地位的立场表露无遗。

诚然,诚信与忠实和勤勉义务并驾齐驱的地位尚无定论。一是衡平法院对此有不同意见,在1999年Jackson Nat. l Live Ins. Co. v. Kennedy一案中,该院虽然援引了最高法院在Malone一案关于利益相关者有权期待董事以合理注意、诚信和忠实的方式履行信义义务的论断,然而助理大法官斯蒂尔还意味深长地说道:"我将区别信义义务中的忠实和诚信问题留给最高法院和学术界。"⑤二是特拉华州最高法院的立场前后也并不连贯。在2006年的Stone v. Ritter案中该院在判决书中这样写道:"之所以不诚信行事可能导致责任,是因为诚信而为的要求是基础性忠实义务的一个补充性的元素,即一种条件要求。……虽然诚信可以通俗地被称为包含忠实和勤勉义务的三项信义义务之一,但诚信并不构成与注意和忠实义务并列的独立的信义

---

① Cede & Co. v. Technicolor, 634 A. 2d 345, 361, Del. 1993.
② Cinerama, Inc. v. Technicolor, Inc., 663 A. 2d 1156, Del. 1995.
③ Malone v. Brincat, 722 A. 2d 5, 10, Del. 1998.
④ Emerald Partners v. Berlin, 787 A. 2d 85, Del. 2001.
⑤ Jackson Nat. l Live Ins. Co. v. Kennedy, 741 A. 2d 377, 388, Del. Ch. 1999.

义务。"①尽管诚信是否独立的论战还将继续,但是这种讨论大大推动了对诚信含义的新的审视和理解,促进了其创造性转化的进程。

2. 有意失职或懈怠职责就是不诚信

推动诚信进行创造性转化的关键,乃是法院不再纠缠于董事的主观意图,而是将有意失职或懈怠职责认定为不诚信,进而确立了忠于职守或应作为的董事行为标准。这一创举产生于 1996 年的 Caremark 公司股东派生诉讼案。该案虽最终以和解结案,却对树立客观诚信的行为准则具有里程碑意义。② 本案的焦点在于,面对公司因违规而负担高达 2.5 亿美元的各项罚款和赔偿金,董事是否对公司的违法行为尽到监管义务。该公司合同的合法性由董事会聘请高级律师进行过审核,也修改过职工的合同关系指南、伦理手册,采取由地区经理对合同进行审批等措施来防范公司违法行为。董事只是负责战略决策和控制,对于公司基层部门职工和管理者的普通决策,董事会对其监督职责边界何在?艾伦大法官指出,董事义务包括诚信地确保公司"具有适宜的信息和报告系统。如果董事会不能确保其机构建立信息和报告制度,合理地向高级管理层和董事会提供及时、准确的信息,以便其在职责范围内事项形成知情的判断,……就算达到合理地知情的义务的要求,那就大错特错了。董事的义务包括诚信地确保公司建立适当的信息和报告制度。没有建立该系统就是缺乏诚信"。当然,持续地、系统地疏于监督,才算不诚信,才需要承担责任。这一观点意义非凡,它意味着诚信标准的客观化,意味着诚信就是要忠于职守,而不履行监督职责就是不诚信。该观点在后面的许多案件中被反复援引,似乎成为不言自明、自圆其说的定理(self-fulfilling prophecy)。

2002 年美国联邦第七巡回法院的雅培公司(Abbott Laboratories)案就步其后尘。雅培公司系制药商,董事们在长达六年时间里对美国食品及药品管理局(FDA)的多次调查和警告以及新闻监督的曝光置若罔闻,FDA 对其处以民事罚款 1 亿美元,并因关闭工厂,公司还销毁库存产品价值约 2.5 亿美元,损失惨重。法院认为,董事们持续地、系统性地不履行监管职责,明知故犯,也不采取任何补救措施,在如此长时间内无所作为,导致公司遭受巨

---

① Stone v. Ritter, No. 93, 2006 WL 3169168, Del. 2006.
② Hillary A. Sale, Delaware's Good Faith, 89 *Cornell Law Review*, 2003.

大损失,与公司最佳利益背道而驰,董事已经违反诚信义务。该院明确指出,董事"有意对已知风险不闻不问,这样的事情不可能在诚信情况下发生的"。①

在2005年的迪斯尼公司股东代表诉讼案中,钱德勒大法官对诚信给出了更为明确的界定。他说:"经过长期仔细地考虑,我认为,故意失职,或者有意懈怠职责是判断受信人是否诚信的合适的(但非唯一)的标准。""不诚信可以表现为,比如说,故意为公司最佳利益之外目的而行事,诚心违法,或者明知应作为时故意不履行职责等,这三种情形最为明显。"②对此,2006年8月特拉华州最高法院终审判决表示高度认同。唯2006年11月的Stone v. Ritter案,该院实际上不认同诚信与忠实和勤勉义务的平起平坐地位,而是将忠实义务予以扩张,不再要求具有利益冲突,从而将诚信纳入忠实的范围。但是,该院一如既往地援引了Caremark案所确立的行为标准,指出"董事是否诚信应以确保建立合理的信息和报告系统为准,而不能以发生不能预期的截然相反的后果来进行事后诸葛亮式的评估"③,进而驳回了原告的诉讼请求。看来,以行为标准判断董事是否诚信已成为不可阻挡之势。

于是,这诚信不再是那诚信。主观与客观相统一的诚信概念有两大重要意义:一是扩大了诚信的涵摄范围,董事非理性行事达到失信程度就可能被问责。同时,商事判断规则仍然发挥作用,董事经营决策仍然享受尊重待遇。二是增强了诚信义务司法审查标准的可操作性。法院可以避免纠缠于剪不断理还乱的主观意图的探究,减少司法错误。

四、董事问责标准的三元化趋势

诚信问责路径的兴起,也就为在完全公平审查标准和商事判断规则之外,寻求第三种宽严适度的审查标准提供了可能,从而形成三元化的司法审查标准体系,以免对董事非理性行为的司法审查要么过于苛刻,或过于宽

---

① In re Abbot Laboratories Derivative Shareholder Litig. , 325 F. 3d 795, 811, 7th Cir. 2003.
② 907 A. 2d 693, Del. Ch. 2005, pp. 123 – 125.
③ Stone v. Ritter, No. 93, 2006 WL 3169168, Del. 2006.

松。诚信义务日趋独立,取得与忠实和勤勉义务平起平坐的地位,诚信问责路径的合法性愈来愈受到认可,便是董事问责标准走向三元化格局的显著标志(图1-1)。

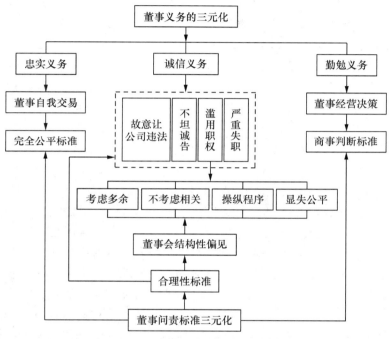

图1-1 董事问责标准的三元化

(一) 诚信义务日趋独立

诚信是否属于独立的信义义务呢？学者们见仁见智,莫衷一是。这主要有五种观点,即合同义务说、替代信义义务说、无实在意义说、从义务说以及独立义务说。合同义务说对其产生方式很有解释力,但未能揭示其特有价值和功能,无实在意义说、从义务说和替代信义义务说在一定程度上反映了其演进的复杂性、曲折性及其工具性、政策性特征,也不能真正反应其日趋明确独立作用空间和价值,独立义务说不仅解释了其独立作用空间,厘清其忠实和勤勉义务的边界,而且提供了董事行为准则,并为司法审查提供了具有可操作性的评判模式。

1. 学说评述

为了厘清诚信义务的地位,下面首先对这几种学说予以评述。首先是解释产生方式的合同义务说。该说否认董事诚信义务的独立性,认为它既不是忠实义务的次义务,也不是与忠实和勤勉并列的义务,而是用来解释董事是否正确履行忠实和勤勉义务的工具,就像合同上的诚信适用于所有合同义务一样。① 这是现代企业理论的运用,无疑有助于我们认识董事义务的根源。这是因为,公司虽说是一个层级组织,在现代企业理论看来它不过是一系列合同的"联结点"(nexus of contracts),通过这一系列合同的履行实现 1+1>2,各个要素提高者均可分享组织租金,使其所得超过自我雇佣。董事作为公司的领导者,其所行事的战略决策权和控制权无一不是来自其与股东以及其他利益相关者之间的合同,其所承担的义务自然也是来自这些合同。就此而言,合同义务说准确地解释了诚信义务的渊源。但是,它不能解释其与忠实和勤勉义务的差异,因为他们都是合同义务,都具有说不清道不明的概括性、模糊性。此外,公司毕竟是一个层级组织,公司乃是对市场的替代,公司合同自然有别于市场上的一般合同。一般合同往往属于"一锤子买卖",双方签订绝对完备的合同虽不可能,但是这种合同较为完备,合同权利义务较为具体,而公司合同作为关系合同则非常不完备,不可能将各方权利义务规定一清二楚。② 依据该合同,董事行使剩余控制权,这是一项因时因情况而进行随机应变的权利,合同肯定说不清道不明,然而投资者获得什么,只是董事的一个空洞的承诺:你们放心,我会尽心尽力、谨慎、勤勉地为公司最佳利益行事。为保障这一承诺的实施,才有了信义义务。由于关系合同的不完备性,无论是传统的忠实和勤勉义务,还是现在的诚信义务,均具有高度概括性,不可能像市场上一般合同那样具体明确。可见,合同义务说还混淆了董事诚信义务与一般合同诚信义务的差异。

其次,否认独立性的替代信义义务说、无实在意义说和从义务说。它们均不认可诚信义务的独立性。替代信义义务说认为,诚信义务不过是信义

---

① David Rosenberg, Making Sense of Good Faith in Delaware Corporate Fiduciary Law: A Contractarian Approach, 29 *Delaware Journal of Corporate Law*, 2004.

② 参见罗培新:《公司法的合同路径与公司法规则的正当性》,载《法学研究》2004 年第 2 期;张维迎:《产权、激励与公司治理》,经济科学出版社 2005 年版,第 72、74 页。

义务的另外一种表述,董事信义义务就是诚信义务。① 我认为,以诚信义务置换信义义务实无必要。一是信义义务概念早已有其内在的界定,用一个新概念替换一个有着数百年历史的概念,注定是成本大于收益的徒劳。二是诚信也有其既定作用空间和功能,强调董事全身心投入,忠于职守,与侧重于公心为上的忠实义务和以具有普通谨慎的人在同等情形下的技能、注意和勤勉行事的勤勉义务一样,均为信义的下位概念,而不是包容全部信义义务的一个"口袋"。

无实在意义说认为,诚信就像一面西洋镜,在传统勤勉义务和忠实义务之间摇摆不定,没有给公司法增加任何有个性的实质性的内容。② 它是一项没有实质性标准的装饰道具,之所以产生乃是在危机和丑闻期间,特拉华州面对公司迁徙和联邦政府抢先立法的双重威胁,法院用以减压工具,一旦渡过危机就自然而然地返回原来有利于董事的立场。这的确反应了诚信义务产生的复杂背景,往往是在危机当头用以强化董事问责,重拾投资者信心,缓解社会压力,但这只是制度变迁中的偶然性,许多重要的制度诞生无不与偶然历史事件联系在一起,这是必然中的偶然,不能因为这种偶然而否定其必然性,故无视董事诚信义务的独立功能和价值,是站不住脚的。

从义务说虽承认董事诚信义务的独特性(distinct),但不承认其独立性,认为诚信属于勤勉义务或是忠实义务的附属物或补充。也就是说,董事除了诚信地履行勤勉和忠实义务外,则不存在单独对诚信义务的履行问题。若不违反勤勉义务或忠实义务,也就不可能违反诚信义务。③ 毕雪普教授认为,作为外围设施的诚信义务是一个独特的概念,但不是一项独立的可作为诉由的信义义务。④ 他们试图对忠实进行扩张解释,进而涵盖诚信,认为忠实可以被广义界定为包含全身心投入(devotion)的意思。约翰逊教授指出,

---

① Zachary S. Klughaupt. Good Faith in the World of Delaware Corporate Litigation. 56 *FED'N DEF. & CORP. COUNSEL*. 2006.

② Sean J. Griffith, The Good Faith Thaumatrope: A Model of Rhetoric in Corporate Law Jurisprudence, (December 2004). Available at SSRN: http://ssrn.com/abstract=571121.

③ Eric A. Chiappinelli, Delaware Supreme Court on Good Faith (again) and the Duties of Care and Loyalty, (November 8, 2006) http://businessentitiesonline.typepad.com/new_developments/2006/11/delaware_suprem.html.

④ Carter G. Bishop, A Good Faith Revival of Duty of Care Liability in Business Organization Law, 41 *Tulsa University Law Review*, 2006.

忠实义务包括一个广泛接受的但是范围较小的'不背叛'(non-betray)方面，以及一个没那么广泛被接受但更积极的方面：'全身心投入'。"① 不难看出，从义务说已经认识到传统忠实和勤勉义务的不足，也意识到诚信义务的用武之地，即规制董事的失信行为，比如有意玩忽职守、懈怠职责等。但是，这样的扩张解释难免牵强。

最后，独立义务说。该说认为董事诚信义务一项单独的、自立的(free-standing)义务，自有其独立的地位，是对传统公司信义义务的重构和重要发展。实践中，常有董事失信，却不违反勤勉或忠实义务，以诚信义务问责起到了良好的填补空缺的作用。② 之所以对其地位认识不一致，有些观点甚至大相径庭，是因为它既未被清晰地界定，也没有得到充分发展。③ 因此，对其进行积极的系统的探究尤为重要。迪莫特教授认为，与合同法中的诚信所起的解释合同和填补漏洞的作用不同，基于忠于董事职责的诚信将作用于董事会决策，它须有积极的涵义。④ 艾森堡教授发现，建立独立的诚信概念体系有四方面的理由：(1) 勤勉和忠实义务未全面涵盖董事的所有不正当行为，而这正是在诚信义务的涵摄范围。(2) 勤勉义务和忠实义务中不同规则限制其责任的适用，但这些限制在董事不诚信时就不能适用。(3) 勤勉义务和忠实义务是责任原则，而诚信义务本身并不一定导致责任的承担，这是其重要差别。(4) 诚信义务有助于法院回应社会和商业道德的变化。在考虑效率和其他政策的情况下，可以清晰地解释新的具体的信义义务，而这是勤勉义务和忠实义务不容易做到的。⑤

该说还尝试对诚信作出主观与客观相结合界定，即要求董事主观上诚

---

① Lyman Johnson, After Enron: Remembering Loyalty Discourse in Corporate Law, 28 *Delaware Journal of Corporate Law*, 2003.

② Filippo Rossi, Making sense of the Delaware Supreme Court's Triad of Fiduciary Duties. (June 22, 2005). http://papers.ssrn.com/sol3/papers.cfm?abstract_id=755784.

③ Janet E. Kerr, Developments in Corporate Governance: The Duty of Good Faith and its Impact on Director Conduct, (June 16, 2006) www.gmu.edu/departments/law///gmulawreview/issues/13-5/documents/ProKerr.pdf.

④ Deborah DeMott, Puzzles and Parables: Defining Good Faith in the MBO Context, 25 *Wake Forest Law Review*, 1990.

⑤ Melvin A. Eisenberg, The Duty of Good Faith in Corporate Law, 31 *Delaware Journal of Corporate Law*, 2006.

实,在做出行为时应真诚地认为为公司最佳利益行事,客观上忠于职守、行为正派,不违反被普遍接受的商业正当行为准则以及被普遍接受的基本公司规范。在此基础上,建构来董事诚信行事的行为模式,包括需使公司守法、坦诚布公、遵守公认的公司基本规范、遵守公认从商的基本规范等,可以为董事行事提供行为指引。其实,这并没有额外加重董事的负担,只是对现有履行董事职责行为的进一步明确,以加强公司内部对董事的约束。其创设的主客观相结合的董事诚信行为评判模式,则为以后可能出现的新型不正当行为类型提供了规范的标准,使得整个信义义务体系在保持稳定性的同时具有一定的开放性,能更好地适用社会发展的需要。

2. 诚信义务的独立性分析

我以为,诚信义务具有独立性。一是它有着独立的问责空间:在恶意与重大过失之间。二是其作用并不能被忠实和勤勉所吸收。如前所述,诚信久已有之,诚信问责路径则因填补董事问责空隙而产生,诚信概念因此获得新生。勤勉义务针对董事无能,忠实义务针对董事谋私,而诚信则是针对董事失信。诚信路径的独特作用和功能不可替代。

我们知道,董事具有不良意图(pejorative label)的行为可以区分为三个层次[①]:一是恶意(subjective bad faith)。董事行为已有施加损害之意图,这是最明目张胆的、最经典的恶意,最容易识别,也最容易被问责,其责任显然不在公司章程可减免之列。二是违反勤勉义务。董事并无恶意,但有重大过失,其责任属于公司章程可以减免的范畴。三是介于前两者之间的情形,即有意失职、故意懈怠职责。这一中间情形既不涉及利益冲突,又比重大过失更具有责难性。如果没有一个单独的工具对其进行规制,这种情形很容易逃脱法律责任。这是因为其恶性和可责难性比恶意低,尚未构成恶意,仍可受到商事判断规则的保护,即使以重大过失路径问责,其最终责任也可能因公司章程规定而豁免。赤裸裸的恶意在现代公司并不多见,重大过失的责任又可能因公司章程规定而豁免,董事问责很可能形同虚设。可见,不诚信作为一个单独的问责工具不仅是必要的,而且将其与恶意和重大过失加以区分也是可行的。这样,违反诚信义务就包括恶意和不诚信(lack of good

---

① 斯蒂尔首席大法官在迪斯尼股东代表诉讼案的终审判决中,对这三个层次的划分有着精辟的分析。907 A.2d 693, Del. Ch. 2005.

faith)两种情形。恶意是诚信的反面,但不诚信并不等于恶意。有了不诚信这个问责工具,董事故意懈怠职责就再也不能以"好心"办坏事而不了了之了。

其实,立法者也觉察到这一中间地带,并给予区别对待。比如,特拉华州《普通公司法》第102条(b)(7)准予公司章程豁免董事违反信义义务的赔偿责任,但有四项例外,即(i)违反对公司或股东的忠实义务;(ii)违反诚信的作为或不作为,或故意的不当行为,或知法犯法。如果说将诚信纳入忠实义务,那么在第(i)项例外列举违反忠实义务后,就没有必要列举第(ii)项违反诚信义务了。否则,属于画蛇添足,多此一举。立法上将其单列,很明显是考虑到这种中间状态有别于忠实义务,不可能相互替代,而是各有用武之地。如果说勤勉义务吸收诚信义务,那就无异于取消了第102条(b)(7)对董事的保护。再有,依据该法第145条(a)和(b),董事、高管违反勤勉义务,被提起有关法律程序,所发生的费用、判决金额、罚金以及和解金,均可获得公司补偿,而违反诚信义务则不在此列,也是旨在保护董事、高管。若将诚信义务与勤勉义务等同,违反勤勉义务便自动违反诚信义务,无异于剥夺了这种保护,显然与立法目的相悖。这表明,忠实义务和勤勉义务也不可能吸收或涵盖诚信义务,诚信路径不可替代。

(二)我国亦需三管齐下的董事问责标准

美国特拉华州的诚信路径确实富有成效,但我们未必需要仿效。判例法自有"临事立法"的优势和适应性品格,但从诚信路径的演进也可以窥见其头痛医头、脚痛医脚的意味,不断地在试错和纠偏,第102条(b)(7)是为了平息Smith v. Van Gorkom案所引发的董事责任恐慌,而诚信路径的运用则是为了应对第102条(b)(7)董事赔偿责任减免风潮,填补对严重失职董事问责空隙。然而,我国属于成文法体例,且有后发优势,当然可以一步到位,避免这样的试错过程。如果冷静地思考就会发现,只要我们不允许公司通过章程减免董事违反勤勉义务的赔偿责任,对失职董事问责仅有勤勉路径就足够了,无须勤勉和诚信路径双管齐下。那么,能否禁止公司减免董事违反勤勉义务的赔偿责任呢?

依据《公司法》第150条,董事违反勤勉义务,给公司造成损失的,应当承担赔偿责任。这里使用了"应当"这样的强制性规范字句。但是,在第

152条的股东派生诉讼中则是规定股东有权为了公司的利益以自己的名义向人民法院提起诉讼。这里使用的是"有权"这样的任意性规范字句。针对第153条的股东直接诉讼也规定"股东可以向人民法院提起诉讼"。这里仍然使用了任意性规范字句"可以"。既然股东可以自主决定是否行使股东派生诉权和直接诉权,他们可否通过章程约定减免董事的赔偿责任呢? 这是否属于公司自治的范围呢? 显然,法律并未禁止股东这样做。法律是否应当禁止股东这样做呢? 古典政治理论告诉我们,法律权威最根本的渊源乃是自由人们的同意。① 股东自主作出这样的选择,减免董事因违反勤勉义务而引发的赔偿责任,应为法之所许。实践中,已有公司通过章程减免董事的责任,以鼓励他们用于开拓创新。② 公司法不过是一种标准合同,这种选择应当属于公司法的自由空间。③ 但是,这种选择不得违背这样一个隐含条款:董事不得背信弃义。否则,有违股东的合理预期。也就是说,减免董事责任需以其诚信行事为前提条件。由此看来,仍有必要对介于重大过失与恶意之间的失信情形区别对待,以勤勉路径对重大过失问责,而以诚信路径对董事失信问责,促使他们三思而后行,而非"跟着感觉走"。所以,我国已需单独的诚信问责路径,从而形成董事问责标准三元化格局。

五、董事问责标准三元化的正当性分析

董事问责标准的三元化,以单独的诚信路径涵摄董事非理性行为,而以忠实和勤勉路劲涵摄其理性行为:徇私和不合理行事。问题是,如此重构董事问责标准是否正当呢? 易言之,股东需要董事诚信行事吗? 董事诚信行事意义何在呢? 在著名社会学家韦伯看来,"人们之所以服从某种强制、某种规则或某种秩序,完全是因为他们相信这些外在力量具有正当性,而正当性的基础则是这些外在力量中所包含的、与社会行动者的主观意义取向相

---

① 参见罗培新:《公司法的合同路径与公司法规则的正当性》,载《法学研究》2004年第2期。

② 参见罗培新:《填补公司合同"缝隙"——司法介入公司运作的一个分析框架》,载《北京大学学报》(哲学社会科学版)2007年第1期。

③ 参见张维迎:《产权、激励与公司治理》,经济科学出版社2005年版,第169页。

吻合的意义结构"①。我们不禁要追问,诚信义务与董事和股东的主观意义取向是否吻合呢?以下是博弈论提供的解说。

我们知道,信息不对称是制约股东和董事委托——代理关系的瓶颈,而诚信则是克服这一难题重要机制。董事能力和品性等信息都是"只许佳人独自知"的董事私人信息,股东难以了解,这是事前(ex ante)信息不对称。董事做了什么、正在做什么以及即将做什么,董事做了哪些有利于公司的事以及做了哪些有害于公司的事,董事往往拥有垄断性信息,股东则难以知情,则是事后(ex post)信息不对称。比如,在中航油案中,到2004年10月其账面亏损已高达1.8亿美元,还支付了8000万美元的额外保证金,因未披露,投资者无从知悉。10月20日,中航油集团将15%的中航油股份私下配售给机构投资者,得到1.08亿美元,该机构投资者又以每股1.35新元的价格将其配售给了50多名投资者,他们在一个月以后才得知中航油巨亏5.5亿美元,而这些亏损在进行配售的10月20日早已存在。这笔资金被用来填补中航油的期权交易损失。② 而在四川长虹案中,如果没有2004年7月的换帅,对于公司巨亏37亿元,投资者哪能知道董事长在为MBO梦积蓄力量,因为董事长操纵的年度报告照样可以波澜不惊,形势大好。由此导致的逆向选择和道德风险,会严重影响股东和董事的信任与合作。就董事而言,因股东不了解其真正能力,南郭先生就会充斥市场,股东难辨真假,可能黑白不分,甚至淘汰"好董事",真正有能力的董事就可能自叹做"好董事"难,英雄无用武之地。就股东而言,因其不了解董事在公司的所作所为,难于监督,董事可能为所欲为,好公司甚至百年老店也可能一夜之间被葬送,中航油案和四川长虹案就是如此。诚信义务的镶入,股东就有了筛选机制,董事有了信息传递机制。现分述如下:

(一)分离均衡:股东的筛选机制

作为信息劣势方,股东并非无所作为,经济学家约瑟夫斯迪格利茨所提出的分离均衡机制就是股东主动出击的工具。③ 所谓分离均衡,是相对于使

---

① 李蒙:《韦伯:法律与价值》,上海人民出版社2001年版,第91页。
② 参见徐炯:《"荚长斌"签名真相牵出中航油违规内幕》,载《21世纪经济报道》2005年6月20日。
③ 参见王春水:《博弈论的诡计》,中国发展出版社2007年版,第266页。

所有人都愿意接受的混同均衡,是针对不同的人提供不同的选择。比如,保险公司针对不同客户的不同需求,设计了不同类型的保险类型和保险合同,而不用千篇一律的标准合同;航空公司将飞机舱位分为头等舱、商务舱以及经济舱,不同舱位有不同的服务和不同的价码,以满足不同客户的需求,从而甄别出不同支付能力的客户的类型。尽管谁也不会说自己是高支付能力的人,但是作出选择就等于向航空公司表明了自己的真实类型。通过这种机制,股东可以诱导董事不隐瞒信息,敢说真话,愿意说真话,显示其真实偏好,从而搜索到真正能干又不偷懒的董事。

加入诚信路径之后,董事问责制能够更好地发挥分离均衡的筛选功能,实现"过罚相当"、"罚当其过"。这是因为,对董事信义义务进行"三元"区分后,股东可以更为有效地甄别董事的真正努力情况,对不同努力程度的董事予以区别对待,做到赏不虚施,罚也不妄加。董事违反勤勉和诚信义务可以区分为三种情况:一是既不勤勉,又不诚信;二是不勤勉,但诚信;三是仅有不诚信。这三种情形代表了三种不同的努力程度,其问责力度也有明显有别,这就可以诱导董事讲真话,显示其真正努力的情况。

就第一种情形而言,既有重大过失,又不诚信,不但要承担赔偿责任,而且非自己掏腰包不可。在世界通信和安然公司案中,董事除了动用责任保险支付赔偿金外,还必须自己掏腰包支付一定费用。世界通信的 12 名外部董事 5400 万的赔偿金,除动用责任保险外,还要自行支付 1800 万元的赔偿。[①] 至于董事长兼 CEO 艾伯斯除领刑 25 年外,价值 4000 万美元的个人财产被全部没收。安然公司的 10 名外部董事除动用 1.74 亿美元的责任保险外,必须自行赔付 1300 万美元。其目的就是为了对故意造价给予一定的震慑。对于第二种情形,董事仅有重大过失,但诚信行事。这也要问责,但公司可以通过章程给予责任减免,直至完全免除赔偿责任。对于仅仅不诚信的情形,其问责的措施就是董事因参与有关法律程序而发生的费用、罚款、赔偿金等,公司不予补偿。比如,在 Waltuch v. Conticommodity Services, Inc. 案中[②],Waltuch 依据《公司章程》第 9 条起诉公司,要求公司补偿其参加

[①] Jonathan Weil and Shawn Young, WorldCom Directors Pay Steep Price for Failure Outside Directors' Failures Send Expensive Lessons On the cost of Inattention, *The Wall Street Journal*, C1, January 7, 2005.

[②] 88 F.3d 87, 2d Cir. 1996.

有关法律程序的费用。公司辩称,他未诚信行事,没有资格获得补偿。第二巡回法院认为,尽管第9条对此未做明确要求,对不诚信行事予以补偿超越了特拉华州公司补偿之权力,故驳回其诉讼请求。许多案例均步其后尘。In re Landmark Land Co. 案亦然①,尽管第四巡回法院认为董事的行为符合房地产公司的最佳利益,也未违法,但其行为旨在规避政府监管,有损监管机关权威,违反了诚信,公司不能补偿董事参与有关法律程序的费用。该费用并非小事一桩,无足挂齿。在安然公司案中,被告董事动用276名律师,每月律师费高达1000万美元,到2005年达成和解协议时责任保险的3.5亿美元赔偿额仅仅剩下2亿美元了。② 不难看出,不予补偿董事参与有关法律程序的费用,也是一个实实在在的惩罚。

的确,法律只能诱导,不能强制。通过前述分离均衡机制的诱导,对董事的不同过错予以区别对待,避免了以成败论英雄,可以走出"反亦死,不反亦死"的困境。

(二)信誉:董事的信号传递机制

董事如何赢得股东的信任呢?作为信息优势方,信号传递(signaling)乃是首要选择。信任是一种默契,是对他人行为的一种预期,有了这种默契和预期,合作才有可能,也是实现1+1>2的关键。因而,它被普遍认为是除物质资本和人力资本之外,决定一个国家经济增长和社会进步的主要社会资本。③ 经济学研究表明,减少信息不对称对有助于建立信任。可见,董事积极地传递其信誉的信号,无疑有助于股东与董事之间建立信任。

信任的实现固然与文化、个人之间的感情相关,更重要的是,它也是人的理性选择的结果,更需要制度支持。促进这种信任的首要机制就是合同,但是如前所述公司合同属于关系合同,非常不完备,不可能将其间各种权利义务规定得一清二楚,故需要董事的权威,由其行使剩余控制权,避免无休止的讨价还价,让公司有充裕的时间从事创造价值的活动。就算合同有写

---

① 76 F. 3d 553, 4th Cir. 1996.
② Bernard Black, Brian Cheffins, and Michael Klausner, Outside Director Liability, 58 *Stanford Law Review*, 2006.
③ 参见张维迎、柯荣住:《信任及其解释:来自中国跨省调查分析》,载《经济研究》2002年第10期。

得清楚的地方,决策情景事后不可能再现,举证相当困难,即使有证据,也不一定获得法院认可。可见,依靠合同维持股东与董事的信任会非常困难,构建其信任关系一定需要其他的机制。这种机制就是信誉,保障公司合同实施有三大机制,即权威、法律和信誉①,足见信誉在公司合同实施机制中举足轻重的作用。由于董事行使的权威属于自由裁量,其范围合同难以界定,股东对其行为又难以监督,故股东之所以接受这个权威,将公司交由其经营管理,很大程度上是出于对董事的信任。一个人越值得信任,我们就越愿意接受这样的权威。反之,他不讲信誉,权威就会被滥用,人们就不愿意接受这样的权威。所以,信誉既是对董事的信任和约束的重要手段,也是董事传递信号的重要途径。

信誉源于诚信。诚则信,信者诚;尽诚可以决嫌疑。这些古训讲的就是这个道理。董事需以其诚信赢取股东的信任,诚信义务自然符合董事传递信号的愿望。这也就意味着,董事不诚信就应被问责,也是建立董事与股东信任关系的重要条件之一。这是因为,为了使信誉机制发挥作用,股东该惩罚而没有采取惩罚措施,自己必然会受到惩罚,过分原谅不诚信行为本身就是不道德的行为。

由此可见,诚信义务可以实现"当事方如果完全自愿参与所可以获得的价值"②,其正当性不言而喻,自然会得到当事方的认同和遵守。

六、诚信路径下的司法审查标准与涵摄对象

诚信问责路径因填补董事非理性行为这一问责空隙之需而兴起,并与当事方尤其是股东和董事的主观意义取向相吻合,完全正当。该路径采用何种司法审查标准呢? 具体涵摄对象何在呢?

(一)诚信问责路径的合理性标准

司法审查标准是法院对董事行为作出最终评价的准则,是董事问责诉

---

① 参见张维迎:《产权、激励与公司治理》,经济科学出版社2005年版,第74页。
② Thomas Nagel, *Equality and Partiality*, Oxford Unversity Press, 93 (1991).

讼的核心问题。审查标准是否恰当、合理,事关董事问责制的功能能否充分、有效地发挥。忠实义务采用完全公平标准,勤勉义务采用商事判断规则,那么,诚信义务作为忠实和勤勉义务的中间地带,其司法审查又采用何种标准呢?如何确立对这一中间地带宽严适度的审查标准呢?我们知道,审查标准实际上是司法权与经营自主权之间关系的调节阀,审查标准过于宽松或者过于严格都不可取。若法院一味尊重董事的权威,审查难免流于形式。反之,若法院越俎代庖,对每个问题都重新进行审查判断,以其判断代替董事的判断,无疑会牺牲企业家经营决策的优势。这就要求审查标准宽严适度,既能实现对董事的有效控制,又能为其经营决策留下充分的自主空间。

  为此,合理性便成为诚信义务的恰当审查标准。其一,以合理性作为中间审查标准,它与完全公平、商事判断规则所形成的三元化结构,正好与董事的三种不当行为相对应:不忠实、不诚信和无能。完全公平标准判断董事是否谋私或者徇私利,是最严格的审查标准,要求董事自我交易不仅要程序公平,而且还要实体上公平。商事判断规则则为另一极端,着重是程序审查,不涉及经营决策的实体内容,高度尊重董事的经营决策,只有董事表现为极其无能,才需要问责。合理性标准判断董事行为的非理性问题,属于对经营决策的实体审查,审查强度也正好处于前两项标准之间。这三项标准三位一体,相辅相成,共同构成监督和制约董事行为的有效屏障,同时又不妨碍董事经营决策的自主性。其二,确立合理性审查标准,符合现代法治国家由形式主义法治转向实质主义法治的理念。司法审查不能满足或停留于形式审查或者程序审查,这是因为,随着公司治理日趋完善,那些从形式上看就明显违反董事义务的行为会越来越少,为了徇私利或者徇私情,董事们往往会"曲线救国"。相应地,司法审查的重心将由程序审查转向实体审查,以实体合理性判断董事是否诚信,体现了现代法治的理念。

  诚然,合理性是相对的,合理性标准是一个理念性标准。只要正面上属于基本合理,或者反面意义上不是明显不合理,即可通过合理性审查。也就是说,它只要求法院审查董事行为的合理性,而不要求审查其正确性。这就意味着,在合理性标准下,董事权威仍受到一定尊重,法院不能以自己的判断代替董事的商事判断。法院只审查董事判断是否合理,即使对同一证据事实,法院自己判断得出的结论与董事不同,但只要董事的判断合理,法院仍然应当尊重董事的判断。

(二) 诚信问责路径的涵摄对象

违反诚信义务自应被问责。那么,哪些董事不当行为属于诚信路径的涵摄对象?也就是说,哪些不当行为属于诚信的问责事由?各地国资委的问责办法缺乏这方面的规范,广东省的问责办法笼统地对"违规决策"问责,虽列举违规决策的各个领域,却对何谓"违规"只字未提,无法了解其问责事由。比较而言,《企业国有资产监督管理条例》第40—41条明确规定了滥用职权和玩忽职守两种问责事由。虽未规定问责路径,但均可将其纳入诚信路径。但是,与诚信的事前义务和行为标准相比,这还没有涵盖董事不诚信行事的所有情形。特拉华州的经验给我们提供了有益的借鉴和参照系,诚信路径还应涵摄董事故意让公司违法和不坦诚告知这两种情形。如图1-1所示,这四种不当行为均涉及董事非理性行为,可以填补董事非理性行事的问责空白地带。

1. 滥用职权

作为领导者,无论行使战略决策权,还是进行控制和监督,董事自应遵守公认的基本公司规范,正当行使权力,独立地作出有利于公司最佳利益的判断,不得有多余考虑。如果滥用职权,即使目的正当,手段不当,也绝对不允许,亦非诚信之举。这主要有两种情形:一是操纵决策程序;二是多余考虑。董事诚信行事,是公司董事会、股东大会决议或所批准交易的生效要件。无论是董事通过欺骗、蒙蔽或个人独断专行等不当行为,使得董事会、股东大会通过有关决议,还是董事决策之中有多余考虑,考虑不相关因素,比如基于个人憎恶、欲望、嫉妒、报复、羞辱、荣耀等非经济性的不良动机行事,均有违公司机关决议的生效要件,这些决议应归于无效或可撤销。最近,世界银行行长沃尔福威茨的"女友门"事件就是典型的基于多余考虑的决策。① 世行特别调查小组认为,他亲自介入其女友的升职加薪事宜是不适当的,不仅使世行陷入"领导危机",他个人也付出了昂贵的代价,不得不在

---

① 参见《世界银行认定沃尔福威茨违规》,载 www.xinhuanet.com,2007年05月16日发布;《综述:沃尔福威茨"女友门"事件进入最后阶段》,载 http://news.xinhuanet.com/world/2007-05/17/content_6112777.htm,2007年5月17日发布。

强大社会和舆论压力下辞职。在我国上市公司伊利股份2004年的独董风波中,罢免独董的董事会决议既是董事长郑俊怀操纵的结果,也是他基于个人憎恶的报复之举。① 独董俞伯伟从媒体报道得知伊利股份大量投资国债以及华世公司的股东构成问题后,相继在2004年4月27日和5月26日两次向董事会提出质疑,而董事会则对这些问题含糊其辞,敷衍塞责。征得另外两名独董同意后,6月15日他便发表了独董声明,要求聘请审计机构审计公司的国债交易。董事长郑俊怀便恼羞成怒,于是一手遮天,炮制了6月16日下午临时董事会罢免独董俞伯伟的决议。一是采取调虎离山之计,使其本人不能参加这个临时董事会。公司在6月15日中午用电子邮件通知俞伯伟赴京与郑俊怀商谈,时间为6月16日上午10点。俞伯伟如期赴约,但连联系人也没见到,联系人还表示不知情。随后,俞伯伟通过另一独董王斌得知,公司已通知于16日下午召开临时董事会,而这个会议就要决定对他的罢免。显然,他要赶到呼和浩特参加这个决定他的命运的会议,为时已晚。二是操纵董事会的表决。11名董事中仅有7名出席,第一轮表决该议案时仅有1人赞成,4人弃权。因为没有达到目的,董事长便宣布休会,他又找有关董事谈话,于是再行表决,便有了5票赞成,形成了罢免独董俞伯伟的决议。6月17日,该公司就公开披露了罢免决议。对于这种肆意践踏公司治理机制的专横行径,就应以诚信路径问责。

  为何用诚信路径来涵摄这种情形?就操纵公司决策而言,显然应由诚信义务来涵摄。一是操纵的情形下,这些董事均理性行事,可合理地认为系为公司最佳利益而行事,不能用勤勉义务涵摄。这当中所涉及的欺骗、蒙蔽、耍小聪明等举措,都属于诚信的范围,而非忠实的范围。何况,用诚信义务不仅可以涵盖不利于公司的行为,而且可以处理有利于公司的情形。至于多余考虑,确实涉及董事的自我利益,即使不用诚信义务,忠实义务亦可涵盖。之所以将其置于诚信义务,一是忠实义务的利益冲突还是仅指经济利益。虽然可以对其进行扩张解释,但是现在仍未明确地将其纳入忠实义务。二是忠实义务并非禁止自我交易,只是要求这种交易具有公允性,而诚信义务则是绝对禁止,显然诚信路径的处理比忠实义务更有力。三是适用范围问题。针对无利害关系董事批准有利害关系董事的交易,或由无利害

---

① 曙光:《伊利股份:罢免独董,伊利错还是独董错?》,载《羊城晚报》2004年6月21日。

关系董事组成的司法委员会决定是否准予股东代表诉讼,这些行为也可能受到司法审查,但忠实义务则难以对其适用,因为这并不涉及经济利益。可见,将其纳入诚信路径就是一个有效的处理方式。作为公司法的先驱,美国特拉华州已有多个判例将董事操纵公司机关形成的决策宣布无效。比如,Koch v. Stearn 案、VGS v. Castiel 案和 Adlerstein v. Wertheimer 案。[①]

2. 严重失职

董事失职无疑违反勤勉义务。若是严重失职,构成不忠于职守,则违反了公认的基本公司规范,从而违反了诚信义务,其可责难性显然大于勤勉路径所涵摄的重大过失。就法律后果而言,以诚信路径问责,公司就不能通过章程减免董事的赔偿责任,而是需要他们自行掏腰包。显然,这就增强了对严重失职的处理力度。20世纪90年代中后期以来,美国法院尤其是特拉华州法院已经普遍认同这样的观点:董事故意失职、有意懈怠职责,就是不诚信。除了前述 Caremark 公司股东代表诉讼案、雅培公司股东代表诉讼案、迪斯尼公司股东代表诉讼案外,还有联邦第六巡回法院的 McCall v. Scott 案和特拉华州 In re Emerging Communications 公司股东诉讼案。[②] 这些判例均认为,董事对公司信息和报告系统的缺陷视而不见,无疑是放弃职守,让经营者放任自流,放纵经营者,导致决策失误或错误,甚至违法,就是不诚信之举。就前述四川长虹案而言,董事们涉嫌为 MBO 储备力量而有意不追收巨额货款,致使公司 2004 年度爆发 37 亿元的巨亏,即可以诚信路径对董事问责。遗憾的是,由于缺乏这样的问责机制,这些董事均未被问责。

3. 故意让公司违法

守法人人有分,公司作为企业公民自不例外。我国《公司法》不仅在第5条要求公司经营活动必须遵守法律和行政法规,而且第22条还将违反法律、行政法规的公司股东会或股东大会、董事会的决议归于无效,就是明证。董事作为公司的领导,让公司合规,让公司守法经营,也是顺理成章。没错,公司以利益最大化为目标,但这与合法性原则并无矛盾。利益最大化是公

---

① 其案号分别为 No. 12,515,1992 Del. Ch、No. 17,995,2000 Del. Ch 和 NO. 19,101,2002 Del. Ch。

② No. 15,415,2004 Del. Ch.

司的目标,而合法性则是关于如何实现该目标,即通过合法经营达到该目标,合法性并没有修正利益最大化这个目标。正如比赛的目的在于夺冠,遵守比赛规则与夺冠并行不悖。尽管违规可能赢得更多更快,如果参赛人辩解说,违规乃是为了尽可能赢得比赛,这就无异于说他根本不懂得比赛的含义。同理,公司辩解,之所以违规,乃是为了利益最大化,也无异于不懂得何谓利益最大化。所以,《ALI治理原则》第2.01条(a)规定了利益最大化原则,要求公司以公司利润和股东收益为目标后,该条(b)(1)接着又规定了合法性原则,要求公司即使不能增加公司利润和股东收益,亦应像自然人一样守法。

为何将其纳入诚信路径呢? 第一,这是诚信的本义。明知行为不当,明知违反公认的从商规范,而故意让公司违法,乃是董事们贪婪所驱动的,显然属于不诚实,也是不忠于职守的表现。第二,忠实和勤勉义务难以涵摄这种情形。首先,故意违法很少牵涉到自我交易,难以纳入忠实义务。其次,董事从事这种行为往往精于计算,甚至过于贪婪了,可合理地认为以公司最佳利益行事,也就难用勤勉路径来涵摄了。《ALI治理原则》第4.01条(a)的评论指出,董事故意让公司违法即属违反诚信,因为其诚信履行职责包括要遵守第2.01条。美国已有不少案例支持这一立场。在 Roth v. Robertson 案中①,公司涉嫌违规在周日经营游乐项目,CEO决定花钱收买举报人。他的行为无疑以公司利益最大化为目的,而且他可以合理地相信,周日经营的收益会远远多于公司受到处罚的成本,何况被查处的可能性微乎其微。但是,法院还是认为他应该赔偿公司所支付的金额。该判决指出,基于公共政策的考量,用公司资金做这种支出应予谴责,应对这种董事问责,责令其赔偿所浪费的金额。在 Abrams v. Allen 案中②,纽约州法院作出相同认定:一是董事促使工厂搬迁,故意降低产量;二是该行为导致公司巨大损害;三是这些决定基于不合法的商业理由,其目的仅仅在威慑和打击参与劳动争议案的职工,违反了纽约州《劳动法》和美国联邦《劳动关系法》。于是,判令董事赔偿损失。在 Metro Communications Corp. v. Advanced Mobilecomm

---

① 118 N. Y. S. 351, N. Y. Supp. Ct. 1909.
② 74 N. E. 2d 305, N. Y. 1947.

Technologies Inc.案中①,特拉华州衡平法院认为,董事不得以违法方式管理公司,即使违法给公司带来利益也不例外。在 Guttman v. Jen-Hsuan Huang 案中②,特拉华州衡平法院认为,董事让公司违法违反了信义义务。

董事故意让公司违法就属于不诚信,董事自应赔偿公司所遭受的损失,比如罚款。之所以设定这样的民事责任,是因为仅靠刑法和行政监管难以实现合法性目标,这在我国具有现实意义。政府监管力量毕竟十分有限,不可能发现和检控所有的违法行为。将其成为公司法的组成部分,就可以将守法内化为公司的行为,更有利于实现合法性目标。此外,这种情形往往处罚公司,董事很可能逃脱处罚,故有必要制止其这种行为。同时,董事也不得以公司所受之利益来冲抵其赔偿责任。否则,即有违课处该责任的初衷。对此,《ALI 治理原则》第 7.18 条(c)就明确规定,经理从事不当交易的责任不得以公司从该交易所获利益冲抵,若冲抵有违公共政策的话。即使以同一交易所产生的利益相抵,只要该抵销有悖于公共政策,亦不得准予抵销。

2. 不坦诚告知

如果涉及利益冲突,董事自应向董事会坦诚相告,这是董事忠实义务的涵摄对象。至于不涉及利益冲突的情形,董事亦应坦诚相告。这是因为,董事会系公司治理的枢纽,负责公司战略决策和控制,公司重大事项则由股东大会决定。董事自应向董事会、股东大会提供决策所需信息,以便科学决策,因为信息影响决策,任何决策虽不可能做到完全信息,但是信息越多,越可能作出科学、正确的决策,"诚信可以决嫌疑"就是这个道理。所以,董事具有坦诚告知的义务,就其知悉的事关其他董事或公司机关履行职责或作出决策的重大信息,应坦诚地告知其他董事和公司机关,并不得误导,不得故意或草率做虚假或误导性陈述。证券法虽有董事信息披露义务的规定,但是它并不能代替公司法上的义务,一是依据证券法所做披露并未包括董事知悉的而其他董事尚不知悉且影响其履行职责的重要信息;二是多数公司并非上市公司,不受此约束;三是证券法上不得误导的规范,仅适用于参与证券交易的投资者,而未参与交易的投资者不能以此起诉董事,救济范围十分有限。美国特拉华州法院通过判例确认,董事对需股东大会表决的事

---

① 854 A. 2d 121, Del. Ch. 2004.
② 823 A. 2d 492, Del. Ch. 2003.

项有告知有关信息之义务。唯在 Turner v. Bernstein 案和 Skeen v. Jo-Ann stores Inc. 案中①,雅各布副大法官将其作为忠实和勤勉义务,而在 Malone v. Brincat 案中特拉华州最高法院明确将其作为诚信义务。

为何用诚信路径来涵摄呢？一是忠实义务处理董事有利益冲突的情形,而这是董事没有利益冲突的情形。二是故意做虚假陈述就是不诚实,属于不忠于职守,有违诚信行为标准,而非勤勉义务。当然,只有故意或鲁莽地违反该义务,才构成不诚信。就其救济而言,除了损害赔偿外,还有纪律处分,比如训诫、调整薪酬、推迟晋升、降级、解除职务或取消董事任职资格。在前述 Smith v. Van Gorkom 中,Gorkom 作为董事长兼 CEO 没有告知董事会他得出每股 55 美元的计算方法的不可靠性,也没有告知董事会该公司 CFO 认为该股份的杠杠收购价格在 55—65 美元的重要事实。法院责令他承担赔偿责任,就是因为他隐瞒了有关收购决策的重要信息,违反了坦诚告知义务。可见,董事们知悉有关需董事会和股东大会表决事项的信息的,不可偷懒,下意识地"留一手",更不能守口如瓶,而是要"该出手时就出手",坦诚相告。而将其纳入诚信问责路径,无疑有助于促使董事们坦诚相待,知无不言,从而提高决策质量,促进公司可持续发展。

七、结　语

公司法学研究必须以合适的研究工具和视角,探寻真实的世界,发现现实的问题。安然公司和雷曼公司表面上堪称现代公司治理之典范,它们的轰然倒下不仅表明独立董事也不值得完全信赖,而且也给理性决策范式下的公司治理和董事问责规范敲响了警钟。董事决策的真实世界就是理性和非理性的统一,董事会治理不能再对董事的非理性决策视而不见,正视董事决策中的心理学机理是董事问责制度不容回避的现实课题。行为经济学、神经经济学和社会心理学理论基于对人性和人类价值的深刻理解,更贴近董事决策的真实状态,为认识董事非理性行为提供了最有解说力的分析工具,打开了董事会运行过程的"黑匣子"。以诚信路径涵摄董事非理性决策,

---

① 其案号分别为 No. 16, 190, 1999 Del. Ch;750 A. 2d 1170, Del. 2000。

并厘定更有针对性的司法审查标准和审查强度,而以忠实和勤勉路径针对董事的理性决策。这样,对董事非理性行为问责既不过于苛刻,也不过于尊重。惟其如此,董事问责制和董事会治理才会与现实更吻合,才更具有生命力。

第二章 董事自我交易问责的完全公平标准

人都是自利的,此乃作为理性"经济人"假设的核心内容。公司的最佳利益自然与董事的私利不相容,而要实现公司最佳利益,防范董事徇私利是顺理成章的。以何种标准问责董事自我交易最有利于公司最佳利益,乃是董事问责制首当其冲的课题,也是当前增强董事会治理有效性不得不解决的重要现实问题。

一、如何对待董事"脚踏两只船"?

为避免董事因"脚踏两只船"而损害公司利益,损公肥私,公司法对其课以忠实义务,受人之托,忠人之事,不仅是董事的天职,更是一项较高且最为严格的义务。为实现立法的目的,公司法还厘定了相应的法律责任。我国《公司法》(2005)第148条第1款和《企业国有资产法》(2008)第26条分别规定了公司董事和国家出资企业董事的忠实义务。相应地,《公司法》(2005)第149条第2款明确规定了归入权,董事违反忠实义务所得的收入,应当归公司所有。该法第150条还规定了董事违反忠实义务的赔偿责任。对于国家出资企业,《企业国有资产法》(2008)第71条第1款和第2款也分别规定了董事违反忠实义务的赔偿责任以及国家出资企业的归入权。毫无疑问,董事自我交易属于董事与公司之间最为明显的利益冲突了,那么,忠实义务又是如何对待董事利益冲突的呢?

没错,忠于公司利益是一个模糊的说法,忠实义务高度概括,高度抽象。作为法律化的道德义务,为防范董事不忠,公司法为此还为董事专门设计了一系列派生义务,如《公司法》(2005)第148条第2款和第149条第1款所列举的 9 项"不得",包括不得利用职权收受贿赂或者其他非法收入;不得侵占公司的财产;不得挪用公司资金;不得将公司资金以其个人名义或者以其他个人名义开立账户存储;不得违反公司章程的规定,未经股东会、股东大会或者董事会同意,将公司资金借贷给他人或者以公司财产为他人提供担保;不得违反公司章程的规定或者未经股东会、股东大会同意,与本公司订立合同或者进行交易;不得未经股东会或者股东大会同意,利用职务便利为自己或者他人谋取属于公司的商业机会,自营或者为他人经营与所任职公司同类的业务;不得接受他人与公司交易的佣金归为己有;不得擅自披露公司秘密。《企业国有资产法》(2008)第 26 条也列举了 2 项"不得":不得利用职权收受贿赂或者取得其他非法收入和不当利益,不得侵占、挪用企业资产。为了避免不周延,放过漏网之鱼,《公司法》(2005)第 149 条第 1 款和《企业国有资产法》(2008)第 26 条均在最后均设有一个兜底条款,涵摄"违反对公司忠实义务的其他行为",或"其他侵害国有出资人权益的行为"。其用心可谓良苦,对董事忠于公司利益的高度重视由此可见一斑。

  不过,这些派生义务往往让人眼花缭乱,尤其是前述列举并非基于同一个层次,而是往往相互交叉,显得较为杂乱。尽管如此,还是可以将其类型化,将其归结为两种类型,以便使其更好地发挥行为准则和裁判准则的作用。一是针对损害公司权益的行为,二是针对与公司利益冲突。比较而言,防范董事利益冲突乃是忠实义务的核心,这并不是说公司法就不重视董事损害公司现实权益的行为,而是说即使公司法对此不予规范,董事的这种不当行为也是一种侵权行为,完全可以依据民法对其问责,而防范董事的利益冲突则不得不由公司法完成,也是其最为紧迫的任务。为此,我国《公司法》(2005)第 149 条第 1 款将董事自我交易、篡夺公司机会、与公司竞业纳入忠实义务,第 117 条还就股份有限公司董事薪酬作出特别规范,第 21 条、第 125 条和第 217 条第 4 项还就董事自我交易作出了较为严密的规范。《企业国有资产法》(2008)第 5 章专门设有一节"与关联方的交易",自然包括董事与国家出资企业的自我交易。该节设有四个条文,即第 43—46 条。这在英美法系就更为明显。美国《示范公司法》(2003)第 8 分章专门规范董事的自我交易,共设 4 个条文。《ALI 公司治理原则》则针对董事的经济利益冲突,设立了专门的第五章"公平交易义务",除第 5.01 条为总则性规定外,第 5.02 条到第 5.09 条分别就董事自我交易,董事薪酬,董事利用公司财产、重大的非公开信息或公司职位,董事篡夺公司机会,以及与公司竞业,分别厘定了行为规范和司法审查标准。英国《公司法》(2006)第 10 编第 2 章规定董事的一般义务之后,还有三章即第 3—5 章,分别就董事披露现有交易或安排中的利益,需要股东批准的交易,以及董事服务合同,作出了相应的规范。既然忠实义务系针对董事的一项最为严格的义务,而它又以规制董事利益冲突为核心,那么,它又是如何对待董事自我交易的呢?

如果说忠实义务以规制董事利益冲突为核心,那么董事自我交易则是规制董事利益冲突的核心。《公司法》第 21 条、第 125 条和第 217 条第 4 项更为详尽的规范,就是明证。对于上市公司,沪深两市上市规则均设专章对其予以规范,独立董事应就此发表意见,且应予以披露。[①] 值得注意的是,公司立法并未对董事自我交易采取禁止的态度,而是有限许可。而且,无论是第 149 条第 1 款,还是第 21 条、第 125 条和第 217 条第 4 项均未对董事自我交易厘定相应的问责标准。比如,第 21 条明确规定董事自我交易给公司造成损失的,应承担赔偿责任,但是并没有提出司法审查标准。这样,我们就不得不追问以下问题,如何对董事自我交易问责?在问责过程中,是否需要尊重董事的决策呢?易言之,基于"清洗"机制的董事自我交易是否应与未经该程序的董事自我交易区别对待呢?如果要,如何才能既适当地尊重董事决策,获取组织租金,又能确保交易的实体公平呢?这是拿捏好董事自我交易问责的尺度所必须回答的问题,而要回答这个问题,首先就应对有限许可模式进行效率分析,为是否应当尊重以及在何种程度上尊重基于"清洗"机制的董事决策,提供铺垫。

二、董事自我交易的强制保护机制:完全公平标准

诚然,利益冲突类似定时炸弹,也许会爆炸,也许不爆炸。一旦爆炸,可能贻害无穷。那么,是否需要完全禁止董事自我交易呢?最初,法院就采取

[①] 比如《深圳证券交易所股票上市规则》第 10 章和《上海证券交易所股票上市规则》第 10 章。见《深圳证券交易所股票上市规则》和《上海证券交易所股票上市规则》第 10.2.3 条,以及我国《上市公司治理准则》第 91 条。

禁止的立场,只要属于董事自我交易,无论交易条件和交易程序对公司是否公平,公司均可以请求撤销。这是最简单的解决办法,可以一禁了之,自我交易也就没有生存的余地了。但是,这是属于因噎废食之举。究其原因,利益冲突交易并非全部有害,未必必然损害公司利益。合理的董事自我交易会加速交易的达成,节约交易成本。比如,公司遭遇财务困境,需要资金,找银行贷款,银行不愿意借;想发行公司债券或股票,更为困难。这时候,董事自己站出来,说愿意向公司提供资金,及时注入资金就可能让公司恢复营利能力,东山再起,其积极意义是显而易见的。如果交易的价格能给交易双方带来利益,又不至损害第三方利益,能产生帕雷托改进,具有效率上的优势,自无完全禁止之必要。从实践来看,现在也没有哪个国家采用这种简单粗暴的一禁了之的做法。易言之,利益冲突的确是一种诱惑,但诱惑不等于罪孽,不能不分青红皂白,就加以禁止。

那么,能否采用不干预政策,完全有市场调节呢?如果市场是完全有效率的,没有交易成本,公司股票的价格真正反映其内在价值,每个公司均可以采取适合自身特点的保护投资者的措施,投资者也能够甄别这些保护措施。果真如此,不干预政策是可行的。问题是,现实中的市场不可能是完全有效率的,一国资本市场的完善程度是其经济和法治状况的函数,因而不可能没有交易成本。这样,股票的价格未必反应其价值,不干预政策就行不通。这在很大程度上取决于信息成本,究其原因,投资者要为股票定价,必需搜索和甄别该股票所提供的投资者保护措施,而且每投资一个公司,都得进行这样的信息搜索和甄别。投资者要进行组合投资的话,这样的信息极其高昂,使得这种投资变得毫无意义。如果投资者想偷懒,诉诸概率评估,投资者愿意支付的价格也就可以根据这个概率进行测算了。这就给公司提供了"搭便车"的机会,没有给予投资者保障的公司,其股票内在价值低,就会趁浑水摸鱼,获取额外利益。而提供比一般水准更高保护的公司,其股票的内在价值又不能从价格上反映出来,其所得与付出就不成比例。这样,提供高出平均保护水准的公司就会降低保护水准,以获取额外利益。这样,投资者就会调低其评估,降低其愿意支付的价格,而高出这个平均水准的公司会进一步降低其保护水准。这样一来,投资者和公司这样循环往复地互动和博弈,势必使投资者保护水平愈降愈低。反过来,如果公司知道投资者不愿意承担信息成本,可以将其所提供的保护措施予以披露,主动提供信息。

易言之，公司将信息成本内部化。这样，就产生信息大爆炸，而且往往是鱼目混珠，真假难辨，投资者的信息甄别成本仍然十分高昂。可见，由于市场并非完全有效率，单靠市场不可能得到有效率的解决办法。如果所有公司都同意为投资者提供标准的保护，就可以大大解约信息成本，但是反垄断问题以及谈判成本问题，使得公司几乎无法达成这种协议。由此看来，不干预政策是行不通的，而法律赋予标准的强制保护可以取得规模经济的利益，比不干预政策更有效率。

由此观之，董事自我交易可能对公司有利，也可能对公司不利，不能因为其不利的一面，就因噎废食，一棍子打死，一禁了之，更不能因为其有利的一面，就放任自由，采取不干预政策，由法律赋予标准的强制保护才是最有效率的解决办法。这一强制保护就体现为董事自我交易的司法审查标准：完全公平（entire fairness），包括程序公平和实体公平。实体公平是指交易条件公平，而程序公平则是指通过公平交易程序达成交易和交易条件。在许多交易中，公平系一个范围而非一个点，披露重大事实后，公司就可以与董事讨价还价，以争取最好的交易价格，从而在该范围内成交。虽说公平也是一个范围，显然该标准没有合理注意标准那么灵活了！如不涉及欺诈，公平价格是主要的考量。可见，实体审查是完全公平标准的基本组成部分，商事判断规则的尊重在这里就荡然无存了。为何采用如此严格的审查标准？如有利益冲突，就不能相信董事会将公司利益置于自身利益之上。即使假定他们不会追求自我利益，其偏袒也会使其不会以其应有的满腔热情为股东利益行事。何况，在市场完备的同质性商品市场上，公司没有必要不利用市场交易，而与董事进行交易。即使是在不同商品的不完备市场上，也只有少数情形下，董事可以向公司提供市场不能替代的东西。也就是说，这种场外交易应属于例外，这是为了鼓励公司利用市场交易，尽可能地减少董事自我交易。

完全公平标准源于信托法的公平交易规则（fair dealing rule），是对信托法上自我交易规则的扬弃。也就是说，如果发生董事自我交易，还不至于谈虎色变，不至于不假思索就归入当然可以撤销之另类，而是要考虑该交易是否公平。只要交易是公平的，就应维持该交易。在这里法院充当了该交易是否公平的评判者，当然法院也可以聘请独立评估机构对交易价格进行独立、客观的评估。比如，董事向公司出售价值1万元的财产，股东们认为该价格太高,损害了公司利益,代表公司提起股东代表诉讼,请求撤销该交易。法院就可以聘请评估机构,按照同类财产的市场价格评估其客观价格。如果法院认为该交易价格对公司是公平的,就不至于撤销该交易。该标准还意味着,即使公司未同意该交易,董事可以将其强加给公司,前提是只要交易是公平的即可。可见,在完全公平标准这种强制保护下,不仅可以避免一禁了之,而且也避免了不干预政策的高昂信息成本,它虽然不能保证公司得到最理想的价格,但可以确保交易公平,可以保证公司获得从正常的市场交易中可能期待的剩余的一部分。

三、董事自我交易的程序公平

(一)"清洗"机制

既然只要确保交易公平,董事自我交易就可以兴利除弊,服务于公司的最佳利益。法院虽是交易公平与否的最终评判者,但事事均提交法院,由其评判公允性,显然是不现实的,也是与市场经济所要求的分散决策模式背道而驰的。于是,"清洗"机制应运而生,这里采用的是分散决策,由每个公司评判该交易是否公允。只要决策程序能够排除和抹去董事利益冲突之"污点",中立决策者也具有确保交易公平的激励,可以独立客观地作出经营判断。20世纪70年代以来兴起的"安全港"(safe harbor)规范就是这样的机制,美国相继有45个州出台这种规范,如加利福尼亚州《普通公司法》第310条和特拉华州《普通公司法》第144条(a),我国《公司法》(2005)第149条第1款实际上也隐含了这样的机制。归结起来,它主要采用利益披露、无利害关系的董事批准或认可以及股东批准或认可这三种工具,来隔离董事自我交易中的利益冲突,确保交易公平。

1. 利益披露

阳光是最好的防腐剂,路灯是最好的警察[①],利益披露就运用了该机理。

---

① L. Brandeis, *Other People's Money & How the Banker Uses It*, National Home Library Foundation, 1933, p.62.

在董事会或股东大会对董事自我交易进行批准或认可前,关联董事必须向中立决策者(neutral decision-maker)进行利益披露,以降低交易成本,这种利益冲突清洗工具为大多数公司立法所采用。就我国《公司法》而言,无论是第 149 条第 1 款第 4 项,还是第 21 条、第 125 条、第 217 条第 4 项,均没有确立利益披露机制。就上市公司而言,重大事件需要进行披露。董事自我交易可能构成"可能对公司资产、负债、权益和经营成果产生重要影响的重要合同",从而需要披露。但是,从上海和深圳证券交易所的上市规则来看,此披露非彼披露。第一,衡量是否披露,这里所依据的标准是交易金额。董事自我交易金额达到 30 万元以上的,即应披露。如果董事自我交易金额达到 3000 万元以上,且占上市公司最近一期经审计净资产绝对值 5% 以上的,不仅要及时披露,而且还应依法聘请具有证券、期货业务执业资格的证券服务机构对交易标的出具审计或者评估报告。可见,这里决定是否披露的关键是看交易金额,交易金额大,才被认定为应予以披露的重要合同。第二,披露的对象亦非中立决策者,而是向证券交易所和公众披露。也就是说,其披露意图并不是为了中立决策者知情决策。

就关联董事的利益披露义务的依据而言,一是公司立法,二是公司章程。美国《示范公司法》(1984)第 8.31 条、(1989)第六分章,特拉华州《普通公司法》第 144 条,英国《公司法》(2006)第 177 条、第 182 条,法国《商事公司法》第 103 条,日本《公司法》(2005)第 356 条、第 365 条,均属于披露义务的法律渊源。这些立法一般要求,关联董事就其在交易中的利益向董事会或股东大会进行适当的披露。韩国商法虽然没有董事利益披露的明确规定,"但事实上也是让董事承担开示义务",其依据就是公司章程。如果董事自我交易仅仅得到中立决策者批准,而没有进行利益披露,则认为没有得到中立决策者批准。可见,尽管我国公司立法没有利益披露的要求,并不妨碍公司章程作出这样的要求。

至于利益披露的内容和范围,鉴于交易的复杂多样性,公司立法一般仅做概括性规定。美国特拉华州和日本要求披露该交易的重大事实,美国《示范公司法》(1989)第六分章要求披露两项内容:一是关联董事在自我交易中利益冲突的存在及其性质,二是关联董事所知悉的有关该交易标的的所有重要事实(material fact)。英国《公司法》(2006)第 177 条和第 182 条均要求披露该利益的性质和范围。在实践中,关联董事利益披露范围的把握则因案件而异,关联董事在公司事务中的地位、所具有的专长和经验、交易的性质等都是需要考量的因素。法国则只是需要董事披露在拟议交易中存在利益冲突,无需披露利益的性质和范围,因为该披露只不过是为了让其他董事知道,该交易需要经董事会和股东大会批准,而关联董事不得参与表决。① 从德国有关判例来看,董事需要向监事会全面披露该交易的内容与条件。

披露的对象视中立决策者而定。如为董事会,则应向董事会披露,如为股东大会,则应向股东进行利益披露。披露可以是会上当场通知,书面通知,也可以是一般通知②,但是需为正式披露,而非一般的私下披露。在美国特拉华州,中立决策者已经知悉的,亦可视为利益披露。在英国判例法上,即使无利害关系董事已经知悉该利益冲突,或者董事在一项交易中的利益冲突是显而易见的,也不能免除其披露义务。英国《公司法》(2006)已经摒弃该立场,其他董事已经知悉的,则可以免于利益披露。至于披露时间,则应当是在中立决策者对该交易进行批准或认可之前,否则,就有违利益披露机制的初衷。

至于未履行利益披露义务的法律后果,美国多数州采用了《示范公司法》(1984)第 8.31 条的规定,也就是现在的第 8.61 条,只要交易公平,即使没有经过利益披露,并经无利害关系董事或股东批准或认可,同样不得被禁止或撤销。但是,《ALI 公司治理原则》第 5.02 条则提高了要求,不再采用前述三选一的模式,而是将利益披露作为必要条件。易言之,只要没有进行利益披露,公司就可以请求撤销该交易。该条引例就是如此,X 公司在寻求新的总部基地,D 是公司副总,拥有 R 公司的全部股份,R 公司拥有一处写字楼。D 通过房地产中介将 R 公司的写字楼向 X 公司发出要约,X 公司董事会同意以公平价格购买该写字楼。D 在成交前向 X 公司披露了他在 R 公司的利益,但未披露尚未公开的信息:国家高速路部门决定征用该土地。X 公司并未支付高价,即使考虑征用情形,该价格尚属公允。X 公司购买两周后,得知该消息。显然,D 未尽到公平交易义务。其实,在以《示范公司法》

---

① 参见法国《商事公司法》第 101 条、103 条。
② 也就是所谓概括性通知,即告知董事会其在该公司的利害关系,从而在告知以后其发生的任何交易或安排,都视其具有利害关系。该通知需在董事会上作出,或者在作出通知后的下次董事会会上宣读。英国《公司法》(2006)第 185 条。

为蓝本的州,关联董事没有履行披露义务的,亦需承担一定的消极后果,即该关联董事不得主张由原告举证证明该交易不公平,而需要承担该交易是公平的举证责任。英国公司立法则是将没有履行利益披露义务作为刑事犯罪,如检控成立,则处以罚款。从判例法来看,公司也可以基于关联董事违反利益披露义务,请求撤销交易,并由关联董事向公司返还因该交易获得任何利益。①

2. 董事会批准或认可

无利害关系的董事可以作为中立决策者,代表公司批准董事自我交易。美国《示范公司法》表述为适格董事(qualified director),《ALI 公司治理原则》、美国特拉华州、英国、法国、日本和我国均为无利害关系的董事(disinterested director)。唯德国实行双层委员会体制,由监事会批准董事的自我交易,董事的特定交易如董事信贷需经监事会批准才能生效。② 韩国则是只有董事会方可批准董事的自我交易。从理论上将,我国也应准予董事会批准董事的自我交易。那么,公司立法是否赋予董事会该项权力呢？这就涉及《公司法》(2005)第 149 条第 1 款第 4 项的解释,"违反公司章程的规定或者未经股东会、股东大会同意",不得与本公司订立合同或者进行交易。对于是否包含有公司章程授权董事会批准董事自我交易,学者们往往持否定说,认为这里的"公司章程规定"是指概括授权,并不包括公司章程授权董事会批准的意思。笔者认为,这是对该条文的误读,既然是公司章程规定,公司章程可以进行概括性授权,也可以将决策权赋予董事会,由其自由裁量。再从《企业国有资产法》(2008)的规定来看,该法有关董事义务和责任与公司法是完全衔接的。就该法第 46 条有关国有资本控股公司、国有资本参股公司与董事的关联交易的批准问题,不仅援引了《公司法》(2005),而且还明确规定"由股东会、股东大会或者董事会决定"。既然是"或者董事会",显然董事会也是中立决策者的选项之一。可见,董事会也可以批准董事自我交易,显然更符合公司法的立法精神,这就不难理解为什么《公司法》(2005)第 125 条,还专门就上市公司审议董事自我交易的表决规则作出明

---

① 参见 Hely-Hutchinson v. Brayhead (1968) 1 Q. B. 549; Re Cape Breton Co. 91885) 29 Ch D795。

② 参见德国《股份公司法》第 89 条、第 112 条。

确的规定:由过半数的无利害关系董事通过即可,但是无利害关系董事不足3人的,则需要提交股东大会审议。

　　董事会批准产生何种效力? 法院在何种程度上尊重董事会的决策呢? 我国既未确立董事忠实义务的司法审查标准,也没有明确这种董事决策的效力,研究各国的有益尝试和经验,可以为我国提供借鉴。就美国而言,《示范公司法》不再将交易的有效性与董事的利害关系完全挂钩,董事自我交易并不仅仅因为董事的利害关系,或仅仅因为该董事出席批准或认可该交易的董事会或委员会会议,或者仅仅因为将该董事的表决计入该目的的表决票而被撤销,条件是只要符合以下三种选项之一即可:一是无利害关系董事批准;二是股东批准;三是该交易对公司是公平的。这就体现了对董事决策的一定尊重。实践中,美国大多数州的公司立法采用了该模式①,尊重董事会决策,限制对董事批准的交易的司法审查,但又不将董事会批准作为交易的生效要件。特拉华州最为典型,虽然法院也可以对该决定进行司法审查,但是只要有无利害关系董事的批准,就发生举证责任转移的效果,由原告举证证明该交易不公平。只有为数不多的6个州②,不尊重董事决策,对无利害关系董事的批准同样进行公平性审查,加利福尼亚州和阿拉斯加州为其代表。《ALI公司治理原则》又发生了微妙的变化,虽然维持了对无利害关系董事批准的尊重,同样赋予其转移举证责任的效果,由原告承担举证责任,但是这种尊重有所降低。这就体现为提高尊重的条件,不仅为利害关系董事进行利益披露,无利害关系董事予以批准,而且还增加了一个条件,即该董事可以合理地认为该交易在批准时对公司是公平的。引入这样一个中间审查标准(intermediate standard of review),更有利于原告对董事自我交易进行异议了。但是,都是需要原告举证证明该交易的不公平性,其实际结果可能是殊途同归,这就取决于法院的专长和经验以及对公司经营决策的理

---

　　① 采用该模式的州为:特拉华州、亚利桑那州、科罗拉多州、佛罗里达州、艾达荷州、爱荷华州、马里兰州、内布拉斯加州、内华达州、新新罕布什尔州、新泽西州、西弗吉尼亚州、威斯康星州、怀俄明州、阿肯色州、伊利诺伊州、印第安纳州、堪萨斯州、路易斯安娜州、缅因州、明尼苏达州、新墨西哥州、纽约州、北卡罗来纳州、北达科他州、俄亥俄州、俄克拉荷马州、俄勒冈州、宾夕法尼亚州、罗得岛州、南卡罗来纳州、田纳西州、弗吉尼亚州、乔治亚州、密西西比州、蒙大纳州和华盛顿州。

　　② 这六个州为:阿拉巴马州、阿拉斯加州、加利福尼亚州、康涅狄格、伊利诺伊州和肯塔基州。

解和拿捏程度了。在英国,只要董事自我交易经公司确认(affirm),即不得撤销,从而体现了对董事决策的高度尊重。就私公司(private company)而言,只要公司章程没有限制,董事会就可以批准董事自我交易,而公公司(public company)则需要有公司章程明确的授权,董事会方可批准这种交易。① 可见,英国和美国给予董事会批准较高的尊重,可以在一定程度上阻却司法审查。

然而,在法国和德国,这种批准成为董事自我交易的生效要件,但有欺诈情形的则不在此限。至于未经批准的董事自我交易的效力,主流学说为相对无效说,即该交易在董事与公司之间无效,但其在公司与该交易有关的善意第三人之间则是有效的。只有公司才能主张该交易无效,但应承担证明该交易未经批准或者相对方恶意的证明责任。② 法院是否尊重这种批准呢? 法国董事会批准的交易,只要不存在欺诈,就其有效性而言可以免于司法审查。但是,只有股东大会批准,才能免于董事的赔偿责任。如果具有欺诈的情形,股东大会也不能批准,董事也不能免责。③ 在德国,监事会批准是交易生效要件,即使是不公平的交易,经监事会批准就生效,但是不能免除监事的损害赔偿责任,如果监事明知董事的自我交易对公司不公平,损害了公司利益,仍予以批准的,还可能依据《刑法典》第 266 条追究刑事责任。在日本,只要董事自我交易对公司不公平,即使经过董事会批准,批准该交易的无利害关系董事可能基于怠于其职务,而被追究损害赔偿责任。易言之,董事会的决定同样需要接受司法审查。④

董事会也可以事后认可董事自我交易。董事会认可的效力又如何呢? 这种董事会决定示范也受到尊重呢? 美国有 30 个州对董事批准或认可未做区分,也就是说,事后认可与事前批准受到同等尊重。特拉华州、堪萨斯州、路易斯安那州、俄克拉荷马州和宾夕法尼亚州对于事后认可是否可以避免公平性审查,未做明确规定。佐治亚州、密西西比州、蒙大纳州和华盛顿州采用《示范公司法》(1988)文本,准予董事会任何时候批准交易,交易前交易后均可。康涅狄格州、纽约州、俄亥俄州和佛蒙特州虽然未规定董事认

---

① 英国《公司法》(2006)第 41 条、第 175 条。
② 李哲松:《韩国公司法》,吴日焕译,中国政法大学出版社 2000 年版,第 510 页以下。
③ 参见法国《商事公司法》第 104 条第 2 款、第 105 条第 3 款。
④ 日本《公司法》(2005)第 423 条。

可的情形,但法条措辞可以解释为包括事后认可。阿拉斯加、加利福尼亚和伊利诺伊州虽然准予董事认可交易,但明确要求对其进行一定的公平性审查。如果经无利害关系股东批准,法院对这种交易的公平性则只进行有限的司法审查,要求原告证明存在浪费、不合法、越权或欺诈。《ALI 公司治理原则》第5.02条(a)(2)(C),对董事会事后批准给予区别对待。如前所述,董事会事前批准,只要董事可以合理地认为该交易在批准之时对公司是公平的,就可以享受举证责任转移的利益,而事后批准则需要符合以下四项条件,才能转移举证责任。这些条件分别为:(1)代表公司行事的公司决策者与其无利害关系,且可合理地认定该交易对公司是公平的;(2)有利害关系的董事或高管就其当时知悉的重要事实依据第(a)(1)款向该决策者进行了披露;(3)有利害关系的董事或高管在未获无利害关系董事或上司事前批准方面,未不合理行事;(4)未获得无利害关系董事的事前批准,并未对公司形成重大不利影响。

3. 股东批准或认可

作为公司的终极所有者,由股东批准董事自我交易,大多数国家都作出了这种选择。唯德国实行双层委员会体制,监事会取代了股东大会的部分职能,董事自我交易由监事会批准,而非股东大会。实际上,德国银行属于全能银行,既是工商业公司大债权人,又是股东,其在监事会具有巨大的影响力,从这个意义上讲,股东大会批准没有实际意义,监事会完全可以取代股东大会。日本设董事会的公司,也是只需董事会批准即可。在我国,无论是公司法还是国有资产法,均将股东会、股东大会作为首要的中立决策者。但是,股东大会批准的效力何在,法院是否要尊重股东大会的决策,这在我国公司立法上仍属空白。

美国多数州不仅准予股东事前批准,也准予股东事后认可,只有为数不多的4个州仅规定了股东事前批准,没有规定事后认可。无论是《示范公司法》,还是《ALI 公司治理原则》,均要求无利害关系股东批准,有利害关系的股东应回避。就股东批准的效力而言,美国就有两种处理方式:一是以加利福尼亚州为代表的六个州,尊重股东的批准。一项董事自我交易,只要经过股东批准,该交易就有效,就不可撤销。如果只是董事批准,则法院还要进行司法审查。易言之,股东批准可以阻却司法审查,而董事批准不能排除司法审查。这种选择的依据是,股东为公司终极所有者,往往与有利害关系的董事没有什么瓜葛,故应对其批准予以完全信赖,无须司法审查。二是以特拉华州为代表的大多数立法,以为利害关系董事批准为中心,倾向于尊重董事决策,对股东批准没有给予更高的尊重。也就是说,股东批准的效力,也只是转移举证责任,由原告承担证明该交易不公平性的举证责任。但是,在特拉华州司法实践中,将控股股东与一般董事予以区别对待。鉴于控股股东往往在董事会有代表,具有报复的风险(risk of retaliation),不同意交易的股东可能招来控股股东事后报复,法院会对股东大会批准的这种交易进行实体审查,不予尊重。① 换言之,控股股东的自我交易即使经股东大会批准,法院对其尊重程度低于董事会对一般董事自我交易的决策。比较而言,《ALI 公司治理原则》提高了对股东批准的尊重程度,股东批准的交易只有构成浪费公司资产,才需要司法干预,而对于董事批准的自我交易,董事不能合理地认为该交易对公司是公平的,就需要进行司法审查。这是一种中间路线,一方面认为作为终极所有者的股东应予以信赖,另一方面又认为股东委托投票具有很大局限性,"搭便车"问题使得股东大会形式化、空壳化,实际意义不大,故股东批准也不能完全信赖。

  英国则与美国加利福尼亚州等少数州相似,主要依靠股东自治,更看重股东批准,更尊重股东的决策。依据普通法规则,公司可以选择撤销董事自我交易,但是经全面披露董事的利益冲突后,股东可以认可这种交易,关联股东也无需回避,即使是关联董事兼股东也无需回避。从制定法来看,董事的长期服务合同、董事重大财产交易、董事贷款、董事的准贷款、董事的信用交易等均需股东大会批准,批准乃是这些交易的生效条件。所谓长期服务合同,是指服务其 2 年以上的董事服务合同,即应由股东大会或者控股公司股东大会批准。重大财产交易则是指资产的价值超过公司资产价值的 10%,且价值 5000 英镑以上,或者价值超过 1 万英镑。以这种标准衡量,董事与公司之间的非现金资产交易基本上都需要股东大会批准。当然,也可以是股东大会事后认可。批准的效力有两方面:一是该交易不可撤销,尊重公司的自主决策。唯小股东认为公司行为不公平地侵害了(unfair prejudice)全部或部分股东利益,可以请求法院给予其认为适当的救济。② 尽管

---

① Kahn v. Tremont Corp. (694 A. 2d 422 Del. 1977).
② 英国《公司法》(2006)第 994 条、第 996 条。

这种诉讼很少见,这也不失为小股东的一项特别保护。二是对于未经股东大会批准或认可的交易,公司可以请求撤销,除非不可能返还该安排或交易的任何现金或其他资产,或者公司所遭受的损失为其他人所补偿,或者撤销该交易或安排会影响到诚信有偿获得权利,且不知悉该项违规的非当事人。同时,有关责任人还应向公司返还从该交易直接或间接获得的利益,补偿公司遭受的损失。①

法国不仅强调股东对董事自我交易的批准,而且赋予该批准一定的免责效力。除在正常条件下签订的有关日常经营活动的协议外,所有董事自我交易均需要提请股东大会批准,并由审计员向股东大会提交特别报告。股东批准的效力体现在两个方面:一是股东认可未经董事会批准的交易,为此审计员需要向股东大会提交陈述未经董事会批准的特别报告。二是对于经董事会批准的交易,股东大会的决定并不影响交易的效力。董事会批准的交易视其是否有欺诈情形,可能有效,也可能无效。如果有欺诈情形,即使股东大会批准,也不能免除董事的责任。这样,股东要以忠实路径对董事问责,就比勤勉路径更为艰难了,因为原告不仅要证明该交易对公司不公平,而且还要证明董事有欺诈情形。在日本,董事自我交易需要股东大会批准,仅仅适用于不设董事会的公司,设董事会的公司由董事会批准即可。但是,股东大会批准并不免除对该交易的司法审查,股东可以基于该决议内容违法,或者决议内容违反公司章程、股东大会召集程序或表决方法违法或违反公司章程,分别请求法院宣告无效或撤销。②

由此观之,利益披露可以降低信息成本,减少交易成本,而无利害关系董事或股东这些中立决策者,则是以程序公平促进交易的实体公平。但是,程序公平并不等于实体公平,中立决策的程序在何种程度上促进交易公平呢?如前所述,中立决策程序有多种模式,各国对这种决策尊重程度不尽一致,其效率又如何呢?弄清这些问题之后,如何进行选择也就迎刃而解了。

(二)"清洗"机制设计与交易公平

问题是,程序公平并不能保证交易公平。好的程序未必产生好决策,只

---

① 英国《公司法》(2006)第188—191条、第195条。
② 日本《公司法》(2005)第356条、第830—831条。

是增加了产生好决策的可能性而已。但是,不能因此就不尊重程序公平,不尊重无利害关系董事或股东的中立决策。否则,清洗机制将毫无意义,无疑是因噎废食,并不可取。实际上,对无利害关系董事或股东决策的尊重程度取决于程序公平与实体公平的平衡。这又取决于以下两个方面:一是程序公平在何种程度上能够促进实体公平;二是对这种程序公平应给予何种程度的尊重,更有效率优势。这里先讨论程序公平对交易公平的保证问题,第二个问题容后详述。

程序公平如何确保交易公平呢?其核心问题在于,中立决策者的批准能否抹去利益冲突之"污点",中立决策者能否真正进行独立客观的判断。清洗机制设计的机理要求,无利害关系董事基于该交易对公司的价值(merit)决策,无须考量其他无关的因素。也就是说,其决策须是每个无利害关系董事发挥其知情的商事判断,仅考虑该交易对公司的价值的特异性,无须屈从会将本来有效的经营决策转换为背信弃义行径的影响。那么,关联董事回避了自我交易的表决,由非关联董事决策,能否确保交易公平呢? 显然不能。这是因为,非关联董事亦非圣人,他对该交易没有利益冲突,并不等于对该事项的决策没有利益冲突。所谓利益也就是好处,除了通常所说的经济利益(financial interest)之外,声誉地位、人际关系、宗教信仰、政治需要、个人爱好、心理满足等等,都属于利益,即非经济利益。即使是非关联董事,也可能与该事项所涉及的交易相对方可能具有这样那样的经济利益关系,即使没有这种关系,他与关联董事的交情、友情甚至默契,都可能干扰其独立、客观地进行判断。何况,董事决策属于公司高层决策,董事所要批准的交易,其信息和交易方案往往来自公司董事或高管,这些信息或方案可能具有倾向性,从而影响董事的判断与选择。也就是说,非关联董事未必就是无利害关系董事,未必真正独立。比如,在 In re Viacom Inc. Shareholder Derivative Litigation 案中①,公司亏损高达 170 亿美元,而董事何高管薪酬超过 1.5 亿美元,原告对该薪酬提起股东代表诉讼。被告承认 12 名董事中有 5 名不独立,就需要原告证明是否有其他董事不独立,哪怕一个也好,也具有关键意义。法院审查了 3 位董事,最终发现还有一位不独立的董事。该董事以个人身份为 CEO 的两项大型收购提供咨询,而且还继续为公司提供这

---

① 235 N. Y. L. J. 126, N. Y. Sup. Ct. June 23, 2006.

种服务,这就足以对他在原告主张的事务上决策时不受利害关系影响,不考量无关或其他影响的能力,构成了合理怀疑。于是,法院采用忠实义务的司法审查标准。可见,利益冲突和董事独立性的界定是非常关键的。如果拿捏不准,就会过分尊重董事会决策,就会侵蚀和削弱交易公平。果真这样,董事会决策仍然会被关联董事把持或操纵,通过不公平关联交易牟取巨额的私利。Citron v. Fairchild 案就是这样一个典型,Fairchild Camera 公司董事会有 10 名董事,Wilfred Corrigan 为董事长兼 CEO。该公司收到 Could 公司的收购要约,Corrigan 表示反对收购,并着手寻求白衣骑士的帮助。Schlumberger 公司出现了,Corrigan 与其进行谈判磋商,并明确承诺继续聘任 Corrigan 为 CEO。这期间,他拒绝与 Could 公司高管接触,并将与该公司董事长有交情的董事给罢免了。最终,该公司董事会拒绝了 Could 公司更高的出价,接受了 Schlumberger 的低价。不难看出,Corrigan 本人是有利害关系的,他希望继续担任 CEO,希望保位,而他对其他董事具有相当大的影响力,自身还参与董事会讨论。如果不考虑其影响力,适用商事判断规则,尊重董事会决策,显然就会损害公司和股东利益。在举世瞩目的迪斯尼股东代表诉讼中,董事欧维兹(Ovitz)仅为迪斯尼公司工作 14 个月,就要拿 1.4 亿美元的遣散费,法院对近乎独裁的董事长兼 CEO 艾斯纳(Eisner)与欧维兹长达 25 年的密切关系麻木不仁,对参与决策的"无利害关系"董事与公司利益关系视而不见,更没有关注近乎独裁的董事长对他们的影响力,对这样的董事会决策同样予以尊重,引来广泛的社会批评。难怪有学者发出了这样的警告,这无疑是程序规范在掏空董事忠实义务,忠实义务在衰落!所以,即使是非关联董事,如有利益冲突,其董事决策同样应接受司法审查,不能像商事判断那样予以尊重。

  如何界定董事的独立性呢?哪些利益冲突应予以排除呢?此乃世界性难题,英美国家立法上均未给出精确的界定,由法院行使自由裁量权,在个案背景下裁定是否与董事有利益冲突。加拿大公司法上也只是采用了笼统的"重大利益"措辞,欧盟则建议使用"重大利益冲突"。我国《公司法》第 125 条也是采用了"关联关系"这一高度概括性的措辞,第 217 条第 4 项将其界定为董事与其直接或者间接控制的企业之间的关系,以及可能导致公司利益转移的其他关系。实际上,"导致公司利益转移的其他关系"仍需要法院具体情况具体分析,酌情裁判。

到底如何拿捏董事的利益冲突呢？第一，就忠实路径而言，其核心是涵摄董事的经济利益，而非经济利益则第一章所述诚信路径的涵摄对象。第二，董事的直接经济利益和间接经济利益均应涵摄。也就是说，只要董事在公司决策中直接或间接获取经济利益，则该董事具有利益冲突，从而不具有独立性，不属于无利害关系董事。第三，公司情况千差万别，难以给出统一的量化标准。易言之，该界定不仅包括大额利益冲突，也包括小额利益冲突。如果要加上"重大"这样一个限制，紧接着的问题就是如何界定"重大"了。实际上，重大与否，因公司而异，对此公司无足挂齿，不重大，对彼公司可能非常紧要。再者，每位董事的财富拥有情况也差别很大。如果采用划一的客观标准，显然对穷人不利，因为绝大多数收益对富有的人都不重大，几乎都是独立的，而任何较大的收益包括董事津贴则可能成为穷人的重大收益，轻而易举就丧失独立性了。可见，法院的自由裁量是不可避免的。

从实践来看，特拉华州法院倾向于扩大独立董事的范围，而非缩小其范围，通常认定颇大数额的收益并不属于重大。领取董事津贴一般不至于影响其独立性，只有天价薪酬或非常规地增长才影响该董事的独立性。鉴于雇佣关系的重要性，职工工资一般认为属于重大利益，也有若干例外。在有些判例中，董事拿了较大数额的工资①，由于还拥有巨额股份，法院认为该工资并不影响董事的独立性。至于咨询协议，其处理方式就更不一致了。有的案例中，法院认为咨询费达到年薪的22%，就属于重大利益，尤其是加上津贴就更是这样了。有的法院认定7.5万、15万美元为重大利益，且没有董事收入的证据，而有些法院对同样数额又不认为是重大利益。至于间接利益，认定是否重大就更加困难了，因为它是支付给公司、合伙、LLC等第三人的，董事能够对其控制，或从中受益。若该利益对供应商、销售商、客户或董事构成重大利益，就会影响董事的独立性。如相对于公司该利益数额大，且董事是主要负责人或所有人，可以推定存在重大利益。否则，原告应证明该利益与董事薪酬的关系。鉴于薪酬的公开信息缺位，这样的证明虽说不是不可能，也异常艰难。比如，因缺乏重大利益的证据，董事作为另一企业的

---

① 根据迪斯尼公司1998年2月的信息披露，董事Roy Disney领取工资5万美元和奖金7万美元。

主要负责人,该企业从该公司每年获得40万美元收入,而未影响其独立性。交叉董事也是如此。在 Khanna v. McMinn 案中,某董事系 Covad 公司的董事,也是销售商的董事,该销售商每年从 Covad 公司获得220万美元的收入。对此,法院认为,原告并无充分的事实证明,该利益对销售商或董事构成重大利益,故驳回对董事独立性的异议。法院指出,法院既不能仅仅因为其与销售商的关系,就辨别该收入⋯是否对销售商或董事构成重大利益,也不能辨别销售商与 Covad 公司的关系的内容,也没有特定事实证明,原告在诉状所指控的销售商的业务⋯可能"被取消"。此外,更无该董事在销售商中的职责就是负责与 Covad 公司关系的指控,法院更不能认定,董事在销售商中除了董事工资外,还有可能影响其经营决策的经济利益。

  董事在非营利组织中的间接利益亦应予以认定。董事往往还在非营利组织任职,一般说来,即使公司或其职工向慈善机构有较大捐赠,也不影响其独立性。如果董事从该捐赠中获取收益,或该董事实际受到该捐赠的影响,则应认定丧失独立性。在 J. P. Morgan 案中,某董事任美国自然史博物馆的总裁和董事,原告以 J. P. Morgan Chase 是博物馆的重大捐赠人为由,对该董事的独立性异议。法院未认定该关系,认为起诉状未证明捐赠有任何潜在影响。原告虽指出 J. P. Morgan Chase 是重大捐赠者,但并未陈明其捐赠可能或如何影响全国最大博物馆之一的总裁的决策程序。显然该案忽视了重大捐赠的固有影响,这是因为非营利组织具有维护捐赠渠道的激励,边际性捐赠对非营利组织完成其使命或继续从事特别重要的项目,可能有关键的意义。执行董事对于其信仰的事业的成功会获得精神利益,如其薪酬与绩效挂钩,其薪酬亦与源源不断的捐赠直接相关。硬要原告证明捐赠对决策的实际影响,忽视了这些影响,是不明智之举。

  总之,董事独立性的界定应涵盖真正影响独立性的各种利益冲突,尽可能地排除干扰其客观独立判断的各种经济利益关系,使中立决策者真正具有独立性。这样,清洗机制才能真正消除董事自我交易的利益冲突之"污点",确保交易公平。只有这样,董事作为中立决策者的决策才值得尊重。那么,对这种决策应尊重到何种程度呢?

四、董事自我交易问责规则的效率基础

(一) 基本选项:产权规则与责任规则

就对中立决策者决策的尊重程度而言,产权规则和责任规则均属备选规则。产权规则采用"绝对允许"模式,未经权利人同意并支付相应的费用,任何人均不得使用该权利。易言之,权利人自主决定如何使用或处分其权利,可以自用,可以让与他人。如果让与他人,转让给谁、何时转让、以何种条件转让,均由权利人自主确定,他人不得干预,更不得强买强卖。责任规则采用的是"先使用,后付款"模式,即使权利人不同意,只要对方支付公平对价,即可取得权利人的权利。易言之,即使权利人不同意,其权利也可能被处分;即使他未同意交易,亦可获得市场的公平对价。在法律经济学看来,如果交易成本低,产权规则更有效率;如果交易成本高昂,采用责任规则更有效率。

就清洗机制而言,在高度尊重中立决策者的美国加利福尼亚州和英国,未经无利害关系股东批准,不得进行董事自我交易,而一旦无利害关系股东批准交易,即应尊重该决策,法院不得对其进行司法审查,就属于产权规则保护。而在美国特拉华州,董事自我交易,即使未经无利害关系的董事或股东批准,同样可以进行交易,只要该交易对公司是公平的即可,则属于责任规则。Marciano v. Nakash 案就体现了该规则[1],被告 Nakash 拥有公司股权的 1/2,原告 Marciano 公司清算时提出,被告原来借给公司的 250 万债权属于自我交易,应该后于其他债权人受偿,因为一旦清偿了被告的债权,公司就一无所有。本案的焦点在于被告借钱给公司时,是债权人一方,同时又代表公司接受了该借款,成为了债务人一方,这无疑属于自我交易。该借款是否有效呢?当时公司急需资金,否则即陷入资不抵债状态,被告在未征求原告同意的前提下批准了该借款合同,确属事出有因。法院判决此案时认为,该借款没有经过董事会批准,未向董事会和股东披露所有事实,未经过非关

---

[1] 535 A. 2d 400(Del. Sup. Ct, 1987).

联董事和股东的批准，但鉴于该案属于公司僵局的特殊情况，获取批准已属不可能，法院转向实体公平性审查。经审查，法院认为借款的目的是为了周转公司资金，构成善意；利息等同于银行利息，也是适当的；被告提取的1%的佣金也并未超出市场标准，故判决该交易合法有效。

两相比较，谁更具有效率优势呢？为什么特拉华州没有采用单纯的责任规则，而是采用了基于产权规则的责任规则？为何法国、德国、日本采用产权规则？我国到底应该如何进行选择呢？下面就对其效率进行分析。

（二）产权规则与责任规则下的剩余分配

在不同的规则下，当事人对交易的评价方式是截然不同，从而影响到剩余在当事人之间的分配。在责任规则下，交易相对人只要支付公平价格，即客观评估该交易的价格，即可强迫权利人交易。在这种情形下下，权利人得到往往是最低的公平价格。在产权规则下，当事人自主协商，谁也不能强迫谁，只有双方达成合意，都认为交易是值得的，才能达成交易，而这个值不值乃是当事人的主观评价，如果卖方很看重自己的财产，主观评价很高，即使买方愿意支付的对价已经超过市场价格，双方仍然达不成交易。反之，如果买方很看重，对其主观评价特别高，也会愿意支付更高的价格。也就是说，在这种情形下权利人得到的就不是最低的公平价格，而是尽可能争取最高价格。这样，交易剩余在当事人之间的分配也就截然不同了。比如，卖方认为一只表值100元，买方认为值200元，实际成交价格在100—200元这个区间，而这100元的主观价值就是该交易的剩余。如果有市场价格，低于市场价格卖方不会卖，高于市场价格，买方也不会买，供求关系决定剩余在当事人之间的分配。如果没有市场价格，剩余分配就取决于当事人之间的谈判。如果最终以101元成交，卖方获得1元，买方获得99元。如果以199元成交，则是卖方获得99元的剩余，而买方仅分得1元。这种剩余的分配就取决于当事人的谈判技巧和讨价还价能力。无论属于哪种情形，当事人都认为"公平"，因为这是当事人合意的结果，任何一方认为不值得，这个交易就成不了。在产权规则下，买方无从强迫卖方，卖方可以寻求尽可能高的成交价，分得尽可能多的剩余。选择余地愈小，卖方分得剩余愈多。反之，就愈少。然而，在责任规则下，买方可以不跟卖方协商，支付公平价格，就可以拿走卖方的财产了。那么，这个"公平"价格到底是多少呢？怎样才算

"公平"呢？只要是以市场价格为基础,买方支付 101—199 元区间的任何价格都是公平的,显然买方更愿意在接近 101 元的区间成交,而非 199 元的附近。可见,产权规则下的多数剩余归权利人,而责任规则下的多数剩余则归交易相对方（买方、使用人）。这一分析框架同样适用于董事自我交易,下面从交易剩余分配和交易频率进行分析。

就剩余分配而言,在产权规则下公司占优势,而在责任规则下自我交易的董事占据优势。在责任规则下,对于公司认为价值 100 元的资产,董事认为价值 200 元,希望购买,而董事愿意支付的价格就不是趋近 200 元,而是趋近 100 元,比如 101 元。只要成交价在 100—200 元区间,即使诉讼到法院,法院也不会认为是公平交易,不至于撤销交易。易言之,剩余在当事人之间的公平分配并不意味着交易不公平。然而,在产权规则下公司讨价还价能力就强了,价格不令公司满意,无利害关系股东或董事就不答应,就交易不了。这样,公司就可能争取到尽可能高的成交价,比如 199 元,从而获得最大的剩余。但是,如果小股东要借机敲诈,那就可能丧失有效率的交易。比如,董事出价 180 元,而小股东非要坚持 201 元,这样就谈不拢,浪费交易机会。这种情形并非不可能,因为小股东也可能准确地理解董事心中的底价,从而可能漫天要价。果真如此,这就不符合公司最佳利益了。

在从交易频率来看,产权规则下的董事自我交易频率低,而责任规则下的董事自我交易频率高。在产权规则下,董事知道小股东们会要高价,可能敲竹杠,分得多数剩余,就会尽可能减少自我交易。只有那些董事特别看重的资产,非要不可,董事才会有满足小股东高价出售的心理准备,即便如此,一些交易也会因为小股东敲竹杠而流产。这样,在实际成交的情形下,公司可以分得多数剩余,而实际成交数量则减少了。然而,责任规则却不保证公司分得多数剩余,只能保证有效率的交易能够顺利实现。在这种情形下,小股东无从敲竹杠,董事只要愿意支付公平价格,就可以放心大胆地进行自我交易。可见,该规则只是减少了公司在具体交易中的剩余分配,但自我交易数量则增加了。但是,责任规则将决策权交给了法院,而法院并不具有经营专长,司法错误在所难免,很可能批准无效率的交易,或者扼杀有效率的交易。比如,在前述事例中,董事出价 95 元,已经低于市场价,是无效率的,法院未采信小股东的反对意见,而是基于错误的客观评价,认定该交易对公司是公平的,从而损害公司利益。

（三）交易成本

依据科斯定理（Coase theorem），如果交易成本为零，选择任何规则均可。也就是说，只要没有交易成本，无论是产权规则，还是责任规则，均可以实现有效率的建议。但是，在现实世界中，交易成本不可能为零，如何选择这两个规则呢？这就取决于各自的效率优势了，这种选择就是交易成本的函数。这些交易成本主要是产权规则的谈判成本，责任规则的司法成本。

1. 谈判成本

虽说任何规则都会有谈判成本问题，但产权规则下的谈判成本最为突出。在责任规则下，董事自我交易当事人虽然无须谈判，但是为避免司法最终介入，它们还是会在责任规则的指引下进行非正式谈判，这种谈判的成本取决于投资者成熟程度以及司法体系的效率。司法效率愈高，司法愈公正，成熟投资者愈是容易预期法院的裁决，避免司法介入，从而节约谈判成本。然而，在产权规则下，是否同意交易以及交易的条件都掌握在无利害关系的股东或董事手中，自我交易的董事与无利害关系股东或董事进行谈判也就成为必需。与责任规则的非正式谈判不同，这种谈判成本可能较为高昂，尤其是无利害关系股东谈判的情形。一是行政成本。无论是无利害关系董事批准，还是无利害关系股东批准，召集和召开董事会和股东大会是需要成本的，尤其是召集股东大会涉及更为复杂的通知和委托投票等事项，召集成本更高，股东人数愈多，该成本愈高。但是，该成本还不至于超过方案谈判的启动。二是信息成本。无论是股东还是董事，要参与表决，就搜集信息，研究和消化这些信息，确定立场，然后才投出自己的那一票。对于股东批准而言，该成本相当高昂，小股东们对此往往望而生畏，干脆不参会，即使参会，参与表决，也是人云亦云，支持管理层提出的已经定型的方案。部分人不参与自然会影响决策质量，而小股东盲目支持管理层的方案，而该方案往往被有利害关系的董事"框定"（framing）。与其这样，那又何必将决策权交给他们呢。机构投资者的参与确实有助于提高决策质量，但它们又会与公司管理层或自我交易的董事合谋，同样会影响决策质量。三是策略性投票问题。对于无利害关系股东表决而言，部分小股东可能会采取敲竹杠策略，往往漫天要价，最终与有效率的交易失之交臂。相应地，自我交易的董事就会采用"信号"策略，对敲竹杠不买账，形成强硬谈判者的声誉，可以减少未来敲竹杠的情形。如果股东数量多，难以协调，还好办，此后股东们就不再敲竹杠了。问题是，在股东人数不太多的情形下，就很容易团结起来，敲竹杠问题仍不可避免。机构投资者相互沟通更容易，更容易结成同盟，它们合谋敲竹杠的风险更大。比较而言，它们更有能力准确评价交易的价值，不至于漫天要价，最终使交易搁浅。

衡量谈判成本高低的一个重要因素就是董事自我交易的数量和质量。如果公司股权集中度高，交叉持股很普遍，董事自我交易数量可能就多，谈判成本就会上升；反之亦然。频繁地召集股东大会，谈判成本增长到一定程度，可能超过转而采用责任规则的预期司法成本。假定董事自我交易数量不变，交易质量则会影响谈判成本。如果无效率交易比有效率的交易更多，则产权规则更优，这是因为丧失那么一点点有效率交易的预期损失和增加的行政成本，肯定小于法院批准那么多无效率交易的预期损失。反之，若有效率交易更多，法院批准无效率交易就会减少，为节约产权规则下的谈判成本起见，采用责任规则更优。

2. 司法成本

产权规则和责任规则都有司法成本。在产权规则下，董事自我交易以当事人合意为前提，该合意又是基于当事人对交易价值的主观评估，故法院没有必要介入到交易质量的评估之中。但是，批准的程序可能被扭曲或操纵，比如向投票人提供虚假陈述或信息不充分，贿赂投票人，无利害关系股东或董事不再无利害关系了，以事后打击报复威胁投票人，或者自我交易董事与投票人之间具有这样那样不为人们知悉的业务关系或私人关系，等等。对于这些程序瑕疵，法院完全可以介入，但与评估交易的质量相比，评估批准程序的合规性相对就容易多了。可见，产权规则下的司法成本较低。

在责任规则下，法院就需要更多的介入了，需要评估交易的质量，即该交易对公司是否客观上公平。这并不是说所有董事自我交易都要诉诸法院，因为许多情形下当事人会承认交易已经公平了，还有一些当事人可以和解。但是，一旦诉诸法院，法院就应评估该交易是否客观上公平，这就涉及高昂的司法成本了。法院可能需要聘请专门机构，就交易的价值提供专家意见，如有不同意见，法院还得进行取舍，确定该交易得"正确"价格。要确定交易得客观价值，程序相当复杂，对法院的要求也高多了，因为这些评估涉及多种要素的未来表现，而它们均可能影响其现实价格，而且还要运用各种财务模型。这样,不仅需要法院具有有效处理这些问题的专长和经验,而且还要有能够进行准确评估的专业评估机构,它们的专业水准决定了直接司法成本的高低。此外,还有间接司法成本,即错误裁判产生的成本。司法审判过程的效率会影响该成本。对经济效率的任何偏离,不管是批准不公平的交易,还是撤销本来公平的交易,均增加该成本。采用客观标准的确可以简化评估的任务,与确定主观价值相比,确定一项资产的客观价值简单多了。但是,对于没有市场价格的情形,所谓的"客观"价值不过是主观评估的结果而已,出错仍然在所难免。若专业评估机构信用高,能够秉公办事,不偏不倚,法院维护公平正义能力强,就会减少错误裁判。话又说回来,专业评估机构也是生活在现实世界的,往往谁出钱聘请它们,最后结论就可能向其倾斜,法院不仅有能力、效率问题,还有司法腐败问题,均会导致冤假错案,增加错误裁判,增加间接司法成本。它对经济效率影响颇大,一是影响小股东投资意愿,而公司要争取投资者投资,就需要向投资者提供更值得信赖的保障。二是可能使本来有效的谈判搁浅,司法成本可能会抵消甚至超过强制保护所减少的信息成本。

鉴于责任规则仅仅适用于诉诸法院的案件,董事自我交易的数量和质量同样会影响其相对成本。在同等情形下下,董事自我交易愈多,频繁地召集股东大会,谈判成本可能会超过预期司法成本。假定董事自我交易数量不变,交易质量会影响司法成本。如无效率交易更多,产权规则更优,因为失去一点点有效率交易的预期损失和行政成本,会小于批准那么多无效率交易的司法成本。若有效率交易更普遍,批准无效率交易的风险小,责任规则更优,这样可以节约产权规则小的谈判成本。

五、董事自我交易问责规则的选择

厘清其各自效率优势后,那么在给定条件下,如何选择也就一目了然。但是,这并不是最终答案,每个国家到底选择那种模式,还取决于其市场机制和法治状况。

（一）市场机制与问责规则选择

市场机制不仅影响谈判成本,也影响司法成本。如果法治不健全,司法成本高昂,市场机制就会催生成本相对较低的执行机制,或者将谈判成本降低到无须诉诸法院的程度。可见,无论选择哪个规则,均需要考虑市场机制的作用。

1. 公司控制权市场

公司控制权市场受到广泛关注,也是代理问题和董事自我交易问题的重要救济措施。如若公司管理不善,股价下降,公司就会成为潜在的收购对象。一旦收购,公司原有董事和管理层就得下岗走人,收购人取而代之,将公司价值提升到有效率得水平。无论是对管理不善的收购的威胁,还是收购对公司经营管理的改进,公司控制权市场均会纠正无效率问题。不公平的董事自我交易就是一种经营管理不善,会导致股价下降,小股东担心失去其投资,会进一步降低该股份价值,从而增加被收购的可能。但是,如果公司控制市场有效率,通过不公平自我交易压榨小股东情形就会大大减少。即使采用责任规则,即使不考虑司法成本,诉诸法院的案件也不会多。

公司控制权市场有效性优取决于紧盯市场,瞄准无效率公司的潜在收购人的多少,资本市场提供公司收购所需要的巨额资金的效率,以及难于反收购的相应制度安排。同时,公司股权结构也是至关重要的,若股权高度集中,收购必然少见。如果控制者持股低于50%,收购人获取更多股份,从而控制该公司还有可能。如果他已经绝对控股,收购也就不可能了。无论这个绝对控制者多么无效率,除非通过协议收购,否则就没有办法将其取而代之。反之,若公司控制权市场无效率,也就没有恶意收购的风险,小股东就得不到应有的保护。这样,在责任规则下,小股东就得求助于司法救济,承担较高的司法成本。另一方面,若是采用产权规则,公司控制权市场的保护也就成为多余,产权规则所提供保护还胜于收购的威胁,因为没有小股东的同意,董事自我交易就成不了。

2. 资本市场

资本市场作为现代经济和金融的核心,不仅优化资源配置,而且约束董事和高管的行为。承销商和投资银行媒介于公司和潜在投资者之间,投资评估是基于公司过去的业绩和未来的预期。有效率的公司能够以优惠条件融资,而无效率的公司即使能够融资,也得付出更高代价。压榨小股东的公司要想再融资就难了,因为谁也不愿意作为小股东而进行该公司。反之,保护小股东利益的公司则更容易获得低廉的融资。即使采用责任规则,司法成本高昂,资本市场也可以保护小股东。当然,其前提是资本市场有效率。诚然,这种机制的作用也是有限的,因为公司不从资本市场融资或不再融资,就难以对其形成约束。尽管资本市场并不是说自身就可以约束自我交易董事的行为,但它至少可以告诉投资者已有或可能会压榨投资者的情形,并将其反映到该公司的股价上去,而这个作用对其他市场机制发挥作用是很关键的。

3. 投资者成熟度

投资者成熟度也是选择何种保护形式考虑的因素。如主要为机构投资者,市场就是一个有效的保护机制,因为它们会搜集信息,评估各种选择,依据评估结果理性地进行投资决策,也善于为股票定价,并将董事自我交易风险反映到股价之中。它们倾向于长期行为,可以恰当地支持信誉好的公司,惩罚信誉不良的公司。可见,成熟投资者愈多,采用产权规则的谈判成本愈低。相应地,也会减少压榨小股东的情形,从而减少诉诸法院的案件,司法成本也较低。

值得注意的是,司法体系的有效性显然比投资者成熟度更为重要。比如说,司法体系健全,直接司法成本低,裁判错误少,采用责任规则更优。反之,采用产权规则,尽管压榨风险很小,要事事都经无利害关系股东批准或无利害关系董事批准,产生高昂的谈判成本,无疑属于浪费。假定成熟挑战者多,但司法效率低而且腐败,责任规则自然会导致高昂的司法成本,但是采用产权规则也不解决问题,因为执法还得依靠法院。易言之,高昂的司法成本会转化为高昂的谈判成本。可见,产权规则对法院有最低效率的要求,那就是执法需要具有一定的可预见性和连贯性。惟其如此,以成熟投资者为主的情形下,产权规则的谈判成本才可能低于责任规则的司法成本。若是成熟投资者居主流,司法体系效率高,即使采用不干预政策也可以取得有效率的结果,因为公司和投资者均可以设计出适当的保护措施。一般说来小股东都不是成熟投资者,法定强制保护就更为重要了。

4. 公司信誉

前述市场机制发挥作用靠的是对损害小股东的人进行经济制裁。比如,公司控制权市场威胁到董事或高管的职位,资本市场则通过股价实施惩罚。其实,社会制裁也可以起到保护投资者利益的作用。信誉作为一种非法律机制,也可以减少压榨小股东的风险。即使没有经济制裁,要信誉的董事也会选择诚信行事,不压榨小股东,以维护自己日积月累形成的信誉。一句话,信誉可以减少无效率的交易。只要董事重视信誉,就会减少诉诸法院的案件,责任规则就可以达到有效率的结果。

由此看来,市场机制愈完善,当事人愈自由,应享有更多自主权,责任规则更有用武之地。易言之,市场机制愈完善,愈应以责任规则为默示规范。但是,包医百病的万灵药并不存在,无论是产权规则还是责任规则,要发挥其作用,都应与其相应的社会经济特征和司法体系的有效性相匹配。

(二) 英国和美国加利福尼亚州:产权规则

英国以及美国加利福尼亚等少数州所采用的问责规则就属于产权规则,共同特征就是法院尊重股东的批准,一旦股东批准,该董事自我交易就不可撤销。易言之,未与权利人达成合意,就无交易可言。是否同意交易,由权利人自主决策;以何种条件进行交易,交易是否公平,法院也是尊重权利人的判断,对权利人的判断不再进行司法审查。在英国,虽然董事会和股东均可以批准董事的自我交易,董事会批准同意也会得到法院的尊重,惟私公司只要公司章程不予以限制,董事会就可以批准,而公公司需有公司章程明确授权方可批准董事自我交易。鉴于英国公司立法更强调股东批准,就重大财产交易而言,只要资产价值超过公司资产价值的 10%,且价值 5000 英镑以上,或者价值超过 1 万英镑,即需股东大会批准。实际上,由董事会批准的自我交易是极其有限的。在美国加利福尼亚州,无利害关系董事和股东均可批准董事自我交易,但无利害关系股东的批准受到更高程度的尊重,不受司法审查,而董事会批准后,该交易是否对公司公平仍需接受司法审查。

这种选择是否具有效率基础呢? 就美国情形而言,资本市场高度发达,有 7740 家上市公司,为世界之最,其市值占 GDP 的 112.32%。[①] 公司股权高度分散,最大股东平均持股 22.8%,中位数为 15.1%,最小仅仅 0.05%,

---

[①] 朱羿锟:《公司控制权配置论》,经济管理出版社 2001 年版,第 205 页以下。

最大3个股东持股平均为32.3%,最大5个股东持股平均为39.8%①,无论是最大股东还是最大5个股东都不具有绝对控股地位。公司控制权市场非常发达,其公司并购数量相当于整个欧洲国家的1.5倍左右。② 恶意收购异常活跃,一旦完成恶意收购,公司原来的董事和高管就得下岗走人,收购人取而代之,对公司管理层形成巨大威慑。投资者愈来愈成熟,机构投资者持股比例愈来愈高,已经达到上市公司股份的1/2③,参与公司治理愈来愈积极主动,不再是被动的投资者。市场机制相当完善,董事和高管等职业经理人就会看着自己的信誉。同时,美国的司法体系效率颇高。为此,无论是产权规则还是责任规则,都是可以的。加利福尼亚州选择了产权规则,不仅司法成本低,而且谈判成本也不高,总体而言交易成本较低,是有效率的,也是明智的选择。

英国与美国的市场机制有很多共同特征,其资本市场相当发达,2450家上市公司的市值相当于其GDP的136.8%,远远高于欧洲大陆国家,甚至高于美国。英国仅占欧盟GDP的11.62%,而其资本市场股票市值相当于欧盟的35.49%,其发达程度可见一斑。④ 公司股权高度分散,上市公司最大股东持股平均数为14.4%,中位数为9.9%,最小为3.4%,最大3个股东平均持股也只有27.7%,81%的公司没有持股超过25%的大股东,显然不具有绝对控股地位。但是,英国公司的投资者以机构投资者这样的成熟投资者为主。自20世纪90年代后期开始,机构投资者持股占上市公司股份的近80%,前10大机构投资者持有证券市场市值的25%,前20家则达到1/3,而前50家持股则囊括了整个证券市场的1/2,它们在公司治理中扮演愈来愈重要的角色。⑤ 相应地,公司控制权市场十分活跃,公司并购数量占整个欧洲的1/2左右,其中有相当数量的恶意收购。⑥ 同样,英国市场机制较为成熟,董事和高管等职业经理人也非常重视自己的信誉。这样,即使是董事自我交易,机构投资者的介入不仅可以提高交易质量,减少诉诸法院案

---

① 朱羿锟:《公司控制权配置论》,经济管理出版社2001年版,第82页。
② 同上书,第220页以下。
③ 同上书,第79页。
④ 同上书,第205页以下。
⑤ 同上书,第80页以下。
⑥ 同上书,第221页以下。

件的数量,而且谈判成本也不高。为此,选择产权规则是合理的,也是可行的。另一方面,这种选择还可以降低司法成本,这是因为英国的司法体系效率不高,多数法官缺乏处理公司经营事务的专长和经验,而且相对较为保守。如果采用责任规则,司法错误概率较高,会导致高昂的司法成本。可见,这是一种扬长避短的选择。

(三) 美国特拉华等多数州:基于产权规则的责任规则

美国市场机制非常完善,对董事构成了较为有效的约束。特拉华州还有得天独厚的优势,就是该州公司法的司法效率非常高,衡平法院和最高法院具有处理公司经营事务案件和适用公司法的专长和经验,向来引领公司法创新风气之先,这也是其独特的优势。就此而言,特拉华州似乎该选择责任规则,这样可以减少司法成本,何况市场机制很成熟,谈判成本也不高,总体交易成本自然较低。的确,该州的选择有责任规则的成分,因为即便是没有经无利害关系董事或股东批准的董事自我交易,只要对公司是公平的,法院也不会对董事问责。但是,因此就断定该州就是选择的责任规则,实属误识和误读。这是因为,它也尊重无利害关系董事或股东的批准,虽说没有给予免于司法审查的礼遇,还是转移了举证责任。只要有这种批准程序,就转而由原告承担该交易不公平的举证责任。显然,该州既不是纯粹的责任规则,亦非纯而又纯的产权规则,而是一个混血儿。正因为如此,这种做法看上去有点让人摸不着头脑,难怪不少学者认为这是乱七八糟的,是不符合逻辑的。那么,这种选择是否合理?这种模式是否有效率呢?

将特拉华州的做法置于本书的效率分析框架,就可以发现这是一种合理的选择,可以将其概括为基于产权规则的责任规则,即以责任规则为默示规则,同时又鼓励当事人采用产权规则。那么,这种做法的优势何在呢?首先,它以责任规则为模式规范,董事可以强行进行自我交易,但是也为公司提供了最低保护,即客观上的公平,虽然不能保证公司分得剩余的多数份额,但没有让自我交易的董事独占该剩余。如前所述,这种选择是有效率的。其次,它又为当事人提供一种选择:产权规则。是否选择该保护,乃是当事人的自主决策。一旦选择该规则,公司就可以得到更多的保护,交易剩余的多数将归公司,显然会改善公司的处境。何以见得呢?这种做法为董事提供了两个选项,要么径行完成自我交易,自行证明该交易对公司是公平的,要么获得无利害关系董事或股东的批准,转移举证责任。第一种情形就是责任规则,董事的出价会趋近于客观价值的低端,成交价肯定会低于产权规则下的价格。这是因为,无利害关系股东或董事要价过高,董事就不跟它们谈判了,径行完成交易即可,大不了自己去证明交易对公司是公平的。若是取得无利害关系董事或股东的批准,成交价显然会高一些,但是也不会像产权规则下的成交价那么高。这是因为,无利害关系董事或股东知道其讨价还价能力有限,即使他们不同意,并不能阻止该交易,只是董事不能获得转移举证责任的利益而已。可见,举证责任转移是无利害关系董事或股东手中的一个筹码,可以增强其讨价还价的能力,但这种讨价还价的能力又没有产权规则那么大。

其实,这是一个多赢的安排。对于董事而言,这种制度安排类似一个保险,他只要支付略高于责任规则下的成交价,就可以避免无休止的诉讼,即使真的进入诉讼,也不会被法院撤销,从而免于被问责。成交价高那么一点是完全值得的,董事也就具有寻求无利害关系董事或股东批准的激励。自然,这对法院也是很有利的,一旦了无利害关系董事或股东的批准,就可以转移举证责任,避免责任规则下的实体审查,将重心放在批准的程序上,评判程序公平性正好是法院最擅长的。一言以蔽之,特拉华州的这种选择不但不是乱七八糟的,而是多赢的有效率的制度安排。

(四)德国、法国和日本:产权规则

作为大陆法系国家,德国、法国和日本都选择了产权规则。以公司同意为董事自我交易的生效要件,未经经公司同意,不得进行董事自我交易。作为主流学说,未经批准的董事自我交易属于相对无效,即自我交易在董事与公司之间是无效的,公司可以主张该交易无效,董事却不得主张。而从保护与董事自我交易有关的第三人利益起见,该交易在公司与该第三人之间则是有效的。这就意味着,董事不得强行进行交易,显然增强了公司讨价还价的能力。另一方面,这些国家均对中立决策者的批准给予一定的尊重。在法国,董事自我交易只要经过股东大会批准,只要不具有欺诈情形,不但不可以撤销,董事也可以免责。在德国,凡是监事会批准的交易,即使不公平,也是有效的,只是不能免除监事的损害赔偿责任。

那么,这种选择在效率上是否具有合理性呢?这种产权规则与英国有

何不同？首先，就避免责任规则的高昂司法成本而言，都考虑到了其司法体系的有效性。股东代表公司提起股东代表诉讼追究董事责任，门槛高，程序障碍多，维权成本高昂。加之，司法体系效率不高，法官并不具有处理公司经营事务专长和经验，由其评估董事自我交易的客观价值，司法错误概率较高。如果不采用产权规则，让这些争议集中涌向法院，司法成本将异常高昂。采用产权规则，就可以减少这种争议和诉讼，从而大大降低司法成本。虽说从避免高昂司法成本来看，与英国具有同样的考量，但是与英国相比，它们的市场机制有着非常大的差异。如前所述，英国资本市场高度发达，股权高度分散，公司控制权市场活跃，从而构成对董事自我交易的有效约束。市场机制愈成熟，愈应给予当事人更多自由，愈有条件采用责任规则，英国是具备这种条件的。比较而言，德国、法国和日本的市场机制则不能为公司股东提供这种保护，不能这样有效地约束董事和高管的行为。就资本市场而言，无论是上市公司数量还是其市值占 GDP 的比重来看，均远比英美逊色。法国和德国上市公司才 700 家左右，其市值占 GDP 的比重分别只有 30.66% 和 22.03%，日本虽然有 2334 家上市公司，但其市值并不高，仅占 GDP 的 66.15%。[1] 股权融资比重低，证券市场的股价自然难以约束董事的不公平自我交易。就公司股权结构和公司控制权市场活跃程度来看，这方面的市场约束力就更为微弱了。无论是法国、德国，还是日本，公司股权结构均属于高度集中，法国和德国还高于日本。德国上市公司最大持股的平均数和中位数分别高达 61.5% 和 65.8%，最大 3 个股东持股的平均数和中位数分别为 71.4% 和 76.5%，大股东往往来自家族、银行和工商业公司。股份流通性极低，控制权市场的作用自然微乎其微，公司并购数量少，20 世纪 70 年代到 90 年代末期仅有 3 宗恶意收购。[2] 法国公司股权集中度也是非常高，股份流通性极低。在 680 家上市公司中，最大股东持股占 55.7%，最大 3 个股东持股占 78.2%，其他股东持股就非常小了，第四到第十大股东仅仅占 4.8%。其中只有 2%—3% 的上市公司有收购情形，绝大多数都属于善意收购而非恶意收购。[3] 相比之下，日本公司股权集中度虽然不算高，

---

[1] 朱羿锟：《公司控制权配置论》，经济管理出版社 2001 年版，第 205 页以下。
[2] 同上书，第 96 页以下。
[3] 同上书，第 164、223 页。

据哈佛大学波特教授等人对49个最大10家非金融公司的最大3个股东持股情况的实证分析，日本为22%，德国为42%，法国为33%。① 但是，日本公司法人交叉持股最为盛行，法人相互持股10%以上占70.3%，相互持股达到30%的占36.4%，相互持股达到50%以上的，占9.5%。尤其是，企业集团内部法人交叉持股比重很高，占公司股份的30%—90%。② 这样，公司股东大多为安定股东，股份流通性极低，控制权市场作用微乎其微，尚未发生恶意收购。既然资本市场和控制权市场难以约束董事的自我交易，外部监督不力，采用产权规则，董事自我交易以公司同意为前提条件，通过内部监督保护公司和股东利益，无疑是十分必要的。

一般说来，公司股权集中度高，交叉持股盛行，董事自我交易数量就多，谈判成本自然会上升。德国、日本和法国的内部监督机制又是如何避免高昂的谈判成本的呢？一是减少股东大会的介入。除法国强调由股东大会批准外，德国将这种决策权赋予监事会，日本则是原则上赋予董事会，唯不设董事会只设董事的公司，由股东大会批准。这样，自然可以避免频繁地召集股东大会，尽可能地降低谈判成本。二是利用关系型控制机制的信息优势，降低谈判成本。德国和日本为最典型的关系型控制机制，分别以监事会、董事会这种内部监督机制来约束董事。那么，这种内部监督能否降低谈判成本呢？银行发挥了关键作用，无论是德国的全能银行制，还是日本的主银行制，其与工商业公司之间的交叉持股关系，进而形成交叉董事或监事。日本银行通过交叉持股持有工商业公司的股份比比皆是，在股份公司的最大股东中，与公司有交易关系的金融公司占35.6%。在东京交易所上市公司中，银行居最大或第二大股东地位的公司占29%，而银行居前五位股东地位的公司占72%，在日本的大公司中，大约50%的股份被银行持有。③ 银行既是最大贷款人，又是最大股东的情况占57%。④ 相应地，形成了蔚为壮观的交

---

① R. Porta, F. Lopez-de-Silanes, A. Shleifer & R. Vishny, Law and Finance, *NBER Working Paper* 5661, 1996.
② 朱羿锟：《公司控制权配置论》，经济管理出版社2001年版，第186页。
③ Paul Sheard: "Delegated Monitoring Among Delegated Monitors: Principal-Agent Aspects of the Japanese Main Bank System," *Journal of International Economics*. http://papers.ssrn.com/1989.
④ Prowse. s: "Institutional Investment Patterns and Corporate Finance Behavior in the U.S. and Japan," *Journal of Financial Economics* 27:43-66. http://papers.ssrn.com/, 1990.

叉董事或监事现象，70%以上的董事、监事来自企业集团、银行、保险公司、大股东以及主要交易伙伴，主银行往往成为许多公司董事会的座上宾。作为全能银行，德国银行持有工商业公司股份虽然更为普遍，一般不是最大股东，在最大500家公司的821个绝对控制股东中，银行仅占0.6%，远远少于非金融公司的46.3%。但是，银行以其股东兼贷款人的身份在其监事会的势力则是另一番景象。在德国股份指数公司中的24家非金融公司中，三大银行派出监事的就有22家，股东的监事代表有1/4来自银行，其中11个公司由银行监事代表出任监事会主席。在德国100家大型公司中，德意志银行就向35家公司派出监事，贴现银行向19家派遣监事，商工银行向16家派遣监事，监事无疑是银行与公司人际关系的核心。这种人际关系的独特作用就是信息优势，该优势来源于银行通过与该公司的信贷业务、结算关系等获得的信息。这些信息有助于他们发现董事通过自我交易谋取私利，从而及时地更换这种以权谋私的董事或高管。[①] 可见，在这种关系型控制模式下，董事会或监事会的信息优势可在相当程度上减少谈判成本。

由此看来，英国与德国、法国和日本虽然都选择了产权规则，以避免司法效率不高所导致的司法成本。至于减少谈判成本，英国不仅依靠高度发达的资本市场和公司控制权市场，有效地约束董事的行为，还通过机构投资者减少谈判成本，提高董事自我交易的质量，而德国和日本等关系型控制机制，则是依靠银行派出的监事或董事的信息优势。一言以蔽之，并没有唯一有效的模式，董事自我交易的解决方案必须立足于各地的社会经济以及司法体系的实际情况，寻求总体交易成本最优的模式。

六、基于产权规则的责任规则：
我国董事自我交易问责规则的完善

从《公司法》(2005)第149条第4项和第125条的规定和立法精神，以及《企业国有资产法》(2008)第46条来看，无利害关系董事和股东均可以成为中立决策者，批准董事自我交易。但是，并没有确立相应的问责标准，

---

① 朱羿锟：《公司控制权配置论》，经济管理出版社2001年版，第268页以下。

没有明确中立决策者是否应该得到尊重以及在何种程度上得到尊重,其根源就在于没有对董事自我交易问责的规则选择作出取舍。如果选择责任规则,就应该准许强行交易,即使董事自我交易未经中立决策者批准,只要是公平的,也无须问责。如果选择产权规则,就应由中立决策者批准董事自我交易,以抹去其中利益冲突的"污点",确保交易公平。这就意味着,不仅要对未经批准的董事自我交易予以问责,而且应对中立决策者的批准给予一定的尊重。然而,前述立法并未明确如何对待未经中立决策者批准的交易,亦未规定中立决策者的批准应享受的礼遇。我国应如何选择呢?

单纯的产权规则或责任规则均不适合我国市场机制成熟状况以及司法体系的承受力,基于本章分析框架并参考主要国家选择董事自我交易问责规则的基本经验,我国的选项应是介于产权规则和责任规则之间,选择基于产权规则的责任规则。其基本思路是,以产权规则为基础,提高董事自我交易的质量;以责任规则为默示规则,促进有效率的董事自我交易。

首先,以产权规则提升董事自我交易的质量。董事自我交易数量多,质量低,这是我们必须面对的严峻现实问题。有关实证研究发现,董事自我交易不仅相当普遍,而且交易种类还呈上升趋势。上市公司关联交易种类的平均数2001年为1.69,2002年为1.19,2003年为3。最多的关联交易种类2001年为7,2002年为5,2003年达到9。① 其中,相当大一部分属于董事自我交易,这是因为高达92.88%的上市公司董事在股东单位兼职,平均每家上市公司的董事在股东单位兼职人数为4.11人,占上市公司董事会平均人数的40.94%。40.46%的上市公司董事长是控股股东或第一大股东的董事长或总经理,61.40%的上市公司最大股东的董事长或总经理是上市公司的董事、监事或其他高管。② 上市公司与董事直接或间接控制的公司之间的人际关系盘根错节,许多关联交易就是董事自我交易。这也是我国上市公司

---

① 李扬等:《全球化背景下投资者保护制度研究》,载《中国证券投资者保护基金有限责任公司研究报告》2007年,第51页以下。http://www.sipf.com.cn/bin/Order? m = vhd&id = 02B67700B42E11DCB7009C109D7576B6(2009年3月3日访问)

② 该项实证研究的样本为上海证券交易所的702家上市公司。参见王瑞英、谢清喜、郭飞:《我国上市公司关联交易的实证研究》,载《财贸经济》2003第12期。

特殊股权结构所造就的。一是股份流通性极低。股权分置改革之前,高达 2/3 的股份为非流通股,流通股仅占总股本 1/3 左右,还分为 A、B、H 三种形式。流通市场彼此分割,流通股比例太小,公司控制权市场难以发挥作用。二是国有股"一股独大"。① 就所有上市公司而言,大股东持股比例的均值(中位数)为 54%(56%),国有控股的上市公司的"一股独大"特征更为明显,中央直属国有控股的上市公司大股东持股的比例的均值(中位数)为 59%(60%),地方所属国有控股的上市公司的大股东持股比例均值(中位数)为 56%(58%)。② 也就是说,国有控股的上市公司只有一个真正的大股东:国家,仅 45% 的公司有持股 5% 以上的中小股东。③ 这样,控股股东与中小股东力量极其悬殊,股权制衡程度很弱。控股股东控制力度愈强,董事进行关联交易的激励也就愈大,损害公司和股东利益可能性也愈大。

董事自我交易严重损害公司利益,就是质量低的体现。有关实证研究发现,尽管上市公司关联交易大多属于索取型交易,由关联方向上市公司输送利益。但是,其内在动力与其说是为了公司最佳利益,毋宁说是为了董事或高管效用最大化,其动机往往是为了上市、增发、配股、避免亏损或者应付各种执法检查,从而进行盈余管理。其实,关联交易所表现出的明显季节性,在一定程度上揭示了公司存在利用关联交易操纵定期财务报告和进行盈余管理的事实。④ 既然是"一股独大",董事们对关联交易操纵自如,"与"往往是为了"取",通过董事自我交易损害公司利益,甚至掏空上市公司的不乏其例。比如,2000 年,顾雏军将其麾下私人公司格林柯尔科技控股有限公司在香港创业板上市。2001 年收购国内知名企业科龙电器公司,并以其

---

① 2005 年 6 月我国启动了上市公司股权分置改革,这些非流通股向流通股股东支付一定对价,并履行一定的承诺后,就变成流通股了。从理论上将,股改完成后都属于流通股,但是多数限制转让的非流通股尚处于解禁过程之中,就是通常所说的大小非解禁。即使将来真正实现全流通了,证券市场要消化数量如此庞大的股份,也会有一个过程,国有股"一股独大"还将持续相当一段时期。

② 徐莉萍、辛宇、陈工孟:《股权集中度和股权制衡及其对公司经营绩效的影响》,载《经济研究》2006 年第 1 期。

③ 参见文芳:《股权集中度、股权制衡与公司 R&D 投资——来自中国上市公司的经验证据》,载《南方经济》2008 年第 4 期。

④ 参见王瑞英、谢清喜、郭飞:《我国上市公司关联交易的实证研究》,载《财贸经济》2003 第 12 期;高雷、宋顺林:《关联交易、线下项目与盈余管理——来自中国上市公司的经验证据》,载《中国会计评论》2008 年第 1 期。

为平台迅速扩张,接连收购美菱电器、亚星客车等国内上市公司,身兼多个公司的董事长。对于格林柯尔而言,科龙只是一个跳板,通过科龙与格林柯尔之间上演过无数"左右手"互换式的自我交易,科龙电器成为其资本运作的"提款机",并以假账来维持科龙电器的利润增长。在不到4年的时间里,顾雏军等人涉嫌挪用、侵占科龙电器财产累计发生额为34.85亿元。① 难怪本来是中性词的关联交易,因种种不规范操作,在我国便与交易黑幕、诚信危机联系在一起了。

面对数量多而质量低的董事自我交易,如果选择责任规则,就需要有一个有效率的司法体系。否则,大量的纠纷涌进法院,司法错误必将使得司法成本异常高昂。然而,我国现行司法体系还难以承受这一使命。司法体制、执法能力、司法腐败等问题严重影响了司法效率,尤其是面对专业性和复杂性极强的公司经营事务,法官往往力不从心。追究证券虚假陈述的民事责任,法院要以证券监管机关的行政处罚作为前置条件,显然就是司法不自信的体现。董事问责更是如此,在司法的"宽容"下,对董事追究民事责任的情形凤毛麟角,往往以行政责任取而代之,进而导致董事民事责任规则被虚置。该问责而不问责,必然增加司法错误,提高司法成本。为避免如此高昂的司法成本,最好的办法就是将董事自我交易的决定权交给公司,而非法院,由无利害关系的董事或股东决定是否交易以及如何进行交易。这样,难免因少数小股东"敲竹杠"而牺牲一些有效率的交易,但是这也比由法院批准大量的无效率交易更值得、更有效率。

再者,就是以责任规则促进有效率的董事自我交易。以责任规则作为默示规则,可以弥补产权规则的不足,尽可能地避免因小股东"敲竹杠"而坐失有效率的交易。在责任规则下,虽然不能保证公司分得剩余的多数份额,但法院批准的交易至少可以反映其客观价值,公司可以分得部分剩余。从促进有效率的视角来看,选择这样一个默示规则是非常必要的。何况,我国资本市场和控制权市场在转轨中不断走向规范和成熟,尤其是股权分置改革已经完成,在国有股流通的限制逐步解禁后,公司股权结构将逐步合理化,控制权市场将对不公平的董事自我交易形成更有效的约束。随着市场

---

① 张旭东:《"科龙"成顾雏军的提款机,顾雏军被"永久性市场禁入"》,载《南方都市报》2006年7月17日。

体系逐步发育和完善,董事和高管必将逐步重视信誉,更加重视长期利益,加强自律。这样,有效率的交易多了,无效率的交易将愈来愈少,诉诸法院的案件相应地就少了。随着司法能力不断增强,这种司法成本应在可控的范围。易言之,以责任规则作为默示规则也是可行的。

既然产权规则是基础规则,首先就应当进一步明确公司的中立决策者。《公司法》(2005)第149条第4项亦应像《企业国有资产法》(2008)那样,明确准予董事会批准这种交易。在立法未修订之前,对于该条"公司章程的规定"应解释为,包括章程授权董事会批准的情形,而不应仅仅理解为章程概括性同意这种交易。其次,对于董事会或股东大会的批准应给予一定的尊重,转移举证责任。凡是取得批准的,就应由原告证明该交易不公平,承担举证责任。这样,可以鼓励董事们披露利益,并取得相应的批准。再次,明确未经批准的董事自我交易的法律地位,将其作为相对无效,仅公司有权主张无效。最后,就是将无利害关系董事和股东的批准予以区别对待,给予无利害关系股东批准更高的尊重。对于无利害关系股东批准的交易,只要不涉及欺诈,法院就可以给予商事判断规则的保护。但是,对于无利害关系董事批准的交易,则不能给予商事判断规则的保护,而是可以对其实体审查。究其原因,无利害关系虽说对于该交易没有利害关系,但是对于公司的决定则未必,这主要是由于董事会的结构性偏见所致。董事也是人,人的决策是理性和非理性的统一,即使是无利害关系的董事也可能基于同僚关系,见情忘义,徇情决策;有的则是由于董事会的群体思维,即使是无利害关系董事或独立董事也往往唯董事长或CEO马首是瞻,一人发言,众人附和,人云亦云。其结果,利益冲突"清洗"机制被自废武功。该走的程序都走了,利益冲突的"污点"依然故我,不公平的董事自我交易仍然可以大行其道。可见,无利害关系的董事决策是要尊重的,但不能与无利害关系股东决策一视同仁,应对其进行合理性审查,只不过证明该交易不合理的责任在原告。也就是说,无利害关系董事的批准决策同样享受举证责任转移的利益,只是不能免于实体合理性审查。

以责任规则为默示规则,就表明没有履行前述中立决策者批准程序的交易,公司虽然可以主张无效,但是需以证明交易不公平为条件。只要该交易是公平的,即使未经批准,法院同样予以维持,不在可撤销之列。

总之,从我国转轨经济的社会现实出发,确立基于产权规则的责任规则,可以有效地维持董事尊重与问责的张力。对无利害关系的董事作为中立决策者所作出的有关董事自我交易的决策给予相应的尊重,可以提高交易效率,而保留以实体公平审视董事自我交易决策合理性的权力,则可以促使董事谨慎行事,而非"跟着感觉走",见情忘义,徇情决策。

第三章　董事经营决策问责的商事判断标准

在约束条件下最大化自身利益,此乃理性"经济人"的本义。要实现公司最佳利益,董事必需勤勉尽职,合理行事。问题是,如何判断他们是否合理行事呢?如何对待其决策失误?谁对经营决策的好坏以及是否真的是错误决策最有发言权呢?这些都是董事勤勉问责路径和完善董事会运行机制亟待解决的现实问题。

一、如何对待董事决策失误?

管理就是决策,董事决策关乎公司盛衰兴亡。一旦出现决策失误(decision-making error),代价可能非常沉重,小者损害公司和股东利益,大者葬送公司的发展前程,从此一蹶不振,甚至倒闭破产。决策失误正是我国长期存在的一个顽疾,造成的损失和浪费令人触目惊心。桥塌了、楼倒了、企业亏损了、国有资产流失了,其背后往往就是决策失误。钱花光了,项目白搭了,领导高升了或者拍屁股走人了,公司和股东却遭罪了,早已为社会各界普遍诟病。2006年,国家审计署在向全国人大常委会提交的10家中央企业原负责人任期经济责任审计报告中,这些企业因决策失误造成的经济损失高达145亿元。2004年11月底,一心想成为"超级CEO"的陈久霖却因石油期货交易造成5.5亿美元的巨亏,殃及涉及近16000名投资者和100多家债权人,公司重组令大股东中航油集团和债权人付出巨大的代价,中航油集团负责偿还中航油5.3亿美元负债中的2.2亿美元,相当于其总债务的41.5%,并与新投资者将联合注资1亿美元,而债权人也不得不放弃高达49.5%的债权。① 类似地,面对来势凶猛的全球金融危机的冲击,因多年成功的实业投资而久负盛誉的香港上市公司中信泰富(00267.HK),一项决策失误便使其搁浅。2008年7月,中信泰富在收购西澳洲铁矿项目时,签订了3份杠杆式外汇买卖合约,介入了并不熟悉的金融衍生品领域:累计股票期权(accumulator)。投资者在牛市时可以以折扣价买股票或外汇赚钱,但在熊市时也必须按协议价格买入,风险极高。短短3个月时间,该项收购令公司账面亏损147亿港元。巨亏曝出后,公司股价急挫90%,投资者几乎血本无归,母公司中信集团不得不伸出援助之手,向中信泰富注资15亿美元,将损失定格在91.55亿港元,才将这个烂摊子收拾完毕。② 问题是,谁应对轻率决策、武断决策、不负责任的决策负责呢?

我们知道,现代文明最基本的决策准则就是,找不到责任人和负责方式,就取消决策。面对决策失误这一普遍存在的顽疾,早在1999年,中共中央就在第十五届四中全会通过的《中共中央关于国有企业改革和发展若干重大问题的决定》中,针对国有企业中的这种突出问题,在第十一部分"建立和健全国有企业经营管理者的激励和约束机制"中有的放矢地提出,要建立"决策失误追究制度"。易言之,董事应对其决策失误承担责任,不能再以"交学费"、"好心办坏事"不了了之,甚至拍屁股走人,一走了之。相应地,《公司法》(2005)第148条规定了董事勤勉义务后,第150条还进一步规定董事"执行公司职务时违反法律、行政法规或者公司章程的规定,给公司造成损失的,应当承担赔偿责任"。第113条第3款针对股份有限公司董事的决策失误作出了特别规范,即董事会的决议违反法律、行政法规或者公司章程、股东大会决议,致使公司遭受严重损失的,参与决议的董事对公司承担赔偿责任。这就表明,董事决策失误不仅应问责,而且应通过勤勉路径问责。问题是,如何通过勤勉路径进行问责,比如董事勤勉义务的行为标准是什么,责任标准又是什么,在勤勉路径中如何尊重董事的权威等等,则基本上无法可依,唯《企业国有资产法》(2008)第26条和第71条第1款第6项明确了国家出资企业的董事违反法律、行政法规和企业章程规定的决策程

---

① 参见韩平:《中航油(新加坡)公司3高管受罚款处理》,载《羊城晚报》2006年3月3日;南岭:《中航油重组谈判:与100位债权人的博弈》,载《21世纪经济报道》2005年3月30日。
② 参见罗培新:《中信泰富巨亏与荣智健之责》,载《第一财经日报》2009年1月7日。

序,决定企业的重大事项的赔偿责任。将决策程序导入勤勉义务,作为违反勤勉义务的一种情形,无疑是一个重要的进步,但仍然明显不足,董事行为标准和责任标准仍然缺位。何况,国家出资企业的规定对一般公司并不适用。董事经营决策本身具有复杂性和多变性,决策失误往往具有滞后性、隐蔽性,决策失误责任的认定难度非常大。可见,明确董事勤勉义务的行为标准和责任标准,是勤勉路径亟须解决的重要课题,更是问责董事决策失误的非解决不可的重大现实问题。

二、商事判断规则:勤勉路径下的公共政策选择

(一)"严肃追究"≠后果责任

决策失误自应问责,这是现代文明的决策准则,而如何尊重董事权威则是勤勉路径首当其冲的问题。这是因为,任何人都不能保证决策没有失误,对任何决策失误不分青红皂白,一律问责也是不对的。公司的每一项经营决策,风险如影随形。利润越高,风险也就越大。市场消费偏好、政策法规的调整、系统性金融风险等都难以预测。从理论上讲,若对这些变数都细为考量,作出一项明智的决策并非不可能。但是,商场如战场,商机稍纵即逝,这注定了董事不能像法官和学者那样丝丝入扣地思维。美国著名公司法学者曼尼教授就颇感慨,"经营者不像法官,有能力同时也愿意就特定的案件争论不休,以求得'正确的答案'。经营者不像学者那样一丝不苟地去追求真理,也不像科学家在高度专业化的领域中精益求精地探求更为完善的方法"。[①] 即便是被誉为"股神"的巴菲特,在来势凶猛的金融海啸面前也不神了。他旗下的控股公司伯克希尔哈撒韦公司,2008年10月以来,高举"在别人贪婪的时候恐惧,在别人恐惧的时候贪婪"的旗子,投入近百亿美元进入股市抄底。然而,天不遂人意。2009年2月底该公司的年报显示,2008年该公司投资的账面损失为9.6%,是他1965年接手该公司以来投资亏损

---

① Bayless Manning, The Business Judgment Rule and the Director's Duty of Attention: Time for Reality, 39 *Business Law*, 1984.

最大的一年。该公司自身的股价在2008年累计跌去了33%,只是略好于标准普尔500指数同期37%的跌幅。① 可见,成王败寇乃商场的现实,但不能成为法律问责的逻辑。正因为如此,法官们事后诸葛亮式的聪明往往招致善意的嘲笑。

为了终结我国特有的国家出资企业长期存在的"无责任经营"模式,国务院国资委以及各级地方政府出台了大量的企业负责人问责办法,如第1章所述的《央企责任追究办法》、《保险领导责任办法》、《北京办法》、《上海办法》、《广东办法》等等。对于纠正决策失误这一顽疾,防范董事武断决策、轻率决策、不负责任决策,李荣融最近还强调,严肃追究投资决策失误的责任。② 这无疑是非常正确的。问题是,如何进行"严肃追究"?这些问责规范有一个很突出的问题,就是强调后果责任。《央企责任追究办法》就是以企业资产损失为依据进行责任追究,根本没有考虑董事的主观过错。不仅第4章所列举的10种类型50种情形③是如此,而且在第5章资产损失责任划分和第6章资产损失责任处罚方面也是这样,仅依据资产损失大小来界定直接责任、主管责任、分管领导责任和重要领导责任。比如,一般损失仅仅涉及直接责任和主管责任,一般说来与董事层面的分管领导责任、重要领导责任无关,从较大资产损失开始才追究分管领导责任或重要领导责任。这样,这种问责很可能沦为后果责任,不是强化董事的规则意识,而是助长赌博意识。面对危局,为了减少或避免损失,董事们很可能选择将错就错,甚至再赌一把,从而越陷越深,难以挽救。

总之,决策失误确实应当严肃追究。如果不分青红皂白,不问主观过错,将严肃追究沦为后果责任,则是不可取的。

(二)尊重董事经营决策的理论解说

在勤勉路径中又如何拿捏董事问责与尊重的关系呢?如何才能求得两者的平衡呢?我们知道,董事忠实义务涉及董事利益冲突,在问责与尊重之间倾向于问责,采用完全公平的司法审查标准。在对董事自我交易问责时,

---

① 陈道:《中国股民更应比巴菲特有信心》,载《羊城晚报》2009年3月4日。
② 马岚:《央企去年实现利润6652.9亿同比跌三成》,载《京华时报》2009年3月3日。
③ 《中央企业资产损失责任追究办法》(2008)第16—25条。

无论是采用产权规则还是责任规则,仍对董事决策给予一定的尊重。比较而言,勤勉义务不仅不涉及利益冲突,而且经营决策具有多中心性,董事决策活动极具复杂性、多变性,在问责与尊重之间更应倾向于尊重。也就是说,尊重董事经营决策是一项公共政策选择,其目的就在于鼓励董事们为了给公司创造财富,大胆地进行有风险的经营决策。否则,他们可能畏首畏尾,不敢进取,不敢探索和创新,从而最终损害公司利益和股东利益。这种政策取舍也是有着充分的理论依据的,下面分别运用有限理性理论和适应性效率理论予以解说。

1. 有限理性理论

该理论是由 1978 年诺贝尔奖得主西蒙提出的。他认为,人的理性是有限的(bounded rationality),而非无限的。反映在法律上,从人的行为能力来看,人并非都是"强而智",而是"弱而愚"①,只是"弱"与"愚"的程度有所不同而已。商海茫茫,信息瞬息万变,商机稍纵即逝,就算是具有经营管理专长和经验的董事,亦非"强而智",在一定程度上也是"弱而愚",任何经营决策都难免有"赌"的成分,不能保证完全正确。究其原因,人类无法获取决策所需的全部信息,同时处理信息的能力也是有限的。在决策中遵循的不是效用最大化的最优决策原则,而是满意(satisfices)原则,决策者寻求的是可接受的选择方案(acceptable choice),也就是能满足最低要求的选择,而非选择效用最大的方案。易言之,由于认知能力、信息成本和信息不对称的存在,人们往往是在"满意"与"许可"之间进行取舍,追求的是满意解。这样的解自然不是最优的,也就不可能不出现失误。

还是以前述"股神"巴菲特为例,尽管被誉为"股神",他还是坦率地承认他并不是神,他说:"我不喜欢对股市进行预测,我再次强调,我对股市的短期行情一无所知"。即使他旗下的控股公司伯克希尔哈撒韦公司,2008年10月以来斥资近百亿美元高调进行股市抄底之时,其实他也不能断定那时真正就是美国股市的底,"现在的股价都显得十分合理"。实践证明,那并不是底,当时的股价也并非他所断言的"十分合理",更不是抄底的时候,他

---

① 传统经济学假定的经济人,反映在民法的行为能力上就是"强有力的智者",即男人、成年人、家长。而儿童、妇女、精神病人等则是"弱而愚"。参见〔日〕星野英一:《私法中的人》,王闯译,梁慧星主编:《民商法论丛》(第 8 卷),法律出版社 1997 年版,第 170 页。

也不是抄底的所谓"股神",他还是进场过早,也被套牢。对于这样的失误,在 2009 年 2 月公布的年度报告中诚恳地承认,这是他在"投资上做了一些愚蠢的事情,起码在董事会犯过一次重大投资失误,此外还犯过不少其他投资错误。这些错误决策给公司造成了数十亿美元的损失"。他所说的"一次重大投资失误"是指,在国际油价接近高点时加仓美国康菲石油公司,从 2007 年持有的 1750 万股增至去年年底的 8490 万股。他还说,"我没有想到 2008 年能源价格能如此暴跌,这一投资失误给公司造成数十亿美元的损失"。而他承认所犯的"其他投资错误"指的是,"图便宜"购买两家爱尔兰银行的股票,结果到 2008 年年底为止两家银行的股价狂跌了 89%,而且两家公司的股价 2009 年还在下滑。墙倒众人推,有人借此用挖苦的口吻嘲讽他。其实,在变幻莫测的股市,即使是神,也无法保证每次都正确。何况,任何决策都是在特定条件下作出的,从长远来看,现在正确未必永远正确,甚至还有歪打正着的。2007 年,他曾经承认"过早地抛售中石油是我犯的一个错误"。① 当时,他以每股 15—17 港元清空中国石油,虽然在他清空后中国石油继续上涨到最高 20 港元之上,在这个时间点上,他犯了过早抛售的错误,但现在中国石油股价跌至 5 港元多,你还能说他抛售中石油是错误的投资吗?同样,他"没有想到能源价格能如此暴跌",2008 年加仓美国康菲石油公司导致巨额损失,但如果从长计议,谁敢说他这一投资一定是错误的呢?谁敢保证他下次不会发出"没有想到能源价格能如此暴涨"的感慨呢?

　　大师也会失手,也有无数的"没有想到",经营事项的不可准确预测性以及经营决策的复杂性由此可见一斑。别说董事,被誉为全球"经济沙皇"的格林斯潘尽管执掌美联储 18 年多,不仅经验丰富,而且具有强大决策支持体系为其搜索决策信息,也不能准确地预测社会经济环境的种种变数。凶猛的金融危机爆发后,2008 年 10 月 23 日他在国会众议院监督和政府改革委员会的听证会上承认:"我犯了一个过错","40 年来,一直有足够多的证据支持我的想法,表明那样是对的。然而,在去年夏天,我的整个理论体系崩溃了。"眼下的危机证明,这一理念不对,这一点让自己"震惊"。这就说明,许多经营决策属于风险性决策、不确定性决策,要董事们对这种决策也

---

① 参见陈道:《中国股民更应比巴菲特有信心》,载《羊城晚报》2009 年 3 月 4 日;武斌:《凸现价值投资高境界,巴菲特抄底"失败"四点启示》,载《羊城晚报》2008 年 10 月 15 日。

承担责任显然是不公平的。果真如此,谁还敢当董事呢?!

2. 适应性效率理论

有限理性理论很贴近现实地指出了决策失误的客观条件,诺奖得主、著名经济史学家和新制度经济学家诺斯提出的适应性效率理论(adaptive efficiency),则为如何应对这种不确定性,赢得竞争优势,提供了有力的分析工具。诺斯一直将制度变迁与经济变化相结合,关注长期经济增长的绩效,认为长期经济增长的关键不是资源配置的效率,而是适应性效率,灵活的制度结构是成功的政治经济体制演化出来的,能够经受住振荡和变革。配置效率是一套给定制度下的静态概念,而适应性效率则是一个动态概念[1],考虑的是与时间进程中的经济变化相适应的制度变迁效率,有助于一个社会去获取知识、去学习、去诱发创新、去承担风险以及所有有创造力的活动。[2] 也就是说,适应性效率的作用就是帮助消灭错误,具有适应性效率的制度不仅鼓励创新和替换,而且还将所有失败者扫地出门。衡量一种制度安排是否具有适应性效率,主要不是看短期内的经济增长绩效,而是看它能否经受住振荡和变革。诺斯还不无讽刺地指出,他曾经观察到经济学家看到一个国家持续增长10年、20年就会兴奋地说,这个国家正处于通向发展的道路上。在他看来,对于经济史学家来说,这是谬见,至少要在50年或者100年的时期,如果发展到这样一个社会:有抵挡冲击的能力,有战胜频繁出现问题的能力,这时才能基本判定该制度是否具有适应性效率。制度对经济变化进行调整的适应性,不仅包括制度内部相互之间的适应,还包括制度与制度环境之间以及制度调整对经济变化的适应。

公司作为微观组织,适应性也是一种基本素质,适应能力的高低反应了组织生命力的大小。这种适应能力包括两个方面:一是创新的能力。组织机构为适应环境而不断进行创新和调整,一个经济体制在多大程度上和多大范围允许其内部各种要素自发地变动,也就是该体制的创新空间。二是持续学习的能力。个人和组织的企业家所进行的学习,是认识长期变化的根本原因,学习的效率决定了经济变迁的速度,而获取不同种类知识的预期

---

[1] 诺斯:《新制度经济学及其发展》,载《经济社会体制比较》2002年第5期。
[2] Douglass C. North, *Institutions, Institutional Change and Economic Performance*, Cambridge University Press, 1990, p.108.

收益则决定了经济变迁的方向。那么,何种制度安排才能增强公司的创新能力和持续学习能力?在诺斯看来,要获得适应性效率到底需要哪些规则仍不得而知,但显而易见的是,这种制度结构要在促进探索、试验与创新的程度上起关键作用;要引导组织边学边做的进程以及默认知识的发展,从而将个人的决策进程引向不断演进的系统,使其不同于初始情形;还要允许组织进行分权决策,允许试验,鼓励发展和利用特殊知识,积极探索解决经济问题的各种途径;要能够消除组织的错误,分担组织创新的风险。① 常言道:不入虎穴,焉得虎子,讲的就是这个道理。可见,能否鼓励尝试性试验或容忍失败乃是公司竞争力的关键因素。

如何对待董事的决策失误,其实就是这样一种政策选择。要增强公司竞争力,经得住振荡,抵挡得住种种冲击,就应尊重董事经营决策,鼓励探索,容忍失败。这种政策可以"用来鼓励增长知识、培养有创造力的天才企业家"。② 究其原因,董事在充满不确定性的公司经营事务中,也是"弱而愚"的。即使是决策失误,还具有"试错"的意义,可以在一定程度上标识出"误区"或"陷阱",避免一错再错,从而减少失误和失策。尊重董事经营决策,容忍失败,实际上是为董事卸下包袱,放开手脚,大胆创新,勇于开拓。这样,公司就可以不断增强持续学习的能力和创新的能力,在试错中前进,从而赢得竞争优势。反之,如果不分青红皂白,只要有决策失误,一律问责,一律要董事承担责任,这就无异于自断创新之路,打击尝试性试验,反而不利于公司发展,最终损害公司和股东的利益。霍姆斯指出,"只要公众的思维习惯有些许的变化,我们的法律就有多大部分可以重新加以考虑"。③ 可见,在董事经营决策中划出一个安全岛,鼓励他们进行尝试性试验,是完全必要的。

(三)尊重模式下决策失误

面对公司经营事务的复杂性和多变性,董事在一定程度上也是"弱而

---

① Douglass C. North, Institutions, *Institutional Change and Economic Performance*, Cambridge University Press, 1990, pp. 80-82.

② 诺斯:《国家经济角色的昨天、今天与明天》,斯蒂格利兹主编:《政府为什么干预经济》,中国物资出版社1998年版,第164页。

③ 〔美〕本杰明·卡多佐:《司法过程的性质》,苏力译,商务印书馆1998年版,第73页。

愚"的,颇有无力感,千虑尚有可能一失,决策失误不可避免,而董事轻率决策、武断决策、不负责任决策所造成的决策失误必须问责。易言之,不同性质决策失误应予以区别对待。实际上,决策能力和水平的相当的董事,面对同等的经营事务,是否恪尽职守,是否竭尽全力地为公司最佳利益行事,股东乃自社会公众是能够感觉到的,也是能够识别的。面对百年一遇的全球金融危机,华尔街风云雷动,变化莫测而又雷霆万钧,全球金融市场惊涛拍岸。在危机面前,凡是见事较早,准备较充足,工作较深,效果也较好,将损失减少到最低限度,而有的则是措手不及,无所适从,自然会遭受严重的损失。面对哀鸿遍野的证券市场,巴菲特也无法幸免,走下了神坛。他自己诚恳地承认"在2008年做了一些愚蠢的事情","犯过一次重大投资失误"。但是,巴菲特还是尽力了,就算他最差劲的2008年,其年度账面损失也不过是9.6%,仍然远远跑赢大盘,而且其投资策略为股神账面价值带来了20.3%的年度复合增长率。① 大师虽然失手,但是他已经尽力,他不可能保证每个决策都是正确的,投资者也能够理解,能够接受这样的失误。

如何区分不同性质的决策失误呢？在董事决策能力和水平相当的情形下,就要考察两个方面,一是董事决策的主观意图是否是从公司利益而非个人利益或好恶出发,二是是否遵循一定的决策程序,搜索并把握尽可能全面的决策信息,评估各种可能的方案。若是从公司最佳利益出发,尽可能全面地搜集了必要的决策信息,权衡了各种可能的备选方案,结果仍然酿成决策失误,就像巴菲特那样。这种决策失误就属于尝试性的试验,这样的学费也是不得不交的,自然不在问责之列。反之,若董事凭个人兴趣、好恶决策,想干什么就干什么,想什么时候干就什么时候干,想怎么干就怎么干,这样的决策显然是靠不住的。有的甚至还掺杂个人利益。比如,在华尔街冒险文化的影响下,董事们只要金钱,不要道德,为了金钱不惜铤而走险,引爆次贷危机。在这次危机中轰然倒下的投行巨人雷曼兄弟,董事长兼CEO富尔德2004年率领雷曼大举进军按揭市场,买下多间按揭公司及银行,并将按揭包装形成债券出售,曾经赚得盆满钵满,获得丰厚的薪酬,2000年以来他本人支取的薪水和花红高达5亿美元,而公司却落得倒闭收场。分析家普遍认为,他要为雷曼的倒闭负上极大的责任,然而在2008年10月6日国会听

---

① 参见陈道:《中国股民更应比巴菲特有信心》,载《羊城晚报》2009年3月4日。

证会上,他却拒绝承认"他有误判或其他错误"。① 这不但与巴菲特的坦率和诚恳形成了鲜明的对比,而且投资者们都觉得他不知羞耻,傲慢可憎,从而遭来在健身房被暴打的待遇。不难看出,主观动机是识别决策失误的性质的一个重要方面。

相对于经营事务的复杂性和多变性,董事在一定程度上也是无知的,但是绝不能无自知。既然董事是有限理性的,我们不能苛求其完全正确,次次正确,而这种有限理性是应当施展出来的,不能是摆设。如果连有限的理性也被闲置,盲目决策或随意决策,这样的决策无疑是轻率的、不负责任的,结果往往是失误的决策,失败的决策。所谓盲目决策,就是不顾实际情况,不顾现实条件,不顾落实的可能,脑袋一热就决策了。所谓随意性决策就是无视决策规范,使得决策成为一种很随意的行为。该集体研究的少数人说了算,该班子成员决定的由个人拍板;该今天决定的事项明天再说,该尽快安排的事项久拖不决。凡此种种,不一而足。债务抵押债券(collateralized debt obligations,CDO)就是被巴菲特成为"大规模金融杀伤武器"之一,引发了世界性雷霆万钧的金融海啸,而这种"有毒证券"的出笼则与作为看门人的评级机构的"失节"息息相关。国际三大信用评级机构的穆迪、标准普尔和惠誉所亮出的 AAA 评级,被视为安全投资的黄金标准,2002—2007 年,利欲熏心的评级机构为华尔街制造出的大量"有毒证券"贴上了安全的标签。在国会听证会上,三大公司的 CEO 都试图证明自己的无辜,向议员们解释没有人能预计到未来会发生什么。他们真的无辜吗?他们真的就不能合理地怀疑被他们贴上 AAA 评级的证券吗?国会出示的一些文件让他们颜面扫地。一位在标准普尔结构性金融产品部门工作的员工曾经写下这样的话:"我们什么都可以评级,哪怕它是头(被结构化过)母牛。"另一位员工说,"评级机构创造出一个更大的怪物——CDO。但愿当问题出现的时候我们大家都已经富裕地退休了。"不仅如此,公司高管还下令员工在完全没有信用资料的情况下进行评估。2001 年,标准普尔公司的瑞特被要求对 CDO 产品进行评级,他希望获得抵押债务的信息,但是经理这样回绝了他:"任何对抵押债务信息的要求都是没有道理的。大多数发行者没有它,也不能提供,但是我们必须创造出一个信用评估。你的责任就是提供这些评估,你的

---

① 王丰丰:《富尔德数亿美元薪酬惹众怒》,载《羊城晚报》2008 年 10 月 9 日。

责任就是设计出这样的评估方法。"看到这份回复瑞特完全惊呆了,他说:"这是我职业生涯中接到的最令人惊异的工作备忘录。"穆迪公司的员工对于自己的工作曾经有过这样的评论:我们不像是在进行职业的评级分析,而更像是在把自己的灵魂出售给魔鬼来换取金钱。对于员工们的异议,公司更是毫不手软地予以压制。2007 年 11 月,穆迪公司副董事长克里斯托夫·马奥尼给首席执行官麦克丹尼尔写信,指出公司已经犯过错误,他敦促公司追究证券化业务负责人的责任。然而,他在 2007 年底就被扫地出门。[①]的确,面对这种复杂的金融产品,我们是无知的,但是我们不能无自知的,而这三大信用评级机构则是无知,又无自知,怎么可能是无辜的呢?!显然,董事们对于这样的决策失误不能以无辜而推脱责任。

由此观之,勤勉路径对董事进行尝试性试验所造成的决策失误,旗帜鲜明地予以尊重和保护,而对轻率的、武断的不负责任的决策予以问责,不同性质的决策失误予以区别对待。

三、勤勉路径下问责标准与行为标准的分离

作为尊重董事经营决策的体现,鼓励董事进行尝试性试验,勤勉路径下董事行为标准与司法审查标相分离。董事决策以合理注意为行为准则,而法院对其问责时则适用更为宽松的理性标准,仅仅就极为离谱的情形予以问责,难怪以勤勉路径对董事问责的案件凤毛麟角。[②] 即使在美国,股东追究董事责任的程序障碍相对较少,20 世纪也只有 40 来个案例,到 1983 年被问责的也只有区区 7 个案件[③],而英国针对公司董事的诉讼都很少见,对董

---

① 参见陈刚:《"失节"的金融市场看门人》,载《羊城晚报》2008 年 10 月 25 日 A16 版。
② B. Black, B. Cheffins &M. Klausner, Outside Director Liability, 58 *STAN. L. REV.* 1055 (2006).
③ Thomas C. Lee, Delaware's Section 102(b)(7) and the Erosion of the Directors' Duty of Care, 136 *U. Pa. L. Rev.* 245 (1987).

事实际问责的情形更为罕见。① 我国也不例外,针对董事违反勤勉义务的案件寥寥无几。② 一些公司法专家也忧心忡忡地诘问:"勤勉义务还存在吗?"③这样,立法上的勤勉义务还是那个勤勉义务,司法上的勤勉义务则不是那个勤勉义务了。那么,这两个标准相分离是否合理呢?

(一) 勤勉义务的行为标准:合理注意

1. 勤勉义务的法典化

勤勉义务法典化已经愈来愈普及。在英美法系,董事勤勉义务原本是判例法的天下,而非制定法,但自 20 世纪后期开始,勤勉义务法典化已经成为主流。在英国,继《破产法》(1986)第 214 条对董事在破产情形下的勤勉义务,作出规定后,《公司法》(2006)第 174 条明确规定了董事行使合理注意、技能和勤勉的法定义务。在美国,37 个州已经勤勉义务法典化,只有 13 州维持判例法的勤勉义务标准。其中,25 个州采用了《示范公司法》第 8.30 条(a)模式或其前身第 35 条。新泽西州、纽约州、俄克拉荷马州等绝大多数未采用《示范公司法》模式的州,以及绝大多数州判例法规则的表述,则与《ALI 公司治理原则》第 4.01 条(a)相一致。易言之,美国各州的勤勉义务基本上可以分为《示范公司法》第 8.30 条(a)和《ALI 公司治理原则》第 4.01 条(a)两种模式。澳大利亚《公司法》第 229 条亦然。

作为成文法的大陆法系,董事勤勉义务多被称为善管义务或善管勤勉

---

① *Daniels v. Daniels* [1978] Ch. 406 (Ch. D.). Peter Loose, John Yelland and David Impey, The Company Director: Powers and Duties 232 (7th ed., 1993); Brenda Hannigan, "Limitations on a Shareholder's Right to Vote—Effective Ratification Revisited" [2000] J. Bus. L. 493, 502, 506 - 7. For a different perspective, see Sarah Worthington, "Corporate Governance: Remedying and Ratifying Directors' Breaches" 116 L. Q. Rev. 638, 654 (2000).

② 罗培新教授在"北大法宝——中国法律检索系统"搜索到 2006 年新《公司法》实施以来的董事和高管违反勤勉义务的有效案例 6 个,在北大法意的中国司法案例数据库 2.0 版本搜索董事和高管违反勤勉义务的有效案例 5 个;娄建波教授在北京市三级法院 2005—2007 年公司法案例中筛选出董事和高管违反勤勉义务的案例 6 个,其中单纯违反勤勉义务的仅有 2 个。分别参见罗培新等:《我国公司高管勤勉义务之司法裁量的实证分析》,载 21 世纪商法论坛第十届国际学术研讨会论文集:《公司法制度结构改革的前景》,2010 年,第 752、754 页;娄建波等:《公司法中董事、监事、高管人员信义义务的法律适用研究》,载 21 世纪商法论坛第十届国际学术研讨会论文集:《公司法制度结构改革的前景》,2010 年,第 692 页。

③ Stephen. J. Lubben and Alana. J. Darnell, Delaware's Duty of Care, 31 *Delaware Journal of Corporate Law.* 591 (2006).

义务。其法律渊源有二:一是民法上有关受任人的善管义务的一般规定,如日本《民法典》第644条、韩国《民法》第681条、我国台湾地区"民法"第535条。民法上善管义务实际上就是勤勉义务以及注意程度的标准。二是商法或公司法上的董事善管义务或勤勉义务,如德国《有限责任公司法》第43条和《股份公司法》第93条,以及我国台湾地区"公司法"第23条第1款。尽管日本和韩国公司立法未明确规定董事的善管义务,但是日本《公司法》(2005)第423条和韩国《商法》第399条,董事"怠于其职务的,应承担由此产生的损害赔偿责任",从这里可以推论出董事的善管勤勉义务。

2. 英美法系的董事行为标准:合理注意(一般过失)

董事勤勉义务不过是过失法上勤勉义务的特例。法律均基于道德、政策和经验,不可能违于礼、背于德,过失立法自不例外,其基本道德和政策依据在于,一人的行为有损害他人之风险,即应谨慎行事。否则,就应受责难。比如,司机应谨慎驾驶,医生应谨慎从医,法官应谨慎办案。在现代公司,董事负责公司经营事务无论是战略决策,还是控制与监督,均应恪尽职守,勤勉行事,不懈怠职责,也不鲁莽行事。无论是英国还是美国,均要求董事行事需要尽到合理注意,而其标准则是主客观相结合的标准。从参照系的选择来看,无论是英国《破产法》(1986)第214条,还是《公司法》(2006)第174条,均采用了合理谨慎的人(reasonably diligent person)。亦步亦趋地效仿英国法的澳大利亚《公司法》(2001)第180条(1)亦然。加拿大《公司法》第122条(1)(b)和美国《ALI公司治理原则》第4.01条(a)的通常谨慎的人,与此一脉相承,如出一辙。《示范公司法》第8.30条(a)和(b)只是未直接采用"合理谨慎的人"或者"通常谨慎的人"等概念,"处于同等地位的人在同等情形下可以被合理地认为是恰当的注意",实际上也是要求通常谨慎人所需要的注意程度。可见,它们并未将董事作为专业人士,从而要求具有专业人士的注意程度,而只是将董事定位为合理谨慎的人或者通常谨慎的人。易言之,董事需要达到合理谨慎的人的注意程度,即合理注意(reasonable care)。

如何判断董事是否尽到合理注意呢?均采用主客观相结合的标准。就客观标准而言,英国《破产法》(1986)第214条和《公司法》(2006)第174条,都要求董事具有"在公司与董事履行同样职能的人可以合理被期待的一般知识、技能和经验"。无论是与董事履行同等职能的人,还是一般知识、技能和经验,均属于客观标准。这样的合理人,没有阿基里斯的勇气,也没有尤利西斯的智慧和海格兰斯的力量,但他在各方面并不是愚笨的,他并非一个完美无缺的公民,亦非谨慎的楷模,但是他是一个谨慎、勤勉、小心的人。① 在美国,《ALI 公司治理原则》第 4.01 条(a)董事应具有"通常谨慎的人在同等情形下可以被合理期待的注意",《示范公司法》第 8.30 条(b)要求董事具有"处于同等地位的人在同等情形下可以被合理地认为是恰当的注意",采用的是一种客观标准。诚如庞德所说:"过失成否的判断,与个人的主观能力并无密切的关系,而系建立于客观标准之上,其内容则为社会之一般认识及道德意识,故性质上乃系一种社会性过失,而与所谓个人心理上的过失状态无涉。"②这样,也不至于迁就庸才,有利于激励董事积极向上,努力提供经营管理能力和水平。但是,如果采用单纯的客观标准,对于实际拥有的知识、技能和经验高于合理谨慎的人的这种董事,就有可能放纵其过错,不利于激励能力偏高的董事勤勉尽责,不消极懈怠,不鲁莽行事。为此,它们又引入了主观标准,以弥补单纯客观标准的不足,从而形成了主客观相结合的标准。依据英国《破产法》(1986)第 214 条和《公司法》(2006)第 174 条,董事不仅要具有合理谨慎的人在公司"履行与董事同等职能时可以合理被期待的一般知识、技能和经验",还要具有"该董事实际所拥有的一般知识、技能和经验"。这样,实际能力偏高的董事也可以掉以轻心,亦应谨慎行事,勤勉尽责。依据美国《示范公司法》第 8.30 条(a)和《ALI 公司治理原则》第 4.01 条(a),董事应"以其合理地认为符合公司最佳利益的方式行事",殊途同归,也属于主观标准。也就是说,能力高于通常谨慎的人的董事,亦需贡献其实际的知识、技能和经验。总之,这种主客观相结合的标准,既不迁就庸才,让其尸位素餐,碌碌无为,也不放纵能力较高的人,让其消极懈怠或者鲁莽行事,可谓不枉不纵。

3. 大陆法系的董事行为标准:合理注意(一般过失)

大陆法系的善管义务虽有忠实的成分,但主要强调的是勤勉义务和注意程度。善管义务就是善良管理人所负的义务,善良管理人也就是良家父

---

① 参见王利明:《侵权行为法归责原则研究》,中国政法大学出版社 2003 年版,第 230 页以下。
② 转引自邱聪智:《庞德民事归责理论之评价》,载氏著:《民法研究》(一),中国人民大学出版社 2002 年版,第 73 页。

(bonus parterfamilias),也就是现在所说普通谨慎的人,相当于英美的合理人(reasonable man)。善良管理人的注意,即良家父的注意,要求行为人在行为时应尽日常生活必要的注意。① 这种注意不是行为人平时所要尽的必要的注意,而是普通谨慎的人在日常生活中所具有的必要的注意。董事应以根据社会通常观念处于董事地位之人通常被要求的注意遂行其职务。② 无疑,这种注意是一种客观标准。可见,善管义务对注意程度的要求,与英美法系的合理注意,殊途同归。

值得注意的是,德国公司法要求董事"在领导业务时,应当具有一个正直的、有责任心的业务领导人的细心"。《有限责任公司法》第 43 条第 1 款规定,董事处理公司事务时必须尽到一个正派商人应当尽到的注意,《股份公司法》第 93 条第 1 款也规定,董事在领导业务时,应当具有一个正直的、有责任心的业务领导人的细心。那么,这是否意味着德国对董事采用了专家注意标准?是否意味着要求董事达到较高的专业水平?③ 其实不是,她并不要求董事对特定领域具有专家知识④,只要董事以负责任的方式行事即可。现代商法上民商合一是大趋势,人的商化,商的人化,是不可阻挡的历史潮流。商人不再是一个特殊的社会阶层,商人也是普通人,普通人都可以成为商人,不能简单地将"普通谨慎的商人"与专家或者专业水平相等同,更不能因此认定"普通谨慎的商人的注意"就一定高于"普通谨慎的人的注意"。实践中,董事问责的情形极其少见,就足以说明并未按照所谓的专家标准予以问责。可见,尽管德国公司法使用了"正派商人"和"正直的、有责任心的业务领导人"这样的措辞,对董事注意程度要求实际上与普通谨慎之人一脉相承,并无实质性差异。一言以蔽之,尽管两大法系对董事勤勉义务的行为标准表述有所不同,以普通谨慎之人的注意来要求董事,则是共同的。

---

① 参见史尚宽:《债法总论》,中国政法大学出版社 2000 年版,第 116 页。
② Edgar M. Church, Business Associations Under French Law 386 - 87 (1960);前田庸:《会社入门》,日本有斐阁 1991 年版,第 261 页。
③ 参见任自力:《公司董事的勤勉义务标准研究》,载《中国法学》2008 年第 6 期;梅慎实:《董事义务判断之比较研究》,载《外国法译评》1996 年第 1 期。
④ B. Black, B. Cheffins & M. Klausner, Outside Director Liability, 58 STAN. L. REV. 1055(2006).

(二) 勤勉义务的问责标准:理性行事(重大过失)

行为标准告诉人们如何为特定行为或担当特定角色,司法审查标准则是法院如何审查特定人的行为,确定是否课以责任。在绝大多数情形下,这两者是统一的,采用的标准是相同的。比如,机动车驾驶员的行为标准要求其谨慎驾驶,而司法审查标准也是审查他是否谨慎驾驶。但是,在公司法领域这两者就很不一致,董事勤勉义务就是这两种标准相分离的典型。与前述合理注意这一行为标准相比,法院对其采用的司法审查标准就更为宽松,是理性标准(rationality),而非合理注意标准,赋予董事更广泛的自由裁量。联想一下日常生活,就会明白理性是多么特殊。我们说一个人行为不谨慎或不合理,比比皆是,而要说他丧失理性则极其少见。也就是说,不合理的,仍然可以是理性的,不会被勤勉路径问责。究其原因,法院对董事经营判断保持克制态度,不愿做事后诸葛亮,说三道四,评头论足,只要不属于极其愚蠢(galactic stupidity),就不予以问责。不仅在有正式商事判断规则的美国是这样,在有实质商事判断规则的英国和日本也是如此[①],即使在法国,法院在实践中还是以理性人的标准来裁判董事的行为。德国修订《股份公司法》时,第93条第1款也引入了商事判断规则。难怪勤勉义务向来处于谦抑地位,鲜有问津。

比较而言,勤勉义务在英美向来属于判例法的天下,美国对股东追究董事责任的程序障碍相对较少,相关判例相对多一些,而大陆法系以勤勉路径对董事问责的更是鲜为人知,故下文的论述以英美法为中心。但是,从大陆法系鲜有董事问责的实践来看,显然不能认为法院在实践中就采用了制定法上那么严格的董事行为标准,实际上德国已将商事判断规则法典化,在制定法上确立董事问责的理性标准。如不关注这两种标准的分离,很容易导致以英美的司法审查标准与大陆法系的行为标准相比较,从而片面地认为

---

① B. R. Cheffins, Company Law: Theory, Structure and Operation, 313–14, 539 (1997). A. L. Mackenzie, A Company Director's Obligations of Care and Skill, [1982] J. Bus. L. 460, 468.

大陆法系的勤勉义务标准普遍比英美严格。① 这是与实际不相吻合的,也是不在同一起点上所进行的比较。

1. **美国的理性标准**

面对极具复杂性或多变性的经营决策,法院不仅对董事的有限理性给予充分理解和尊重,而且对自己的专长也颇有自知之明。1847 年,亚拉巴马州最高法院指出,董事利用极其微妙的信任(trust of the greatest delicacy),但是他们未必具有所遇事项的完全知识,从而其所利用的方法的智慧或合法性也不出错。20 世纪初一位法官也发出了这样的感慨,"如何为公司或其董事确定一个公平的责任,既不伤及公司这种商事工具的效用,又不打击人们利用它的积极性"②。许多法官在判决书中也坦然承认审查经营决策所面临的专长和决策情景不可事后重构等困难。在 In re J. P. Stevens & Co. 股东诉讼和 Solash v. Telex Corp. 案中③,法官写道:"由于商人和妇女被认为拥有法院所欠缺的技能、信息和判断力,鼓励拥有这种技能与信息的人从事资产分配、评估与承担风险,具有重要的社会功能,长期以来法院就表面看来诚信所为之决策,不愿意予以审查判断。"更何况,任何决策都是在特定情景和条件下作出的,一旦外部的约束条件发生变化,正确的决策可能转化为错误。美国联邦第二巡回法院就明确承认:"公司当时决策的时空背景,数年后在法庭上不可能重构,事后诉讼为评价公司商事决策最不适当的方法。"④

早期公司大多为铁路、运河等具有高度公共性的领域,担任董事往往只是只是威望、荣誉。法院沿用英国的无偿代理人的注意标准,将董事作为无偿代理人,其欠缺注意需接近欺诈程度才追究法律责任。显然,这是一种主观诚信标准,是对董事决策的高度尊重模式。这种情形到 19 世纪末期就发生了变化,20 世纪初董事系无偿代理人的观念被摒弃,以受信人取而代之,

---

① 比如,任自力博士将英国和美国分别概括为一般注意和宽松的一般注意,而德法、日本则分别为严格注意和折衷的严格注意标准。参见任自力:《公司董事的勤勉义务标准研究》,载《中国法学》2008 年第 6 期。

② Stephen. J. Lubben and Alana. J. Darnell, Delaware's Duty of Care, 31 *Delaware Journal of Corporate Law*. 594 (2006).

③ 542 A. 2d 770, Fed. Sec. L. Rep. p. 93.

④ Joy v. North, 692 F. 2d 880, 35 Fed. R. Serv. 2d 223, Fed. Sec. L, Rep. pp. 98,860.

以信托关系取代代理关系,重大过失成为注意标准,要求受信人尽到像管理自己事务同样的注意和谨慎,从而提高了注意标准。美国最高法院就持该立场。在路易斯安那州的 Percy v. Millaudon 案中,公司高管和秘书利用职务便利挪用银行款项,董事被诉违反了勤勉义务。法院却认为,董事尽到了普通人所应具有的注意,不应承担责任。1923 年,在特拉华州 Allied Chemical & Dye Corp. v. Steel & Tube Co. 案中,小股东认为董事们导演的出售公司所有资产的买卖不公平地偏袒大股东,请求法院禁止销售。法院认为,大股东们联手将其意志强加于所有人,他们对小股东形成信义关系,大股东行使权力,以不公平和不充分的对价出售公司资产,受托人从事这种买卖属于不当行为。但是,法院指出低价本身并不构成欺诈,要证明违反勤勉义务,交易价格与公平价格之差需达仅能够用欺诈理论方可解释的程度。这表明,法院极不情愿对商事决策说三道四,评头论足尽管如此。可见,董事所犯下的单纯的错误并非构成法律上的过错,只要这种单纯的错误达到了一个理性人的行为标准。董事在作出决议时,即便犯下了诚实的错误,如果此种错误是一般有理性的人均会犯的错误的话,则董事的错误并非是过错。正如林德理(Lindley)大法官所指出,虽然董事所承担的勤勉义务的标准很难加以说明,但是十分明显的是,董事并不对他们所犯下的所有错误承担法律责任,虽然对于这些错误而言,如果他们能尽更大的注意,这些错误是完全可以避免的。他们的过失并非表现在他们没有尽一切可能的注意,此种过失必须是超过此种程度的更具有责难性的行为。它必须是就商业眼光来看是构成严重的过失或重大的过失行为。显然,司法实践中的重大过失标准有别于行为标准上的一般过失。合理性标准在侵权法大行其道,为何在公司法就行不通?这是因为,侵权法不鼓励冒险,董事决策则要承担风险,任何公司决策均免不了风险。只要董事诚信行事,理性行事,法律就给予董事相当大的裁量自由,去承担这样的风险,理性董事就是可能作出这样的决策的人士。这就说明,公司属于特殊情形,需要不同的风险分担标准,需要应对不确定性,需要容忍和宽容失败。

没错,注意标准相当模糊和含混,重大过失则更难把握和拿捏,学者见解不尽一致①,不同法院乃自同一法院在不同时期,对注意标准的把握也有摇摆不定的问题。② 新泽西州第一个勤勉义务的案例就是 1889 年 Williams v. McKay 案,银行贷款的担保不当,银行不能收回贷款,股东提起诉讼要求向前董事赔偿损失。法院认为,只要董事会履行职责尽到一般注意,即可轻易发现账簿的问题。法院认为董事履行职责需具有一般能力、合理的谨慎和注意。这是针对银行董事的特殊情况,课以更高的注意标准。对于一般公司的董事,也有这种情形。1963 年,特拉华州最高法院在 Graham v. Allis-Chalmers Mfg. Co. 案③采用一般过失标准,要求董事尽一般谨慎、注意的人在同等情形下的注意。实际上,这就是过失侵权中的一般注意标准,但该州此前不少判例明显适用重大过失标准。直到 20 世纪 80 年代中期,特拉华州法院仍有一般过失的案例,1985 年特拉华州法院短命的 Smith v. Van Gorkom 案④就是一个臭名昭著的范例。该案在判决书中承认董事注意的标准为重大过失,在实际判决书却将一般过失当做重大过失,对董事予以问责,引起来轩然大波。企业界和保险界为之震惊,董事们忧心忡忡,诚惶诚恐,保险界立即上调董事和高管责任保险费率。为防止大公司撤出,该州议会不得不亡羊补牢,迅速进行补救,火速出台了著名的第 102 条(b)(7),以减轻或消除该案的影响。1 年后,30 多个州均步其后尘,最终美国 50 个州均制定这样的立法,准予公司通过章程减免董事责任。《财富》杂志 500 家公司的 100 家样本中,98% 都采用了免责条款,而特拉华州的 59 家样本公司中家家都采纳了这种免责条款。⑤ 这从另外一个侧面充分表明,两种标准

---

① 比如,美国学者哈特认为,如果所要采取的预防措施非常简单,譬如连一个身体和精神力量十分脆弱的人都能够轻易采取的措施,那么过失就是严重的。德国法院曾经认为,重大过失是指特别严重地未尽到特定环境所要求的谨慎行为,或者一个人没有注意到自此种环境中任何人都应当注意到的事情。法国学者加本勒认为,重大过失是指行为人缺乏技能或注意达到惊人的程度。王利明:《侵权行为法归责原则研究》,中国政法大学出版社 2003 年版,第 256 页。

② 从有限理性来看,这种摇摆是可以理解的。法官也是人,人的经验、知识、观念、习惯等对认知产生或多或少的影响,法官同样受到智力、心理、情感、习俗和价值等因素的影响。参见栗峥:《司法证明模糊论》,载《法学研究》2007 年第 5 期。

③ 188 A. 2d 125, 130, Del. 1963.

④ 488 A. 2d 858, Del. 1985.

⑤ Lawrence A. Hamermesh, Fiduciary Duty, Lmited Liability and the Law of Delaware: Why I do Not Teach Van Gorkom, 34 GA. L. Rev. 477, 490(2000).

分离体现了尊重董事经营决策这一公共政策,而背离这一公共政策,对董事课以过高的注意标准是不得人心的,也是弊大于利的。所以,美国董事勤勉路径的通常标准是重大过失,而非一般过失。也正因为如此,《示范公司法》第 8.30 条厘定了董事行为标准后,又另辟专条第 8.31 条,明确界定董事的责任标准。如果这两个标准相同,那第 8.31 条就纯属多此一举。

相应地,《ALI 公司治理原则》第 4.01 条共分 4 款,在(a)款规定董事和高管的勤勉义务后,(c)款专门规定了司法审查标准:商事判断规则,(d)款规定举证责任分配。况且,(a)款的行为标准中使用的措辞是"他合理地认为(reasonably believe)符合公司最佳利益",而(c)款的司法审查标准则采用了不同的措辞"理性地认为(rationally believe)该经营判断符合公司最佳利益"。诚然,从语言上看,"合理"与"理性"两者都是要求在特定情形下的行为是否合理,很难想象不合理但理性的情形。如果不加区分,将其作为同义词,那么第 4.01 条(c)和(d)款就纯属多余,是第 4.01 条(a)的重述或翻版。显然,该条是要将其加以区分,而且其间有着相当微妙的差别,要区分出不合理但理性的行为。可见,理性标准赋予董事比合理性更广泛的自由裁量!也就是说,不合理行事,仍不至于因违反勤勉义务而被问责。合理性为客观标准,而理性为主观标准。无论如何,公司董事总是可以为其经营决策在"合理范围"找到依据,从而成为商事判断之例外情形。这样,作为客观标准的勤勉义务的涵摄范围就被挤压到最小,其用心可谓良苦。重大过失属于过失中的极端情形,未采用最平常的注意,不知晓所有人均知晓的东西。① 这就意味着,董事对公司利益漠不关心,或者行为偏离理性。② 可见,理性标准是与其相当的。

---

① 参见〔意〕彼德罗·彭梵得:《罗马法教科书》,黄风译,中国政法大学出版社 1992 年版,第 78 页。

② 特拉华州所采用的重大过失标准,比侵权法或刑法更为严格,原告更难以证明。在行政法上,行政官员或机关的一般过失的责任亦可免责,要具有重大过失才承担责任的情形。特拉华州赋予州府及其公务员这样的待遇(Del. Code Ann. Tit. 10, 4001, [1999])。联邦法亦承认免除不当责任风险的责任的政策价值。比如,依据 42 U.S.C. 1983(1994)向监狱管理部门主张赔偿责任,为保护管理者的监管裁量自由,他不会因一般过失而承担责任,而是需要有重大过失或严重疏于保护被监管的罪犯,才被课以责任。这种免责与其所要保护的利益并行不悖。这说明,有限免责有其社会利益。然而,对于罪犯的权益漠不关心,就是滥用裁量权,就应被问责(Smith v. Wade, 461 U.S. 30, [1983])。

与早期的主观诚信标准相比,理性标准要求更高,又明显低于行为标准中的合理性标准。但是,理性标准仍然维持了最低限度的问责,只要构成浪费即应被问责。不能作出连贯解释的决策就不符合理性标准,即应被问责。在 Selheimer v. Manganese Corp. of America 案中,董事明知缺乏铁路运输和仓储条件,该工厂不能盈利,还投入巨资。法院判令其承担责任,因为其行为无法解释。事实上,他们也未给出任何合理解释或说明该项投入的合理性。不难看出,在理性标准下,尽管决策不合理,也造成损失,只要决策是理性的,就应受到商事判断的保护,无须问责。

2. 英国的重大过失标准

英国也有实质上的商事判断规则,法院高度尊重董事的经营判断。在早期判例中,法院采用的是主观标准,只要董事尽到了与其技能水平和经验相一致的注意,就达到了注意标准。既然每个董事的技能水平和经验都不一样,这种主观标准被认为是唯一现实的注意标准。罗默大法官在 1925 年著名的 Re City Equitable Insurance Co. 案[1]中就明确指出,董事在履行义务时不必具备比根据其拥有的知识和经验所能够合理期待的更高程度的技能。比如,人寿保险公司的董事不能保证他具有精算师或医师的技能。董事也无需持续关注过失事务,其义务是在定期董事会上履行职责,具有间歇性。董事甚至无需参加所有的董事会会议。鉴于商机稍纵即逝,董事还可以依赖高管,将部分职责托付给高管。只要没有可疑的事由,这种依赖是合理的。这一主观标准在英国司法界和公司法学界产生了深远的影响,甚至长期以来被认为是不可撼动的原则。英国上诉法院 1994 年的判例还认可这种宽松的标准,但指出法律会随公众对公司治理态度的转变而与时俱进。[2] 随着董事中专业人士的增加,法院判例也与时俱进,逐步引入了客观标准,对于专业人士和执行董事课以更高的客观标准。1977 年的多切斯特财务公司诉史蒂宾案[3]具有里程碑意义。福斯特大法官认为,作为具有注册会计师资格,或者是相当的会计和商业经验的非执行董事,却签发了空白支票,致使公司资产被盗用,虽然出于善意,但是未尽到应有的必要技能和注

---

[1] Re City Equitable Fire Insurance Co. [1925] Ch 407, 428.
[2] Bishopsgate Investment Management Ltd. v. Maxwell (No. 2) [1994] 1 All ER 261, 264.
[3] [1989] BCLC 498.

意,而执行董事对公司事务不闻不问,仅仅依靠高管或审计员的技能和勤勉,则具有重大疏忽。

这样,不同类型的董事的注意标准就发生分化。具体说来,对于具有某种专业资格和经验的非执行董事,适用客观标准,需要尽到具有同类专业水平或者经验的专业人员应履行的注意程度;对于执行董事,无论是否具有所受聘职务相应的技能和知识,均应尽到专业人员技能和注意程度;而对于不具有专业资格和经验的非执行董事,仍然适用主观标准,只要尽到自己最大的努力即可。从实际判例来看,法院对董事问责一直持较为宽松的态度,只有构成重大过失才承担责任,无需对一般过失承担责任,仅仅是判断失误也无须承担责任,对于自己不具备有关公司事务管理方面的知识和经验而导致的公司损害不承担法律责任。易言之,董事只需为重大过失承担责任,无需对一般过失或者轻过失承担责任,法官还可以酌情免除董事违反勤勉义务的全部或部分责任。① 可见,与行为标准中的一般过失相比,董事问责实践中的重大过失标准更为宽松,这与商事判断规则上的理性标准如出一辙。

3. 德国的理性标准

德国《股份公司法》在第 93 条第 1 款所确立的商事判断规则,则以美国为蓝本。该条规定,如果董事在作出一项企业决定时理智地认为,其是基于合理信息为了公司利益行为的,则不存在义务违反(Pflichtverletzung)。这与《ALI 公司治理原则》第 4.01 条如出一辙,这里的"理智地相信"实则是美国的"理性地认为"的翻版,都是采用的理性标准。只要董事理智地相信,其行为是基于适当的信息作出,是为了公司的利益行事,即使董事被证明是错误的,公司遭受损失,也无需对董事问责,令其承担损害赔偿责任。这里的"相信"显然不是法官进行事后审查时的判断,而是董事决策时的判断,只要董事理智地相信该决策是为了公司利益即可。董事不可能保证决策万无一失,不可能保证决策一定正确,这就排除了董事对公司的成功责任(Erfolgshaftung),这就大大减轻了董事的责任风险。

(三) 行为标准与问责标准分离的合理性

行为标准为合理注意,而司法审查标准则是理性行事(重大过失)。这就意味着,董事未合理行事,并非因为其行为恰当,而是因为适用了与行为

---

① 参见〔英〕丹尼斯·吉南:《公司法》,朱羿锟译,法律出版社 2005 年版,第 309 页以下。

标准不一样的审查标准,而免于问责。其合理性何在呢？这就是上文所述尊重董事经营决策这一公共政策的体现,也是区分不同性质的决策失误的需要。如果采用与行为标准同样的审查标准,就很容易打击董事的尝试性试验,挫伤创新的积极性,付出比放过他们更为高昂的代价。这就好比刑法的程序理性:宁可放过坏人,也不能错杀一个好人。

何以见得呢？主要理由包括以下三方面:(1)合理性标准可能导致不公平的责任分配。对于典型的过失,分出谁对谁错是很容易的,区分好决策还是坏决策也是轻而易举的事。究其原因,在一般情形下只有一个合理的决策,坏决策肯定产生糟糕的结果,而糟糕的结果也就意味着坏决策。然而,经营决策则不然,它具有多中心性(polycentric),难以区分坏决策与好决策的坏结果。以结果论英雄显然不公平！比如,董事面对新技术,投资还是不投资呢？项目是上还是不上呢？每项选择都有相应风险。如果投了,相应的风险发生了,只是在让该董事重新选择,可能作出不同决定这样一个狭义意义上的决策是"错误的"(wrong),但并非坏决策。如采用合理性标准,法院可能错误地将好决策坏结果的情形视为坏决策,对董事问责,岂不是不公平！两种标准分离,以理性标准来保护董事,就可以避免这种不公平的问责。(2)对董事决策进行有限审查也符合股东最佳利益。股东投资公司,希望获得回报。高风险往往意味着高回报,董事选择风险更大的方案是符合投资者利益的。如A公司拥有资产1亿元,现有两个投资项目X和Y。X项目需投资100万元,成功率75%,项目成功可获利200万元,而不成功则可能损失100万元。项目Y需投资100万元,成功率90%,如成功可获利100万元,如不成功,仍可保本。如何选择呢？X项目的收益为125万元,而Y项目的收益才90万元。如果董事要考虑个人责任问题,提心吊胆,畏首畏尾,很可能选择Y项目,而非更有利可图的X项目。如采用合理性标准,董事厌恶风险,就会这样决策。实际上,选择X项目更符合股东最佳利益。因此,不能采用过失法上的一般注意标准。如果那样,董事就会厌恶风险。高风险,也有高回报。成了,利益归公司归股东,而败了,就要对董事问责,显然不公平。理性标准只对经营决策进行有限的审查,就可以消除这样的后顾之忧。(3)董事责任的不对称性。董事经营决策动辄成千上万乃自数十亿元,其后果往往也是天文数字,而他们也是为人做嫁衣裳。执行董事虽然领取高薪,个人的高薪在公司的损失面前往往杯水车薪,而外部董事的津贴则更为有限,一年不过区区3—10万元。如果董事问责不加以节制,人人都视董事职业为畏途,谁都不愿意担任董事,公司不能吸引人才,这就与股东最佳利益背道而驰了。显然,理性标准的采用,是司法机制和克制的体现,是勤勉路径谦抑的表现。

  问题是,两者分离之后,董事行为标准还有意义吗?司法审查标准是否变成事实上的行为标准呢?这种担心是有道理的,因为在现实世界中完全信号分离(acoustic separation)是不可能的,公众和法官相互都知悉对方手中的规则,裁判规则的确具有行为规则的附带效应。反之亦然。为此,在绝大多数法律领域这两者是相同的。不过,在特定情形下这两者部分分离还是存在的,因为公众并不完全知晓法官手中的裁判规则,董事勤勉义务就是如此。在这种情形下下,行为标准体现的是愿望道德,而司法审查标准体现的是义务道德。此时,行为标准并非毫无意义,亦非仅仅是愿望,而是控制行为的法律规范。易言之,对于特定行为,行为标准系安全规则,而裁判规则系危险规则。如遵守行为标准,法院不出错,他就会远离责任。若他按照责任标准行事,则可能因不能适用该责任标准而被问责。究其原因,商场如战场,商机稍纵即逝,"弱而愚"的董事只具有有限理性,依据有限信息进行决策,而且不可能事事都咨询律师,中小企业更是如此。这就要求,行为标准为董事提供尽可能的简单明了的信息,并反映从商的基本社会规范,合理性标准正好满足该要求。司法审查标准就不同了,这是给法官的信号,该信号可以复杂一些,也必须复杂一些。否则,如何从中体现社会主张和政策选择呢?何况,法官不像经营者,完全有能力,也有时间就特定的案件争论不休,以求得"正确的答案"。[1] 从前述 Smith v. Van Gorkom 案可以看出,即使是经验十分丰富的特拉华州衡平法院和最高法院法官,不同的法官面对完全一样的事实背景,其认识差异竟然如此之大,而且社会公众普遍并不认同终审法院的判决,也就是说再换一个法官还可能有新的不同见解。[2] "毕竟法

---

  [1] Bayless Manning, The Business Judgment Rule and The director's Duty of Attention: Time for Reality, 39 *Business Law*, 1984.

  [2] 这是因为,作为认定基准的法律规范并不存在,判断标准停留在判例学说层面,究竟需要斟酌哪些因素尚未有明确的且公认的观点,加之判断者的个人感受,不同判断者会得出完全相反的结论是不可避免的。王泽鉴感慨道:"'过失'的认定是一个有待具体化的标准,应由法官就该案件的具体情况,考量相关因素而为客观的判断。唯在所谓边缘案件,法官个人的价值判断,具有重要性,自不待言。"王泽鉴:《侵权行为法》(第 1 册),中国政法大学出版社 2001 年版,第 262 页。

院是最终确定'法律是什么'的地方"①,要为极具复杂性的董事经营决策找出"正确答案",要作出法律判断,是多么的艰难,将如此复杂的任务留给董事,显然不可取。既然如此,那就只能将此重任托付给法院,由其本着尊重经营决策的精神,从具体案件的事实背景出发,去探索"正确答案",这种部分信号分离也是不得已而为之。这样,司法审查标准的这种复杂性,就起到了部分信号分离的作用。董事按照简单的行为标准行事可能感到更安全,事实上也是更为安全。从法律期望董事遵循行为标准而言,这种分离也是可取的。

四、商事判断规则下的董事经营决策问责

董事行为标准与问责标准的分离,商事判断规则所提供的强有力的推定是关键,即推定董事决策时知情、诚信,并诚实地相信为公司最佳利益行事。这种推定的合理性何在呢?它对勤勉路径下对董事决策失误问责有何影响呢?

(一)普通法上的商事判断规则

商事判断规则这一"保护伞"属于普通法规范,法院判例为其渊源。美国法院向来不愿意对董事经营决策进行事后诸葛亮式的评判,商事判断规则得到普遍采纳,其确立迄今已经有一个半世纪的历史了。第一个明确提出该规则的判例是路易斯安那州最高法院1829年的Percy v. Millaudon案②,法院认为,困难在于抉择,采取一项错误的决策导致公司损失,而这种错误是谨慎的人可能触犯的,不能要董事承担责任。相反的观点则认为,董事应具有无法避免的错误的完全智慧。果真如此,谁也不会愿意在如此苛刻的条件下为他人提供服务,故责任标准不在于确认有无智慧,而是有无具备普通的知识,并证明董事有重大过失,是具有普通知识和通常注意的人不可能犯的错误。此后,阿拉巴马州最高法院1847年的Godhold v. Branch Bank案以及罗德岛最高法院1850年、1853年的Hodges v. New England

---

① 周佑勇:《行政裁量的治理》,载《法学研究》2007年第2期。
② 8 Mart. (n. s.) 68 (La. 1829).

Screw Co. 案①都基于该规则,拒绝对董事合理的决策失误问责。罗德岛最高法院在判决中指出,若董事已尽适当注意,又为公司利益诚信行事,仍然发生错误,则不应负责。也就是说,董事基于诚信,已尽合理注意,勤勉只需职务,仍不能避免错误,于法律于事实均不应承担责任。阿拉斯加州法院最早采用商事判断规则是 1975 年的 Alaska Plastics, Inc. v. Coppock 案。② 阿拉斯加塑料公司在 Fairbanks 的小小工厂在一次火灾中毁于一旦,公司倒闭。可惜的是,该公司董事会当初决定不予投保,不能获得保险补偿。股东们义愤填膺,小股东 Patrick Coppock 基于董事违反勤勉义务,提起股东代表诉讼。原告认为,公司不投保,这是董事们的过失,而且公司将大量的现金置于无息账户,同样是过失,违反了勤勉义务。法院认为,是否保险以及如何理财属于董事自由裁量范围,法院不是经营专家,应对董事经营决策予以尊重,从而驳回原告的请求。阿拉斯加州最高法院维持了原审法院的判决,认为董事的决策受商事判断规则保护,不在法院审查之列。这些判例用词虽不尽一致,但都是围绕着尊重董事经营决策这样一个理念,因而商事判断规则得到普遍认可和采用。

英国、德国③和日本④虽然没有正式的商事判断,但都具有尊重董事经营决策,对董事决策的司法审查保持克制和宽容的态度,因而都有实质上的商事判断规则。两个半世纪以前,英国法院的 Charitable Corp. v. Sutton 案就具有不对董事经营决策做事后聪明的司法审查的观念。有了这样的理念,有重大过失方才对董事问责,也就很容易得到认同,后来成了普遍采用的司法审查标准。德国法院历来采取自我克制的态度,具有不打击企业家进行尝试性试验的理念,早有了德国式商事判断规则,而且还在 2003 年决定引入该规则,将其作为完善公司法和资本市场规制的十大计划之一,已经在修订《股份公司法》时引入正式的商事判断规则。在日本,20 世纪 70 年

---

① 这两个案件的案号分别为:11 Ala. 191 (1847); 1 R. I. 312。
② 621 P. 2d 270, 278, Alaska 1980。
③ 参见"ARAG/Garmenbeck case", BGHZ 135, 244 (1997); York Schnorbus, Tracking Stock in Germany: Is German Corporate Law Flexible Enough to Adopt American Financial Innovations, 22 *U. Pa. J. Int'l. Econ. L.* 541, 612 – 13 (2001)。
④ Kenji Utsumi, The Business Judgment Rule and Shareholder Derivative Suits in Japan: A Comparison With Those in the United States, 14 *N. Y. Int'l. L. Rev.* 129, 150, 162 (2001)。

代中期就有承认该规则的判例。1976年,神户地方法院在一份判决书中指出:"董事根据经济情况而作出的经营方针如有失误,只要其为公司利益尽了力,即使给公司造成了损害,也不能算是违反了其对公司的义务。"[①]1982年,东京地方法院在判决代表董事无须就其开出的本票承担个人责任的判决书这样写道,在公司经营状况恶化的时候,代表董事为了恢复良好的经营状况而进行融资,确保建议的持续和扩大,这是当然之事。只要董事的行为在当时条件下没有明显的不合理,且未使用非法手段,即使后来的结果证明该行为不正确,也不能认为该代表董事的行为构成了任务懈怠。1993年,东京地方法院对野村证券一案[②]的判决就采用了该规则。法院认为,商业判断规则是指董事的经营判断虽然给公司带来了损失,但如果该判断在某种程度上可以确保其诚实性和合理性的条件下作出的,则可由法院事后审查其是否合理,避免立刻追究以勤勉义务违反为由的董事的责任。不难看出,为避免对董事经营决策秋后算账,法院的观念很明确,司法审查要节制,经营决策需要尊重。

的确,商事判断规则为勤勉义务重压之下的董事们,提供了尝试性试验和创新的尚方宝剑。但是,不能因此就将它们混为一谈,实际上它们是相互独立的。首先从形式上看,作为普通法规范的商事判断规则并未法典化,而作为制定法规范的勤勉义务,则早已实现法典化。它们往往被误以为是一回事,这种混淆很可能源于《示范公司法》和《ALI 公司治理原则》。《示范公司法》(1984)版的第8.30条就以"注意标准与商事判断规则"标题。但是,其正式评论明确指出,商事判断规则的要素及其适用的情形尚处于发展之中,第8.30条无意于将其法典化,或厘定抗辩规则与董事行为标准的界限。为避免这种混淆,《示范公司法》(1999)版就进行了改进,特地增加了第8.31条"董事责任标准"。这可以算是商事判断规则的部分法典化,或对法典化的建议。但是,该条的正式评论明确表示,商事判断规则属于普通法规范,而非通常被誉为商事判断规则,被法院广泛认可并有多种表述的司法审查标准的操作性要素的制定法。可见,第8.31条并非对商事判断规则整体的法典化。就算它是部分法典化,也只有区区三个州采纳该模式,即艾达

[①] 下级民集二七卷五一八号第104页。
[②] 日本东京地判 1993.9.16 判时 1469.25。

荷州的州法典§30-1-831(2006)、依阿华州的州法典§490.831(2006)和密西西比州的州法典§79-4-8.31(2006)。然而,40多个州仍然采用第8.30条(a)。公司法学界也认为,第8.30条和第8.31条功能不同,第8.30条并非确定董事是否行使合理注意,进而承担个人赔偿责任的操作性标准,审查标准应为商事判断规则。易言之,不能对《示范公司法》(1984)版的第8.30条望文生义,误认其为确定董事是否应为糟糕的决策承担责任的标准。《ALI公司治理原则》的确有将其法典化的意图,但这并非立法机关的立法。第4.01条的标题就是"董事或高管勤勉义务;商事判断规则"。尽管不少州法院已经采用这种表述,但毕竟没有写入制定法。ALI自身也承认,并不存在什么法典化的商事判断规则。

再从功能来看,勤勉义务规定的是董事行为标准,要求董事经营决策尽到合理注意,这是董事信义义务的组成部分。商事判断规则则是法院的司法审查标准,是限制对董事问责的规则,体现了司法克制与宽容,为董事经营决策提供了强有力的推定,为董事尝试性试验提供了安全港(表3-1)。可见,作为董事法定义务的勤勉义务,有别于作为判例法的商事判断规则,不可混为一谈。

表3-1 勤勉义务与商事判断规则的区别

董事勤勉义务	商事判断规则
董事行为标准	法院的司法审查标准
指导董事如何行事	法院审查董事行为的责任标准
董事在特定情形下如何行事	限制对董事的责任规则
系义务,信义义务的组成部分	并非义务
理想目标	推定董事行为正确,提供安全港
知情决策:合理决策	司法节制:不干预经营决策
向前看:面向未来	向后看:面对过去
成文化、法典化	普通法规则,未成文化、法典化

(二)商事判断规则下的推定与证明责任

商事判断规则是如何实现董事行为标准与司法审查标准分离的呢?关键就在于它所提供的强有力的推定。尽管它有着一个半世纪以上的历史,也得到许多国家的认可,但是要将其浓缩为书面公式并非易事,美国各州对其理解不尽相同,法院对其内容所作出的解释更是五花八门,多种多样。主流的表述有三种模式,特拉华州模式、ALI 模式和示范公司法模式。① 特拉华州最高法院最早在 1984 年在 Aronson v. Lewis 案中指出,所谓商事判断规则,是这样一种推定,即公司的董事所作出的商事判断,是在获得充分信息的基础上,诚实而且有正当的理由认为该判断符合公司的最佳利益……对该决定,只要不是滥用裁量权,法院就应该尊重该董事的商事判断。也就是说,只要董事尽到合理注意,诚信并诚实地认为其所为系为公司最佳利益,法院就应对董事决策的内容给予尊重,不使其归于无效,也不审查其合理性。易言之,法院尊重董事依正当程序作出的决策,不用客观合理性标准审查决策的优劣好坏高低。②《示范公司法》第 8.31 条也承认该规则,其表述可以概括为,只有董事不诚信行事,或不能合理地认为其决策符合公司最佳利益,或其决策所知悉的情况并未达到可以合理地认为在当时情形下是恰当的程度,或董事与其具有重大利益冲突,才需要就其行为或不行为的决定,对公司或股东承担责任。《ALI 公司治理原则》第 4.01 条(c)规定,董事诚信地作出商事判断,只要符合以下三个条件,即告履行勤勉义务:(1) 在该商事判断的事务中无利害关系;(2) 知悉该商事判断的主旨,且合理地认为在该情形下是适当的;(3) 理性地认为该商事判断符合公司最佳利益。尽管这两个表述的视角截然不同,但是都推定董事决策诚信行事,知悉情况,诚实地认为其符合公司最佳利益。要推翻该推定,原告要承担举证责任。如不能推翻该推定,董事经营决策就受到保护,法院不得对其进行审查。从这个意义上看,商事判断规则与其说是司法审查标准,毋宁说是司法不审查政策。③ 比较而言,ALI 的表述更具有权威性,与绝大多数州对该原则的认识相吻合。

所谓推定,就是"根据已知事实得出推定事实的法律机制和规则"。④ 也就是说,从一个(批)已证明的事实 A(基础事实),推定出另一个事实 B。就商事判断规则而言,只要具有这三个基础事实:决策诚信行事,知悉情况,诚实地认为其符合公司最佳利益,就可以推定已经尽到了勤勉义务。作为

---

① 参见蔡元庆:《董事责任的追究和经营判断的原则》,载《现代法学》2002 年第 4 期。
② Bell Atl., 695 A.2d at 49.
③ 为避免这样的混淆,本书认为重大过失才是勤勉义务的司法审查标准,而不是笼而统之商事判断规则。
④ 龙宗智:《推定的界限及适用》,载《法学研究》2008 年第 1 期。

法律问题(matter of law),推定具有法定证据的制度特征。在推定机制下,原告作为对其不利一方需要承担举证责任,而被告作为对其有利一方则无需承担举证责任。这种举证责任的转移,降低了推定提出一方的证明负担。当然,为了避免推定错误,这里也为原告提供了反驳的法定机会和条件,推定能否成立,就取决于原告能否有效地反驳。同时,推定还具有一定程度的推测和假定性,基础事实被赋予了超逻辑的额外力量降低了证明要求,从而降低了注意标准。这就是上文所说的行为标准与司法审查标准的分离。尽管刑事和民商领域均有推定,比较而言,民商事推定的推测和假定性含量更高。在刑事上,巨额财产来源不明罪的推定,已经达到大致可以确定其来源非法的程度,尽管不知道其具体的非法路径。同理,在商法领域股东选择了董事,依据经验和逻辑,就可以在一定程度上说明董事是值得信赖的,否则,股东怎么会选他呢?不是说用人不疑,疑人不用吗?既然用了,就要给予充分的信任。为此,设定了董事诚信行事,知悉情况,诚实地认为符合公司最佳利益这样的推定,无疑是有道理的。问题是,商场如战场,自古以来就有"商场无父子"的说法嘛,董事不诚信行事,董事偷懒,这种概率也不低呀!可见,这里的现实背离推定的情形会高于刑事推定。何况,既然决策是董事作出的,董事举证更方便啊,要原告股东举证确实有点为难他们了。那么,商事判断规则的推定的合理性何在呢?

我们知道,推定是解决认知局限的特殊方法,也是贯彻公共政策或法律政策的工具。也就是说,推定不仅要考虑经验和逻辑,也要考虑其他因素,如公共政策、公平性、便利性等。正是这些其他因素的介入,使证明标准降低了,所以说推定是人造的。① 问题是,商事判断规则的推定考虑了哪些"其他因素"呢?其实,这就是前述尊重董事经营决策这一公共政策的体现。就股东而言,要尊重董事经营决策,如欲对董事经营决策提出异议,需承担较重的证明责任,理由有四个方面:第一,董事进行经营决策于法有据。公司经营事务概由董事会管理,或在其领导下管理。公司事务应由董事会做主,而非股东或者法院。第二,经营决策天生就有风险。股份投资是股东的自愿选择,不投资无风险的事业也是股东的选择。即使选择股份投资,股东

---

① 何家弘:《从自然推定到人造推定——关于推定范畴的反思》,载《法学研究》2008年第4期。

还可以分散投资,无须把鸡蛋放在一个篮子里面。为什么？高风险高回报嘛。经营成功了,利益是股东的,而结果不如意,股东就要追究董事的责任,是不合适的。也就是说,股东选择股份投资,也就意味着愿意承受相应的风险。第三,董事也是股东选择的。既然"用人不疑",股东自应信任并接受其经营决策,承受不良决策的风险。何况,董事表现不佳,股东还是可以收放自如。股东认为董事未正确履行职责,完全可以罢免他。这种公司内部救济也优先考虑,而非动不动就司法干预。若股东认为董事好心办坏事,不合理行事,事后后悔当初为何选择了他,这不成其为董事承担赔偿责任的理由,而是股东用人失察的责任。第四,让董事为不良决策买单,与分散风险这样的归责原理背道而驰。这就不是将少数人的大额损失分摊给公众,每人分担也很少,而是将众多人的小额损失加总,由为数不多的董事来承担。

　　由此观之,为了贯彻尊重董事经营决策这一公共政策,通过推定机制,将证明责任转移给原告股东,降低董事的注意标准,是完全必要的。从工具性视角而言,这种推定还可以减少司法失误(judicial error)。这是因为,在极具复杂性和多变性的经营决策面前,法官也是有限理性的,更是"弱而愚",因为他们不具有经营决策的专长。如果法院动辄就审查经营决策的内容,以其判断代替董事的判断,司法错误就不可避免。即使错了,法院作为当局者未必能够发现这种错误,从而增加决策成本,而不是减少决策成本。

　　问题是,董事为何要特殊化？为何让医生、律师、会计师承担一般过失的责任呢？这一问题值得认真思考。关键的问题在于,经营事务的实质性差异。在通常情形下,人们更愿意避免风险,而在经营事务中投资者为了获得高回报,愿意承受更多风险。易言之,在通常情形下,人们是在避免损失,而在经营事务中,投资者则是为了获利而将剩余资金用于投资。其风险比通常情形更为突出。医生、律师和会计师不过是风险的发现者,而董事则是风险的担当者。为此,不能以对医生、律师或会计师的要求来衡量董事的经营决策。要获得适应性效率,就得"用人不疑",信任董事,不能看得太紧,为其尝试性实验提供宽松的环境和空间。一般说来,董事与公司利益是一致的,都希望公司兴旺发达,财源滚滚。有分歧有争议也是正常的,那也是关于实现目标最佳路径之争。何况,公司经营决策的好坏优劣高低,不仅见仁见智,且受变动不居的经营环境影响很大,将本来就稀缺的司法资源浪费在这里大可不必。若是让法官或股东去经营,未必就能够作出更好的经营决策。可见,董事的这种特殊待遇是有道理的。

(三) 商事判断规则下的推定与经营决策问责

在商事判断规则的推定机制的作用下,原告股东要追究董事决策失误的责任,就得推翻前述三个推定,并承担举证责任。其中,诚信历来与主观诚信相等同,不诚信就意味着恶意。原告股东要董事具有恶意,即便不是不可能,也是异常艰难。20世纪90年代以来,诚信被注入了客观标准,不诚信仍然是指比重大过失严重又没有达到恶意的这种中间地带,比如严重失职、滥用职权等,同样非常难以证明。就决策实体内容而言,只有极端不理性,或者构成浪费,才可能推翻理性地认为其符合过失最佳利益这个推定。从这个角度来看,该推定几乎不可能被推翻。比较而言,只有决策过程相对容易突破一些,原告股东可以举证证明,董事们未尽合理努力,获取决策所必需的充分信息,从而知情决策。但是,这里的证明标准是重大过失,而非行为标准的一般过失。尽管这条路径的任务也不轻松,还是比证明董事不诚信或者不理性轻松了许多。所以,以勤勉路径问责董事决策失误,重心在决策过程,而非决策实体内容。也就是说,法院不会因决策拙劣、决策客观上不明智、不合理甚至愚蠢而对董事问责。

这样,推定机制就可以为董事的尝试性试验提供了强有力的"保护伞"。董事问责不再以成败论英雄,成王败寇虽是残酷的商业现实,但不可能成为董事问责的法律逻辑。这是因为,茫茫商海面前,董事也是"弱而愚"的,仅有有限理性,不可能料事如神,千虑尚有可能一失,自然不可能保证决策次次正确。即使有好的决策,经营条件时过境迁,也可能产生始料未及的不良后果。尝试性的试验或创新,尽管失败了,这种失败可以得到宽容。易言之,注意问责路径不至于挫伤董事的尝试性试验,误伤探索摸索过程中的决策失误。另一方面则通过决策过程的司法审查,对不负责任的决策、武断决策、轻率的决策保持了最低限度的问责。可见,尽管法院不能代替董事做最理想的事情,但是可以促使他们尽可能不做不理想的事,司法审查虽然不能确保最适宜或最理想的经营决策,但是可以避免不负责任的决策、轻率的决策。就前述中信泰富累计股票期权交易的巨亏事件而言,147亿港元的亏损的确谁都会痛心。但是,显然不能因为是这样一个结局就对董事开刀,令其承担赔偿责任。果真如此,恐怕很难有人愿意出任深处如此变化多端的金融市场的公司的董事。从勤勉路径来看,董事长荣智健根本不知情,没有参与该交易的决策,对他而言自然谈不上决策责任。不过,作为公司的掌门人,他负有建立内部控制系统的责任,对于公司治理与风险监控机制存在疏漏,的确在管理上难辞其咎,但未必就达到了重大过失,未必就需要背负对股东的赔偿责任。该交易的决策者财务董事张立宪未遵守公司对冲风险的政策,进行交易前又未经董事长批准。这就是勤勉路径的涵摄对象,那么,张立宪是否需要为这一失误承担赔偿责任呢?显然,司法审查的重心就是决策过程,要考察对冲风险政策和董事长批准在这种交易决策过程中的地位和作用,从而确定他是否具有重大过失。这就需要具体问题具体分析,而不是说只要有这两项瑕疵,就可以推翻推定机制所赋予的保护。

  如何审查董事决策过程呢?董事决策属于公司的高层决策,愈是高层决策,愈有可能是非程序性决策。这并不是说董事决策就没有一定的程序,而是说难以遵循机械的按部就班的决策程序,这样的决策程序不公司而异,因人而异,甚至还可能因事因时而异。可见,审查董事决策过程的实质并非按部就班的决策程序,而是是否为获取决策所必要的信息而尽到合理努力。就具体经营决策而言,董事决策是否具有充分的信息,需要考察董事决策之前是否知悉其合理可取得的所有重要信息,重点针对董事会是否深思熟虑,并以见识丰富的方式确认和寻求其他替代方法的证据。[1] 所以,法官司法审查的实践也明确承认,并没有什么预定公式可供董事会遵循,以确定为是否具有充分信息。符合董事合理勤勉义务并无法定程序,并无应遵循的特定方法。[2] 同时,合理注意并不要求董事从事理想和完全的调查,预设所有可能方案,经得起任何股东代表诉讼的原告和法院的司法审查。这是因为,人是有限理性的,董事决策不可能获得完全信息。[3] 合理注意所要求的仅仅是否尽合理努力以获取充分信息。诚然,法院也并不以后见之明评判董事当初的程序选择,并以自己的合理性标准代替董事认可接受的标准。[4] 就中信泰富巨亏事件而言,就是要审查董事们是否为决定该项交易,收集了充分的信息,是否寻求和考虑过可能的替代方案。如果该项决策确实是深思熟虑的结果,尽管结果很惨烈,也不至于问责。否则,董事可能因草率决策、轻率

---

[1] Smith v. Van Gorkom 488 A. 2d. at 872.
[2] Stepak v. Addition, 20 F. 3d. 398, 410(11th Cir. 1994).
[3] Estate of Detwiler v. Offenbecher, 728 F. Supp. 103, 152(S. D. N. Y. 1989).
[4] In re Consumers Power Co., Derivative Litig., 132 F. R. D. 483

决策而构成重大过失,推翻推定机制所赋予的保护,从而被问责。

五、积极不干预政策:我国董事勤勉问责标准的完善

(一)"一严一宽":立法与司法严重脱节

古人云:治国无法,则乱。有法不能用,则乱。① 如前所述,董事盲目决策、轻率决策、随意决策、不负责任的决策所造成的损失令人触目惊心,而其民事责任却无人问津。《公司法》(2005)第150条和《企业国有资产法》(2008)第71条明确规定了董事违反勤勉义务的民事责任,只要违反法律、行政法规或者公司章程,即应承担赔偿责任,然而,司法实践和社会现实却是另一番景象。就全国而言,能够从"北大法宝——中国法律检索系统"搜索到该法实施以来的董事和高管违反勤勉义务的有效案例只有区区6件,而在北大法意的中国司法案例数据库2.0版本能够搜索到的有效案例也只有5件。② 北京市三级法院在2005—2007年审结公司法纠纷近3000件,而董事和高管违反勤勉义务的案例仅6件,其中单纯违反勤勉义务的只有微不足道的2件,而且均以原告败诉告终。③ 易言之,董事和高管均未违反勤勉义务,无须问责。即使像引起举世关注的三鹿事件④,大型乳业航母三鹿

---

① 参见伍非百:《中国古代名家名言》(下册),中国社会科学出版社1983年版,第489页。

② 参见罗培新等:《我国公司高管勤勉义务之司法裁量的实证分析》,载21世纪商法论坛第十届国际学术研讨会论文集:《公司法制度结构改革的前景》,2010年,第752、754页。

③ 楼建波等:《公司法中董事、监事、高管人员信义义务的法律适用研究》,载21世纪商法论坛第十届国际学术研讨会论文集:《公司法制度结构改革的前景》,2010年,第692、696—702页。

④ 三鹿的前身为1956年的幸福乳业合作社,当时只有45名社员、32头奶牛和170只奶羊。1984年,牛奶厂更名为"石家庄市乳业公司",1986年以其为龙头成立了横向经济联合组织"石家庄冀中乳业联合总公司"。1995年组建集团公司,1996年,由石家庄乳业公司、唐山市糖酒公司、南京市糖酒总公司等5家发起成立"石家庄三鹿集团股份有限公司"。2005年12月1日,与国际知名乳品制造商新西兰恒天然集团(Fonterra Co-operative Group)签署了合资协议,恒天然集团注资8.64亿元人民币,认购了三鹿43%的股份,石家庄三鹿有限公司持股56.4%。董事会共7名董事,三鹿占4人,恒天然占3人,董事长和总经理由三鹿派出,恒天然派出财务总监。参见艾亚:《三鹿借引资发力》,载《国际融资》2006年11月21日。

集团轰然倒下，政府官员被问责了，原董事长田文华亦因生产、销售伪劣产品而被绳之以法，被判处无期徒刑。① 整个社会对"问题奶粉"怒不可遏，问责之声一浪高过一浪，却根本没有董事赔偿责任的议论或呼吁。也许股东们没有意识到董事们对公司 4937.4822 万元罚金的赔偿责任，实际上这会影响三鹿集团对 30 万名受害者的赔偿责任的履行，因为法院裁定其破产之时，三鹿集团负的净资产就高达 11.03 亿元，对受害者打白条也就不可避免。在影响如此广泛的公共危机中竟然这样，董事的民事责任被忽视、漠视的情况由此可见一斑。

原因何在？主要还不在于无法可依，而是有法不能用。其一，立法上不仅明确了违反勤勉义务的责任，而且责任非常严厉。只要违反法律、行政法规或者公司章程，无须构成重大过失，就要承担赔偿责任。对于股份有限公司，董事决策违反法律、行政法规或者公司章程、股东大会决议，问责虽然以造成严重损失为条件，这是就后果而言，而非董事行为的可责难性。也就是说，即使是一般过失，只要给公司造成严重损失，董事也应承担赔偿责任，这样的要求不可谓不高。其二，就比较法而言，各国对勤勉义务的行为标准均采取了描述性的规定，无论是英美法系，还是大陆法系，一般以合理注意为董事勤勉的行为准则，董事行为的可责难性达到一般过失的程度，即应问责，我国股份有限公司董事勤勉义务的问责标准与此具有可比性，而一般公司董事只要违反法律、行政法规或者公司章程，就要承担赔偿责任，显然过于严厉，难以付诸实施。其三，各国立法为法官留下了较大自由裁量的余地，通过引入商事判断规则，实现了行为标准与问责标准的分离，虽然行为标准上以合理注意要求董事，而在问责标准则采用重大过失，给予董事经营决策必要的尊重，保护了董事们开拓创新和承担风险的积极性。问题是，与过于严厉的立法相比，我国司法上则过于宽大，完全采取了消极主义司法哲学，近乎放纵。据楼建波教授对北京市三级法院前述 6 个董事和高管勤勉义务案例的研究发现，法院采用了具有中国特色的正常经营行为标准，只要董事和高管的经营行为属于正常经营行为的范畴，法院一般认为他们已经

---

① 《田文华为何判无期？法院称其有悔罪表现》，载《扬子晚报》2009 年 1 月 23 日；杨守勇、曹国厂：《三鹿奶粉事件：张玉军张彦章被依法维持一审判》，央视网，http://news.cctv.com/china/20090326/109234.shtml，2009 年 3 月 26 日访问。

达到了勤勉义务的要求,无须对其经营决策的合理性进行实质性审查,无需问责。只有原告能够举证证明作为被告的行为不符合日常经营行为的标准,法院才开始进行实质性审查。① 实际上,该标准也为董事和高管提供了一种形式化保护。这与商事判断规则有相通之处,均是在司法实践过程中发展起来的,均以程序性审查为中心,通过推定的手段,保护董事和高管经营决策。

问题是,正常经营行为标准过于宽大,过分尊重董事和高管经营决策,过度降低了董事和高管勤勉的标准。其一,它着眼于董事行为是否获得了相应的授权,是否在其职权范围内,只要起点合理就意味着决策和行为过程合,从而忽视决策具体过程,而商事判断规则需要审查决策的具体程序。比较而言,正常经营行为标准更为形式化。其实,拥有正当权限与实际决策过程中是否适当地履行了职责不仅不能混为一谈,而且应当成为法院司法审查的焦点,考察其是否尽职尽责,以起点拥有正当授权的合理性取代决策过程的合理性,无异于放弃了对决策过程的司法审查,显然是不可取的。其二,原告举证难度更大。原告需举证证明董事超越权限,才能提起诉讼,才能胜诉。然而,这种情况是非常少见的,绝大多数情形乃是在权限范围内未尽职尽责。尤其是,现代公司治理愈来愈规范,大公司和上市公司尤其如此,明目张胆地超越正当职权是极其少见的。难怪这方面的案例寥若晨星,这些微不足道的案例均产生于有限责任公司,无一例产生于股份有限公司,更没有上市公司董事因此被诉的情形。这就说明,法院所采用的正常经营行为标准,因忽视了对更为广泛存在的履职过程的司法审查,简单地以起点正当授权的合理性取代决策过程的合理性,实际上增加董事问责的难度,令原告望而生畏。显然,这是不利于改善董事会治理,提高董事会决策质量的,这种状况应当加以改变。

(二) 应确立积极不干预的司法政策

对公司事务采取眼不见为净的态度,对董事经营决策的过分谦让,正常经营行为标准这种司法消极主义是不足取的。但是,也不能从一个极端走

---

① 楼建波等:《公司法中董事、监事、高管人员信义义务的法律适用研究》,载 21 世纪商法论坛第十届国际学术研讨会论文集:《公司法制度结构改革的前景》,2010 年,第 708 页。

向另一个极端,转而采取司法能动主义,拒绝尊重董事经营决策。如前所述,董事会的生命在于裁量,扼杀董事的裁量权也无异于杀鸡取卵,危害极大。实际上,在转轨时期经营环境变动不居,决策事务早已成为广大经营者最担心的问题。2003年中国企业家调查系统调查"企业经营者最容易出现的问题"结果显示,"决策失误"就已经位居第一,占比重的57.7%。[①] 如果不尊重董事经营决策,恐怕难有人愿意出任董事,为他人提供服务。为此,我认为法院应采用折衷主义的司法哲学,即积极不干预政策。也就是说,既要尊重董事经营决策,又要积极行动,大胆干预董事的轻率决策、武断决策、不负责任的决策等极端情形。这样,虽然不能保证董事们做最理想的决策,但是可以避免他们做最糟糕的决策,这就是法院在勤勉路径上所能够做的。一句话,法院要有所不能,有所为,有所不为。

  商事判断规则就是一种积极不干预政策,其关键机理就是通过强有力的推定,转移证明责任,降低注意标准,实现行为标准与问责标准相分离。为推行尊重经营决策这种公共政策,引入该推定是必要的,那又如何引入呢?作为法律问题,涉及风险分担和诉讼利益分配,应通过法律设定推定规范。英美法系属于判例法传统,法官也可以造法,故美国各州均以判例法设定推定规范。作为成文法国家,我国法院判例不具有造法功能。现阶段各级法院和不同地区法院法官的素质参差不齐,如果赋予法官这样的裁量自由,很可能是在赶走董事裁量专横之"前狼",又引来司法恣意之"后虎"。不过,现在要启动修改《公司法》(2005)第150条和第113条,设定推定规范,是不大现实的,因为该法在2005年修订之后才实施5年多,这样频繁的修改显然不利于法的稳定性。笔者认为,较为现实的做法就是通过最高人民法院的司法解释来设定该规定。在我国法律体系中,司法解释具有一种特殊的功能,虽然不是立法,但又能够解释立法甚至在一定程度上补充立法。这种解释属于法律解释规范,具有法律规范的特征,即明确的规范,而且是预先设定的、统一适用的、各级法院和法官在司法审判中都必须遵守的。何况,最高人民法院已经就公司法的适用推出了《司法解释》(一)和(二),完全可以根据基于董事问责的实际问题,总结实践经验,在后续的司

[①] 参见樊丽华:《经营者决策失误的原因和对策》,载《财会通讯》(理财版)2006年第8期。

法解释(三)或(四)设定推定董事诚信行事,知悉情况,诚实地认为其决策符合公司最佳利益。

有了这样的推定,证明责任就转移给原告股东。股东要追究董事的责任就得三思而行,不至于动辄起诉,也就维护了董事会权威,排除股东的不当干预。就问责标准而言,该司法解释应确立重大过失标准,既尊重董事经营决策,又可以有效地对轻率的决策、武断决策和不负责任的决策进行问责。这样,虽然不能确保董事作出理想的决策,至少可以确保避免最糟糕的决策。

第四章　董事会结构性偏见问责的合理性标准

董事们认人、认情、认面子，见情忘义，"董董相护"，这种结构性偏见显然属于非理性行事，应以诚信问责路径对其问责。本章将运用社会心理学和行为经济学揭示其形成机理，并探索相应的问责标准和司法审查强度。

一、他们为何习惯性地"董董相护"？！

人的选择及其行为过程是理性与非理性的统一。[①] 董事亦非圣人，董事决策并非完全理性和自利，是不言而喻的，董事决策的情感回路也是有目共睹的。董事在为董事同僚的事项决策时，往往无意识地相互认人、认情、认面子，"董董相护"，"见情忘义"，将同僚的利益置于公司和股东利益之上。独立董事主导的薪酬委员会对执行董事和高管的天价薪酬、变味薪酬、"问题薪酬"视而不见[②]，无利害关系的董事对于不公平的董事自我交易麻木不

[①] 理性决策是指决策者能够利用掌握的信息来预估将来行为所产生的各种可能性，完成最佳的满足自己偏好，最大化自己的期望效用，而非理性决策则只是依据直觉、知觉、外部刺激等进行决策。非理性决策理论并不否认人的理性，而是认为理性与非理性结合起来才是人类行为的真实面目。参见何大安：《理性选择向非理性选择转化的行为分析》，载《经济研究》2005年第8期。

[②] 社会各界对独立董事将脑袋交给执行董事和高管的批评一浪高过一浪。执行董事变相自定薪酬，权力寻租，主要有两大表现：一是董事和高管薪酬大幅度领跑于公司业绩，薪酬增长与公司业绩极不协调，甚至不相关，不少公司的业绩下降甚至严重亏损，董事们照样高薪丰酬；二是董事和高管"吃肉"，股东和利益相关者"割肉"。参见彭剑锋、崔海鹏、李洪涛和王涛：《中国CEO到底该拿多少钱》，载《中国企业家》2008年4月8日；苗夏丽：《高管年薪vs企业利润，媒体大晒上市公司高管薪酬》，载《新闻晨报》2008年4月26日；朱羿锟：《经营者自定薪酬的控制机制探索》，载《河北法学》2006年第1期。

仁①,董事变相自定薪酬、变相自我交易大行其道。另一方面,董事们又对股东代表诉讼和恶意收购毫不留情,决不手软,厌恶股东代表诉讼,偏好反收购。不难看出,他们在为董事同僚的事项决策时具有系统性的偏见,会无意地将同僚的利益置于公司和股东利益之上。本章将这种系统性的偏见界定为董事会的结构性偏见(structural bias)。这就将理性决策范式推向了一个尴尬的境地:董事完全理性和自利,即使不是错误的,也至少是不完善的。董事为何偏离为公司和股东最佳利益行事的使命?独立董事和无利害关系董事也会将脑袋交给别人。那么,如何解释这种异常现象(anomaly)呢?

　　董事将个人的交情、友情置于公司利益和股东利益之上,显然属于董事不当行为。就其形成原由加以划分,可以区分为董事认知偏差和董事偏袒两个方面。如果进一步细分,董事认知偏差包括董事决策按照经验法则行事所造成的启发式偏差,以及决策信息和选择方案被执行董事和高管把持和框定(framing)所造成的偏差。而董事偏袒又包括董事群体偏好(group favoritism)、董事互惠和群体思维(groupthink)。董事群体偏好表现为董事群体内外有别,袒护内群体,歧视外群体。一方面为董事和高管天价薪酬大开绿灯,另一方面又对股东代表诉讼和公司收购毫不留情,就是典型的表现。董事互惠则体现为相互送人情,相互给面子,公事私办,公私界限模糊。董事群体思维表现为董事会集体决策时,董事们看董事长或CEO②脸色行事,往往一人发言,众人附和,人云亦云,随大流,名为董事会决策,实为董事长或CEO的"一言堂"。凡此种种均表明,即使无利害关系的董事和独立董

---

　　① 董事自我交易就是董事的关联交易。经济学专家的多项实证研究表明,无利害关系的董事任凭摆布,不公平的关联交易比比皆是,董事和高管对关联交易操纵自如。其一,董事或高管效用最大化是不公平关联交易的内在动力。其二,关联交易具有明显的季节性。这在一定程度上揭示了公司存在利用关联交易操纵定期财务报告的事实。参见王瑞英、谢清喜、郭飞:《我国上市公司关联交易的实证研究》,载《财贸经济》2003年第12期;王怀栋、赵智全:《上市公司关联交易盈余管理实证研究》,载《现代管理科学》2007年第6期。

　　② 习惯上,我国公司的"一把手"为董事长,英美国家则为CEO。依据2006年以前的《公司法》,董事长俨然就是美国体制下的CEO,只是称谓不同而已。20世纪90年代以来,我国部分公司的掌门人也改称CEO,绝大多数是赶时髦,看重的是CEO这个洋头衔。其实,原来董事长的职位已经涵盖了CEO职责。2006年实施新《公司法》后,为设计单独的CEO留有较大空间。依据《公司法》第13条,如由执行董事或经理担任法定代表人,公司章程又赋予其一定的决断权,也就成为名副其实的CEO了,而董事长职位就相应地被虚化。实际上,这个称谓无关紧要。

事也会丧失独立和客观判断①,这并不是因为他们徇私决策,而是因为"徇情"②决策。这样,董事薪酬的利益冲突隔离机制被"自废武功",董事自我交易的"清洗机制"③(cleansing mechanism)被"自我击败"。如果听任这种内部交易泛滥,其危害后果完全可以预见。

为避免董事"脚踏两只船",徇私决策,忠实问责路径对董事徇私严加防范。显然,这只是注意到董事自利的核心部分,而董事之间由于利益攸关的原因而殉情决策,也是比比皆是,同样会损害公司以及公司债权人的利益。不仅要对徇私问责,亦应对殉情决策问责④,促使董事们在为董事同僚的事务决策时三思而后行,以免"跟着感觉走","见情忘义"。那么,通过何种路径对其问责呢? 又采用何种问责标准呢?

二、董事会结构性偏见的问责真空

问题是,公司法学研究向来以理性回路为主导,认为"尊重情感、伦理等

---

① Victor Brudney, The Independent Director-Heavenly City or Potemkin Village, 95 *Harvard Law Review*, 1982.

② 广义上徇私之"私"不仅包括私利,也包括私情。易言之,徇私包括"徇情"。狭义的徇私仅仅指私利,本文在狭义上使用徇私,即徇私、"徇情"分别针对私利和私情。这样区分的原因将是本文要论证的重要内容。其实,《刑法》第399条条第1款已有将其区别对待的先例。参见牛克乾和阎芳:《试论徇私枉法罪中徇私的理解与认定》,载《政治与法律》2003年第3期。

③ 顾名思义,就是抹去董事利益冲突的这种"污点"的机制。也就是20世纪70年代以来美国公司法上的"安全港"规范,有45个州相继出台这种规范,如特拉华州《普通公司法》第144条(a)和《ALI治理原则》第5.02条(a)。

④ 事实上,我国正在轰轰烈烈地推行董事问责制。2004年国务院《关于推进资本市场改革开放和稳定发展的若干意见》明确要求,建立对退市公司高管人员失职的责任追究机制,切实维护投资者的合法权益。2003年国务院《企业国有资产监督管理条例》第40—41条规定,国有及国有控股企业的企业负责人因滥用职权、玩忽职守而造成企业国有资产损失的赔偿责任、纪律处分(行政处分)和刑事责任,从而宣告"无责任经营"模式的终结。在地方层面上,则有《北京重大经营决策失误责任追究暂行办法》(2005)、《上海国有资产重大损失领导责任追究办法》(2005)以及《广东省省属企业违规决策造成资产损失领导责任追究暂行办法》(2006),等等。中国保监会也颁行了《国有保险机构重大案件领导责任追究试行办法》(2006)。

在其他法律领域中可能要被考虑的多维目标,在公司法中无须顾及"①。对董事决策的情感回路视而不见。这样,董事问责的规范假定董事是完全理性和自利的,董事问责的工具箱也就只有忠实义务和勤勉义务这两项选择。勤勉路径针对董事未尽合理注意,而忠实路径则针对董事自利。两者一宽一严,分据两个极端,均未顾及影响董事决策的心理因素和外部环境干扰,无法对董事会结构性偏见问责。

(一) 忠实路径过于苛刻

忠实路径能否涵摄董事会结构性偏见呢? 笔者认为,它不属于董事自我交易的规范对象,也不应该将其纳入董事自我交易之列。理由有二:

第一,董事会结构性偏见并非忠实路径所涵摄的董事自我交易。《公司法》虽未对董事自我交易的"交易"作出界定,而依据上海和深圳证券交易所的《股票上市规则》,交易是指当事人之间发生的转移资源或者义务的事项,主要包括购买或者出售资产,对外投资(包括委托理财、委托贷款等),提供财务资助,等等。② 无论是董事为交易对方的直接自我交易,还是董事为交易对方的直接或者间接控制人,或者在交易对方任职,或者在能直接或间接控制该交易对方的法人或其他组织任职,在该交易对方直接或者间接控制的法人或其他组织任职,所形成的间接自我交易,还是因董事的家庭关系③所形成的间接自我交易,均指向董事与公司之间的经济利益冲突,规范的是董事徇私,而非经济利益冲突则不在涵摄之列。对此,美国法学会(ALI)的《公司治理原则:建议与分析》(下称《ALI 治理原则》)第 1.23 条对利害关系释义后,在评论中专门指出,一个人"不能仅仅因为长期友情或其他社会关系,或者仅仅因为长期在同一个董事会共事或者其他不直接涉及经济交易的关系,而被视为有利害关系"。这就说明,董事之间的友情和交

---

① 罗培新:《公司法学研究的法律经济学含义——以公司表决权规则为中心》,载《法学研究》2006 年第 5 期。
② 《上海证券交易所股票上市规则》和《深圳证券交易所股票上市规则》第 9.1 条、第 10.1.1 条。
③ 与董事关系密切的家庭成员包括配偶、年满 18 周岁的子女及其配偶、父母及配偶的父母、兄弟姐妹及其配偶、配偶的兄弟姐妹、子女配偶的父母。《上海证券交易所股票上市规则》和《深圳证券交易所股票上市规则》第 10.1.5 条第(四)项、第 10.2.1 条第 2 款。

情本身并不是问题,更不是董事自我交易所说的利益冲突。同样,董事群体偏好、群体思维以及董事认知偏差根本无交易可谈,自然谈不上自我交易了。没错,董事互惠的确有一种交易的味道。比如,2008年7月中央纪委发布《国有企业领导人员违反廉洁自律"七项要求"适用〈中国共产党纪律处分条例〉若干问题的解释》(下称《党纪解释》)第3条所规定的,以明显高于市场的价格向对方及其配偶、子女和其他特定关系人经营管理的单位采购商品、提供服务,或者以明显低于市场的价格向对方及其配偶、子女和其他特定关系人经营管理的单位销售商品、提供服务。需要注意的是,这里所规范的"交易"是"相互"为对方及其配偶、子女和其他特定关系人从事营利性经营活动提供便利条件,所"交易"的是董事的人情和面子,而非转移"资源或者义务"。显然,此"交易"并非董事自我交易之"交易"也,将人情交换关系等同于一般的市场交易也是不妥的。

第二,完全公平标准对董事会结构性偏见过于苛刻。董事自我交易,意味着董事脚踏两只船,出于人的自利本性,可能徇私决策。这就意味着,在这种情形下董事是不值得信赖的。为此,忠实路径的司法审查标准采用完全公平,与行为标准完全一样。究其原因,董事自我交易是可以避免的,这种严格的审查标准旨在鼓励公司采用市场交易,以防董事徇私。然而,结构性偏见则是无法避免的。如果将结构性偏见纳入董事的忠实义务,就意味着要用完全公平标准来审查无利害关系董事的批准决策,无利害关系董事的决策与有利害关系的董事决策也就没有什么差别了。[①] 果真如此,公平标准下的判断却成为不公平的诱因,那么"清洗机制"还有什么意义呢? 独立董事主导的薪酬委员会这种利益冲突隔离机制还有何意义呢? 无利害关系董事组成的特别诉讼委员会还有何意义呢? 可见,董事徇私决策与徇情决策理应区别对待。

(二) 勤勉路径过于尊重

勤勉路径虽与忠实路径平起平坐,但它一直默默无闻,20世纪80年代

---

① Julian Velasco, Structural Bias and the Need for Substantive Review, 82 *Washington University Law Quarterly*, 2004.

第四章 董事会结构性偏见问责的合理性标准

以前几乎被遗忘,寻找勤勉路径的董事问责案例犹如大海捞针[1],甚至有学者断言,勤勉义务只是被宣示了,却未被实施。这是因为司法审查标准与行为标准相分离[2],商事判断规则(business judgment rule)推定,董事决策时知情和诚信,并诚实地相信为公司最佳利益行事,为保护董事提供了强有力的推定。除非有极端情形,它不审查经营决策的对错好坏优劣。鉴于勤勉路径的重心在于决策程序,有学者一针见血地指出,商事判断规则与其说是司法审查标准,不如说是不审查政策。[3] 这种不干预政策无疑是明智的选择。[4]

问题是,董事非理性决策是否也应当尊重呢?答案是否定的。究其原因,非理性决策造成的决策错误或失误,与一般经营决策的失误性质上有根本性差异。尊重董事权威,就是尊重董事裁量。经营决策天生的风险性和不确定性,决定了董事不可能保证其决策完全正确或永远正确,经营决策应予以尊重。然而,结构性偏见所酿成的决策失误或错误,就算源于认知偏差,往往也是董事将脑袋交给执行董事和高管,被他们框定(framing)所致。至于群体偏好,董事互惠,董事群体思维,为董事长或 CEO 捧场,人云亦云,随大流,根源就在于"董董相护",徇情决策。可见,不能将董事徇情决策与一般经营决策等量齐观,应予以区别对待。这就好比公务员的裁量性决策,凡是涉及需要较高的法律素质、政策水平、技术能力的裁量性事务,刑法均将徇私规定为这些渎职罪的主观构成要件要素,目的就是要将公务员仅仅

---

[1] Joseph W. Bishop, Jr., Sitting Ducks and Decoy Ducks: New Trends in the Indemnification of Corporate Directors and Officers, 77 *Yale Law Journal*, 1968.

[2] Melvin Aron Eisenberg, The Divergence of Standards of Conduct and Standards of Review in Corporate Law, 62 *Fordham Law Review* 1993.

[3] 参见 William T. Allen, Jack B. Jacobs, Leo E Strine Jr., Function Over Form: A Reassessment of Standards of Review in Delaware Corporation Law, 26 *Delaware Journal of Corporate Law*, 2001。

[4] 尊重董事经营决策至少有四个理论依据:(1)获得组织租金的保障。与市场的价格、法律和信誉三大合约实施机制相比,公司则依靠权威(authority)、法律和信誉来保证合约实施。董事会就是这种权威,公司经营事务概由董事会管理,或在其领导下管理。与市场的价格机制配置资源相比,公司则是由董事会统一调配资源,以期公司能够实现 1+1>2。(2)经营决策天生就有风险。(3)让董事为不良决策买单,与分散成本这一归责原理背道而驰。(4)法院并不具有经营决策的专长。参见张维迎:《企业的企业家——契约理论》,上海三联书店、上海人民出版社 1995 年版,第 74 页;另见 Julian Velasco, Structural Bias and the Need for Substantive Review, 82 *Washington University Law Quarterly*, 2004。

因为法律素质、政策水平、技术能力不高,而出现差错的情形排除在渎职罪之外。① 同理,如不将董事徇情决策与一般经营决策予以区别对待,那就尊重过度了。

(三) 对中间审查标准的质疑

法院对这一中间地带并未视而不见,坐视不管,而是想方设法地予以回应。美国特拉华州法院向来引领公司法创新风气之先,将判例法"临事立法"机制和优势发挥得淋漓尽致,探索出多项中间审查标准。② 比如,针对反收购措施的加强审查标准(enhanced scrutiny)和特别诉讼委员会决定的前置审查标准。无论是开此先河的 1985 年 Unocal Corporation v. Mesa Petroleum Co. 案③,还是 1986 年的 Revlon v. MacAndrews & Forbes Holding Inc. 案、1988 年 Blasius Industries Inc. v. Atlas Corp. 案、1995 年 Unitrin v. American General Corp. 案④,法院早已意识到董事会反收购往往受到保位动机的刺激,而非单纯的公司和股东最佳利益,这是一个"无所不在的幽灵"(omnipresent specter)⑤,因而需要加强对反收购措施的司法审查,而非像商事判断那样尊重。同样,法院也注意到在股东代表诉讼中董事会或特别诉讼委员会决定中有一种错综复杂的"现实"(reality)⑥,就是"董事在对任命其为董事或委员的同一公司的董事们作出决定时,自然而然的问题就是,若不是上帝恩宠,被告的就是我了"⑦,移情(empathy)自然会发挥作用,亦需通过前置审查甄别该决定是否真正是为公司最佳利益行事。这里所说的

---

① 参见张明楷:《渎职罪中徇私、"舞弊"的性质与认定》,载《人民检察》2005 年第 23 期。
② 这是判例法中法官造法功能的体现。参见 William T. Allen, Jack B. Jacobs, Leo E Strine Jr., Function Over Form: A Reassessment of Standards of Review in Delaware Corporation Law, 26 *Delaware Journal of Corporate Law*, 2001;另见罗培新:《填补公司合同"缝隙"——司法介入公司运作的一个分析框架》,载《北京大学学报》(哲学社会科学版)2007 年第 1 期。
③ 493 A. 2d 946 (Del. 1985)
④ 这三个案例的案号分别为 506 A. 2d 173 (Del. 1986);564 A. 2d 651 (Del. Ch. 1988);651 A. 2d 1361, 1379 - 80 (Del. 1995)。
⑤ Unocal Corporation v. Mesa Petroleum Co. 493 A. 2d 946 (Del. 1985).
⑥ Julian Velasco, Structural Bias and the Need for Substantive Review, 82 *Washington University Law Quarterly*, 2004.
⑦ 在 1981 年 Zapatta Corp. v. Malonaldo(430 A. 2d 779[Del. 1981])案中,法院就认为,独立委员会虽然有权请求终止代表诉讼,但错综复杂的"现实"也有足以值得警惕的风险。

"现实"与前述"无所不在的幽灵"如出一辙,不过是结构性偏见的不同表述而已。

问题是,它们依然是用理性决策的范式来审视董事会结构性偏见,从而孳生了司法怀疑主义。法院在理论上虽承认董事并非单纯的经济人,同僚关系、交情、友情、爱情等非理性动机会影响其行为。但是,实际行动则是另外一回事,对基于友情和外部业务关系而产生偏袒的责难一般不予同情。法院还要求原告证明友情、交情等私交对董事决策的实际影响。这是很苛刻的要求,也是原告无法完成的使命。在 Aronson v. Lewis 案中[1],特拉华州最高法院首次明确提到了结构性偏见,但要求原告对偏见进行充分的证明,实际上就是不承认结构性偏见属于董事关系的内在因素。Beam v. Stewart 案[2]也遭遇同样的问题。法院认为,原告只是指控单纯的私交或单纯的外部业务关系,不足以构成对董事独立性的合理怀疑。相反,原告还应证明这种关系产生了偏袒。到底如何证明,法院自己也说不清楚。在 Khanna v. McMinn 案中[3],法院如法炮制,对原告提供的被告董事马歇尔与 Coastal 公司的业务加盟关系不屑一顾,而是要求原告提供这种关系对该公司董事决策的实际影响的证据。这也太难为原告了吧!究其原因,这些中间审查标准仍然亦步亦趋地与商事判断规则或完全公平标准挂钩,用理性决策范式来审视董事会结构性偏见。

由此观之,试图用理性回路下的问责工具解决董事会结构性偏见,无异于削足适履,缘木求鱼。既然董事决策是理性决策和非理性决策共分天下,就应认真对待董事决策中的认知、情感、情绪、偏好等心理因素和外部环境的干扰,另辟蹊径,探索情感回路下董事决策的问责路径和司法审查标准,系统地解决董事会结构性偏见问题。

三、董事会结构性偏见的心理学机理剖析

事实上,在关于人类行为的研究中,行为经济学、行为金融学和社会心

---

[1] 473 A. 2d 805 (Del. 1984).
[2] 845 A. 2d 1040 (Del. 2004).
[3] No. 20545-NC, 2006 Del. Ch. LEXIS 86 (Del. Ch. May 9, 2006).

理学等理论,已经对人的非理性行为开展了系统的研究,发表了更为贴近现实、更具有解释力的研究成果,以至于经济学家感慨"今日的经济学……已经是理性决策和非理性决策两大理论共分天下"。[①] 但是在公司治理领域,有关的研究则极为鲜见。为此,笔者拟运用社会心理学理论和行为经济学,剖析董事会结构性偏见的心理学机理,以便对症下药。

(一) 理解董事决策的情感回路

社会心理学侧重于研究群体中的个体、群体、人与人、人与群体的关系,观察和分析个人在社会情境中的感情、思想和行为。它不仅有思维回路,也有情感回路,其所关注的人并非冷冰冰的理性"经济人",而是有血有肉的"社会人"(现实人)。它强调情境对行为的影响,会聚焦于那些在很大程度上自动的、无意识的行为,那些普遍性的、与社会生活密切相关的可能先天性地存在于我们基因的习惯和思维方式。今天的社会心理学家还强调现场研究与实验室研究的循环往复,相互论证,这种研究成果也更贴近现实。无疑,这种分析工具正是我们揭开董事徇情决策这个黑匣子所梦寐以求的,有助于我们识别董事决策的情感回路,厘清影响其决策的情势性因素,而非简单地纠缠于是否符合逻辑,是否理性行事。

20世纪50年代以来,在认知心理学、社会学、实验经济学基础上兴起的行为经济学,通过将心理学引入经济学,大大增强了经济学对经济现象的解释能力。通过实验观察"现实人"发现,人的行为有时是经过深思熟虑后的,有时则是无意识、潜意识状态所激发的非理性行为,人的情绪、性格和感觉等主观心理因素会对行为人的决策构成重要的影响。这样的决策才符合现实中决策的真实状态,因而更加可信。其中,一个重要里程碑就是前景理论(prospect theory),系卡尼曼和特维斯基(Kahneman and Tversky)1979年从人自身的心理特质、行为特征出发,去揭示影响选择行为的非理性心理因素,将决策者的心理因素和认知方式吸收到研究框架之中所提出的。[②] 它把心理学的,特别是关于不确定条件下人的判断和决策的研究思想结合到经济科学中,解释了人类在不确定情况下的判断和决策行为,卡尼曼因此摘得

[①] 何大安:《理性选择向非理性选择转化的行为分析》,载《经济研究》2005年第8期。

[②] 同上。

2002年度诺贝尔经济学奖的桂冠。这表明,人的选择及其行为过程并非简单的不是理性,就是非理性,而是理性和非理性的统一。相应地,董事亦非简单的不是"强而智"的,就是"弱而愚"的,而是"强而智"和"弱而愚"的统一体,潜意识或无意识思维往往多于精心盘算。也就是说,同一个董事既可能"强而智",也可能"弱而愚";可能此时此地"强而智",而彼时彼地"弱而愚",或者两者兼而有之。

令人鼓舞的是,作为行为经济学的一个重要分支,神经经济学通过观察人的大脑在进行投资决策时如何开启和闭合,揭示了大脑的工作流程。在这个集神经学、经济学和心理学于一体的新兴领域,通过大量的神经经济学实验室实验和现场实验发现,人不仅会徇情决策,而且这是大脑的生物本能。何以见得呢?大脑具有反射(直觉)和思维(分析)两个系统。反射系统虽最为原始,但这些神经细胞已经历经千百万年的锤炼,其速度极快,会自发进行大多数判断和决策。[①] 稚嫩而微薄的思维系统往往甘拜下风,通常处于备用状态,只有在直觉无能为力时,才会启用思维系统。我们总认为自己正在"思考"时,但是在这个所谓的"思考"过程中,自发性的非意识部分产生的作用却大得惊人。人类受到神经细胞发出的本能刺激产生的行为,远比来自理性思维的分析的大脑皮层的信号更多。正因为如此,大脑常常会驱使我们做出非理性行为。虽说前述实验观察的是人们的投资决策,但其考察的是大脑如何评价收益、衡量风险和计算概率,这与董事的经营决策是同质的,故将其运用于董事经营决策,也是合理的。实际上,董事们高谈阔论时,常常有"直觉告诉我"、"凭我的感觉"等论调,已经将"跟着感觉走"的天机暴露无遗。

(二)董事会结构性偏见的社会心理学解释

1. 董事群体偏好

董事群体偏好体现为,偏袒内群体,歧视外群体,内外有别。泰弗尔和特纳(Tajfel and Turner)等人的社会认同理论是研究群体行为和群体关系的最有影响的理论。它认为,人们会自动地将事物分门别类,在将他人分类时

---

① 〔美〕贾森·茨威格:《当大脑遇到金钱》,刘寅龙译,广东经济出版社2009年版,第30页。

会自动地区分内群体(in-group)和外群体(out-group),并将自我也纳入这一类别中,从而就有"我们"与"他们"之分,我群与他群有别。① 群体身份乃个人的社会身份,使个体认识到他属于特定的社会群体,也认识到作为群体成员带给他的情感和价值意义。这种情感和价值就在于,通过社会比较而获取和提高自尊。② 董事相互吸引,已成为一个具有高度社会情感凝聚力的群体。其一,董事的社会地位相当。就我国上市公司而言,董事主要来自其他公司的董事或高管③,以及专家学者等社会名流。④ 这些各行各业的精英们有着许多相似的知识、技能、经历以及社会背景。其二,群体内互动交往密切。他们往往拥有共同的人际网络,比如来自名牌大学,不少甚至有共同在名牌大学的MBA、EMBA学习经历;企业家协会、论坛等场所也是其交流和沟通的重要平台;他们领取丰厚的薪酬,养成了许多共同的生活方式,如居住高档住宅或别墅区,同为奔驰或宝马汽车俱乐部成员,同属某个高尔夫俱乐部成员等。其三,群体自我意识明显。他们有着相似的信念和价值观,如权利追求、成就追求、快乐感、善行、一致性、安全等等。⑤ 许多公司董事会出现缺额时,往往依葫芦画瓢,按照其价值观和社会网络按图索骥,寻求认可其价值观的人士来填补空缺。这说明,董事信念和价值观合拍,是董事会非

---

① 参见张莹瑞和佐斌:《社会认同理论及其发展》,载《心理科学进展》2006年3期。

② Amiot Catherine E, Bourhis, Richard Y., Reconceptualizing Team Identification: New Dimensions and Their Relationship to Intergroup Bias, Group Dynamics: Theory, Research & Practice, 2005, 9(2): 75–86.

③ 2002年上海证券交易所702家上市公司就有652家上市公司出现交叉任职,占总数的92.88%。40.46%的上市公司董事长系控股股东或第一大股东的董事长或总经理,61.4%的上市公司大股东的董事长或总经理任上市公司的董事、监事或其他高管。参见王瑞英、谢清喜、郭飞:《我国上市公司关联交易的实证研究》,载《财贸经济》2003年第12期;王怀栋、赵智全:《上市公司关联交易盈余管理实证研究》,载《现代管理科学》2007年第6期。

④ 44%的独立董事中是大学教授和专家学者等社会名流,一些小公司甚至"问题企业"也聘请知名独立董事,而他们的身价要高很多。就独立董事津贴而言,上市公司的平均水平为2.7万元,而聘请知名人士的津贴达到10.77万元,高出平均水平3.9倍;2007年独立董事的平均津贴已经上升到4.95万元。参见杨雄胜、冯峥和兰岚:《上市公司独立董事制度实施效果实证研究》,载《财会通讯》2007年第6期;王铮:《上市公司高管薪酬暴涨》,载《上海国资》2008年第6期。

⑤ 参见姚凯和李宏:《中美企业家群体特征比较及启示》,载《中外企业文化》2007年第1期。

常看重的。① 他们还是一个不可忽视的利益集团,各级人大和政协都有其身影②,其呼声和诉求渐强,部分地方已经针对这个阶层的权益保护制定了专门的地方性法规。③

内外群体相互作用倾向于引发人们的竞争性,群体成员会尽力提高内群体相对于外群体的地位,偏见性知觉和歧视外群体乃是提高内群体地位的常用手段。④ 基于对内群体的特殊的偏爱情感,董事们自然不会胳膊向外偏,而是有意无意地袒护内群体。无利害关系的董事和独立董事袒护董事同僚,有意、无意地将董事同僚的利益置于公司利益和股东利益之上,对不公平的董事自我交易视而不见,对董事的天价薪酬、变味薪酬、"问题薪酬"麻木不仁,均属于这种偏见。⑤ 公司微利,股东几乎颗粒无收,执行官的薪酬却要先与国际接轨,这明摆着是偏袒执行官们。另一方面董事们又一致对外,对股东代表诉讼和恶意收购决不留情,毫不手软。他们不仅视股东为外群体,而且自然而然厌恶股东代表诉讼。这是因为他们视其为大逆不道,具有破坏性,会给被告董事带来"毁灭性的损失",甚至直接威胁到层级制顶层的董事长和 CEO。这种时候,自然要同仇敌忾,别指望特别诉讼委员会去怀疑和审视被告董事的行为,一致对外乃自然的反应。⑥ 难怪他们往往众口一词,坚决要求法院终止诉讼。同样地,董事会作出反收购决定,采取反收购措施,何尝不是为了一致对外呢! 凡此种种,董事偏袒内群体,排斥外群体,暴露无遗。

---

① 参见 James D. Cox and Harry L. Munsinger, Bias in the Boardroom: Psychological Foundations and Legal Implications of Corporate Cohesion, 48 *Law and Contemporary Problems*, 1985。

② 瞿长福:《企业家群体一个渐强的声音》,载《中国企业家》2000 年第 4 期;李小丽:《中国企业家和职业经理人阶层形成初探》,载《中外企业家》2003 年第 10 期。

③ 如《广东省企业和企业经营者权益保护条例》、《武汉市企业和企业经营者权益保护条例》,海南省、福建省和安徽省也在制定这样的条例。

④ H. Tafel & J C Turner, The Social Identity Theory of Intergroup Behavior, In Worchel S & Austin W(eds). Psychology of Intergroup Relations, Nelson Hall, 1986. 7 - 24.

⑤ 以联想集团 2005—2006 年度的董事薪酬为例,董事总酬金升至 1.75 亿港元,一年内激增 12.8 倍;董事长杨元庆 2005 年度的年薪为 2175 万港元,相当于 2004 年度的 4 倍多,而同期公司盈利才不过 500 万美元,相当于董事薪酬的 1/4。社会舆论哗然,批评如潮,公司还美其名曰:薪酬国际化嘛! 参见谢扬林:《联想的高管薪酬是场游戏?》,载《人力资本》2006 年第 9 期;蒋萌:《联想高管暴涨薪酬的联想》,载《人民论坛》2006 年第 18 期。

⑥ 参见 James D. Cox and Harry L. Munsinger, Bias in the Boardroom: Psychological Foundations and Legal Implications of Corporate Cohesion, 48 *Law and Contemporary Problems*, 1985。

2. 董事互惠

人情和面子在情理社会受到人们的高度重视,认人、认情、认面子蔚然成风,公事常常需要私办,合理先得合情,人们常常用不同的方式来对待和自己关系不同的人①,关系因此被誉为社会资本。一个董事的关系越多,拥有的社会资本也就越多,办事能力也就越强,也就越"吃得开"②,董事相互给面子,送人情,也顺理成章。

董事倾向于相互送人情。无论内部董事,还是外部董事和独立董事,都具有相似的社会地位。③ 他们不仅有共同语言,而且还因为公司之间董事和高管的交叉任职,以及频繁的互动交往,形成了"兄弟"或"弟兄"关系。交叉任职使得他们可以跳出本公司的小圈子,与同行分享公司共同的经历和经营管理的"酸甜苦辣",比在本公司还少了许多顾忌,可以更为坦诚,有的甚至会相见恨晚,成为"铁哥"或"铁姐"。一份人情,意味着一份义气。既然是"兄弟",无论是无利害关系的董事审议董事的自我交易,还是独立董事审议董事和高管的薪酬,自然会相互支持了。这可能是出于认同,也可能是相互理解、相互包涵,高抬贵手,有时睁一只眼闭一只眼。作为"兄弟"甚至"铁哥"、"铁姐","谁不会遇到点难事"、"谁都有难处"、"谁都会有在人屋檐下的时候"等等,这种感情因素一旦渗透到选择和判断之中,自然会网开一面。何况,就董事和高管薪酬而言,抬高薪酬水平,对自己也是有益无害呀。其实,这就好比科学研究中的同行评议,而友情会影响同行评议的独立性、客观性,早已为科学界诟病。④ 2009 年 2 月,九三学社在全国范围内就我国科技和高等教育发展情况与对策所做实证研究,也印证了这一判断。

---

① 参见黄光国:《人情与面子》,载《经济社会体制比较》1985 年 3 期。
② 参见孙立平:《"关系"、社会关系与社会结构》,载《社会学研究》1996 年第 5 期。
③ 参见 James D. Cox and Harry L. Munsinger, Bias in the Boardroom: Psychological Foundations and Legal Implications of Corporate Cohesion, 48 Law and Contemporary Problems, 1985。
④ 1975 年在美国国会科学研究与技术委员会举行的听证会上,一位国会议员曾对当时的同行评议制度给予了批评,认为同行评议是一个熟人关系网,项目评审官员依靠他们在学术界信得过的朋友,来评议他们受理的申请项目,这些朋友又会推荐自己的朋友做评议人。1986 年美国西格马克西学会做过一次调查,接受调查近 4100 名科学家中,有 63% 的人认为,要获得政府资助的研究项目,取决于"你是什么人"。许多申请项目获得资助,主要是因为"这些申请者已经为资助机构所熟知,或者以前得到过该基金的资助。"参见吴述尧:《同行评议方法论》,科学出版社 1996 年版,第 21 页以下。

在 7699 份有效问卷中,超过七成受访者(70.3%)认为目前我国科技成果的鉴定和评奖结果既取决于成果的水平,也需要一定的公关活动,仅有 12.5%认为主要取决于成果的真实水平。对于评奖所必需的科技成果鉴定,64.2%的被调查者评价负面,高达 41.2%的人认为科技成果鉴定普遍走形式,草率了事,人为地拔高成果的水平,仅有 33.9%认为基本上是认真和公正的,能客观反映成果的水平。① 科学家尚且如此,我们自然不能期望无利害关系董事和独立董事是圣人,他们在董事同僚"兄弟"的情分面前,同样被"自废武功",丧失客观独立的判断。

  没错,人情也是讲"回报"的。社会交换理论将这种交换关系分为对称性获利、对称性吃亏和不对称性三种情形,而只有对称性获利的人际关系方可持续发展。如果仅仅停留于这个层面,将其作为一般性的市场交易,实属有失偏颇的肤浅的理解。② 人情固然有利益交换的含义,但"回报"却是另一个更为重要而根本的方面。恩惠的本质含义在于为他人做事,并使他人因此而长久地感激并设法回报。情义无价嘛,这其中的价值难以确定。价值计算是理智性的,而回报恩惠是情感性的,也就是非理性的。表面上为非对等性,实则是期望彼此因为情的产生而使交换关系不是一锤子"买卖",而是循环往复。事实上,多数人情投资并非纯粹的相互利用,期望立马回报,而是"目标培养"式的,可能很长时间后才起作用。诚如费孝通先生所说:"亲密社群的团结性就倚赖于各分子间都相互地拖欠着未了的人情。……欠了别人的人情就得找一个机会加重一些去回个礼,加重一些就在使对方反欠了自己一笔人情。来来往往,维持着人和人之间的互助合作。"③ 可见,人情交易与一般市场交易迥然有别。

  再说董事给面子。给面子就是让他人来分享个人的资源。有面子者愿意与谁共享脸面产生的资源,就是在赏脸给他,而他所要的最好的回报,不

---

  ① 叶铁桥:《八成六被调查者认为高校教师学风不正普遍存在》,载《中国青年报》2009 年 9 月 9 日。
  ② 参见翟学伟:《人情、面子与权力的再生产——情理社会中的社会交换方式》,载《社会学研究》2004 年第 5 期。
  ③ 费孝通:《乡土中国》,生活·读书·新知三联书店 1985 年版,第 75 页。

在于物质帮助,而是多多的恭维、抬举和捧场。① 从理论上说,董事都是平等的,董事会表决每人都只有一票。但是,权力取决于对资源的控制和资源的相互依存关系,依仗利益状况也会产生权力。② 公司是一个层级制组织,不仅董事与公司职工之间具有领导与被领导关系,而且董事长或 CEO 与其他执行董事也有事实上的领导与服从关系。董事长或 CEO 可以决定其他执行董事的晋升和发展前途,为了获得其庇护或关照,执行董事们自然要毕恭毕敬,唯命是从,为领导捧场,支持领导的工作。领导给面子,自然也是希望得到更多的支持和捧场,"一个篱笆三个桩,一个好汉三个帮",就道出了领导给面子的真谛。这样,领导给面子,一般执行董事支持和捧场,往往看领导"脸色"办事,甚至见风使舵。按理说,独立董事除了从公司领取独立董事的津贴外,再没有别的利益,也就不需要董事长或 CEO 给面子了吧。其实不然。独立董事要发挥作用,也得融入董事会群体,与执行董事打成一片,成为"兄弟"甚至"铁哥"、"铁姐"。否则,会沦为"花瓶"董事。这样,独立董事自然要尊重领导,支持领导的工作,为领导捧场,而领导也会投桃报李,给面子,难怪独立董事的独立性普遍不足。③

3. 董事群体思维

董事会集体决策,意在集中集体智慧,群策群力,提高决策效益,促进公司价值最大化。问题是,群体的集体决策是一个动态交互过程,涉及非常复杂的多阶段、多变量、非线性因素,不仅涉及了群体成员的态度、价值观、偏好以及能力、权力等因素,而且会因群体成员间的社会交互而带来一系列

---

① 参见翟学伟:《人情、面子与权力的再生产——情理社会中的社会交换方式》,载《社会学研究》2004 年第 5 期。

② 参见郑春燕:《现代行政过程中的行政法律关系》,载《法学研究》2008 年第 1 期;曹南燕:《科学活动中利益冲突的本质与控制》,载《清华大学学报》(哲学社会科学版)2007 年第 1 期。

③ 伊利股份案就是一个典型,原董事长郑俊怀与独立董事俞伯伟关系"铁"了,什么事都好说,以俞伯伟的妻兄为法定代表人的上海承祥商务有限公司,2002—2003 年从伊利股份拿走的咨询项目合计 510 万元。若不是俞伯伟 2004 年 6 月 15 日的一纸独立董事声明,相互给面子与捧场的交易还将持续下去。参见曙光:《伊利股份:罢免独董,伊利错还是独董错?》,载《羊城晚报》,2004 年 6 月 21 日。

的社会心理问题,群体思维就是由此形成的一系列的非理性行为之一。① 社会心理学的实验研究发现,高水平的群体凝聚力(group cohesion)将会导致群体决策失误,如与其他的前提条件交互作用,比如命令式的领导,则更容易地引起群体思维;与任务导向凝聚力相比,基于人际吸引的社会情感凝聚力更多地损害决策的质量。作为具有高度社会情感凝聚力的群体,董事会决策质量深受群体思维的危害,现从三个方面予以解说。

首先,合作精神系董事选任和评价的标准,董事会倾向于一团和气。群体有群体目标,自有群体规范。谁做董事,谁不做董事,志同道合者上,同床异梦者让,这是不能含糊的。董事的选任和评价标准有两大考量:一是候选人要认同公司的目的和运作方式。否者,相互不合拍,难以达成共识,议而不决,显然不符合董事会决策高效之要求。二是注重候选人的人格特征,要有合作精神。没错,集体决策的确需要多方面的信息和不同观点的交锋,但是需要争而不吵,而争吵不休、议而不决,就会贻误商机,错过机遇,甚至危及公司的发展。② 同样,一个董事干得怎么样,董事会也以此进行衡量,不合群者在改选时自然就会被清理出局。另一方面,候选人在考量是否加入特定董事会时,不仅要考虑公司的地位和声誉,更会考虑董事会群体是哪些人,不情愿加入那种争吵不休的群体,而是情愿加入有合作精神、令人愉快的群体。既然双方都以"和"为取舍和去留标准,一团和气也很自然。

其次,董事具有从众(conformity)的动机和激励。群体身份,能够让成员获得认同感、归属感、有力感、优越感、自豪感等心理感受。当群体成员对群体身份有着很高的评价时,群体成员一般都愿意继续维持群体身份,从而具有使其行为与群体保持一致的激励和动力,人云亦云,随声附和。一般来说,群体凝聚力越强,群体身份也就越有价值,群体成员的从众倾向也越强。③ 董事身份名利双收,价值极高,担任董事是一个光荣的事情,担任大公

---

① 参见毕鹏程、席酉民:《群体决策过程中的群体思维研究》,载《管理科学学报》2002 年第 2 期。

② Donald C. Langevoort, The Human Nature of Corporate Boards: Law, Norms, and the Unintended Consequences of Independence and Accountability. 89 *Geo. L. J.*, 2001.

③ Cartwright D., The Nature of Group Cohesiveness. In Cartwright D, Zander A ed. Group Dynamics, *Harper and Row*, 1968. 91 – 109.

司和上市公司董事往往可遇不可求,自然会珍惜这一身份。① 这样,董事们具有维持该身份的强烈愿望,就得有所表现,就要尽量使其行为与群体保持一致。为了赢得认同,董事往往遇到矛盾绕道走,发表意见"顺杆爬",人云亦云,随声附和。对于议题有疑虑时,许多董事会保持沉默,忽视自己心中所产生的疑虑,认为自己没有权力可以去质疑多数人的决定或智慧。有的即使并不赞同董事会的最终决定,也会顺从多数人的意见,从而作出不合理甚至是很糟糕的决策。

最后,就是董事的自尊强化效应。霍索恩实验发现,他人在场,会引起行为表现质量的提高。② 这就是他人在场对行为的引导作用,麦独孤曾指出,人类甚至许多高级动物具有自我表现的本能,并认为这种本能"基本是群体性的,只有欣赏者在场的情况下才会表现出来"。③ 后续跟踪研究还发现,群体成员对于其群体受到特别关注,会对选派其进入该群体的上司心存感激之情,被选择者会对选择者感恩戴德。④ 可以说,这在董事会和专门委员会表现得淋漓尽致。董事或委员的选任实际上操控在执行董事和高管手中,许多时候董事长或 CEO 钦定人选。虽说上市公司设立了独立董事主导的提名委员会,姑且不说不少提名委员会纯属傀儡,就算它能够发挥董事提名的功能,董事提名实际上仍是董事长或 CEO 的话语权,认为其完全独立行事不过是一种"幻觉"。一是董事长或 CEO 可以通过参加该委员会会议,参与讨论,发表意见,影响其决策。二是独立董事也是依据前述是否具有合作精神等人格特征挑选出来的。他们也会用心去揣摩董事长或 CEO 的思路和想法,尽量选择董事长或 CEO 认为"正确的人"⑤,有的更是唯董事长或

---

① 执行董事领取高薪丰酬,外部董事和独立董事虽说这种利益不大,上市公司独立董事的津贴一般为 10 万元以内,2003 年的平均数才 2.7 万元,而他们仍接受董事职位主要考虑的是名,而非利。董事社会地位高,受人尊重,与这些人共事,成为称兄道弟的朋友甚至"铁哥"、"铁姐",可以证明一个人的自我价值,人们往往以与社会名流共事而自豪。参见杨雄胜、冯峥和兰岚:《上市公司独立董事制度实施效果实证研究》,载《财会通讯》2007 年第 6 期。

② 参见 James D. Cox and Harry L. Munsinger, Bias in the Boardroom: Psychological Foundations and Legal Implications of Corporate Cohesion, 48 *Law and Contemporary Problems*, 1985。

③ 威廉·麦独孤:《社会心理学概论》,浙江教育出版社 1997 年版,第 46 页以下。

④ Likert, Measuring Organizational Performance, *Harvard Business Review*, 1958, pp. 46-48.

⑤ 参见 James D. Cox and Harry L. Munsinger, Bias in the Boardroom: Psychological Foundations and Legal Implications of Corporate Cohesion, 48 *Law and Contemporary Problems*, 1985。

CEO马首是瞻,对其意图心领神会,选择符合其意图和口味的人士。可见,无论是当选董事还是专门委员会成员,包括特别诉讼委员会成员,基本上是董事长或CEO说了算。能够得到这种名利双收的职位,强化个人自尊,大家自然会对他们感恩戴德。这就不难理解,为什么董事发表意见往往沿着董事长或CEO的意图"顺杆爬",随声附和,董事会往往成为董事长或CEO的"一言堂"。

由是观之,董事的认知、情感、情绪、偏好等心理因素对决策的影响是不容忽视的,徇情决策不仅是客观存在的,也是可以通过实验进行观察和验证的。正因为如此,即使是无利害关系的董事和独立董事的判断也未必独立、客观,这样的决策自然不能完全信赖。可见,董事会结构性偏见的问责就不能不关注这些心理因素,而理性决策范式下的问责路径和司法审查标准对此视而不见,无异于掩耳盗铃。

(三) 董事会结构性偏见的行为经济学解释

董事决策以认知为基础,而认知又是大脑的机能。行为经济学的突飞猛进,为我们从生物本能的层面更深刻地剖析董事会结构性偏见提供了契机。无论是董事互惠,还是董事群体思维和群体偏好,均可从认知偏差和大脑工作流程方面获得令人信服的解释。下面从单纯接触效应、框定效应、群体共同动作和恐惧性反应方面予以解说。

1. 单纯接触效应

就大脑工作流程而言,单纯接触效应(mere exposure effect)从生物本能层面解释了董事互惠。神经经济学家发现,人有家庭偏见,即使是专业人士也具有无法逃脱的恋家情节,因为面对熟悉的事务,让人感觉愉快,带来满足。而这并不需要长时间的接触,非常短暂的接触即可产生这样的熟悉感、亲切感。这就是历经千百万年锤炼出来的高速运转的反射系统的玄妙之处,大脑耳内侧1英寸深处就是负责情感记忆的海马体,这些神经元在识别不同环境特征方面具有不可思议的能力,而且细致入微,随用随到,因而又称为位置细胞。其准确度惊人,无需借助任何意识性思维,它可以帮助我们在黑暗中找到蜡烛。① 凡是走过、看过甚至想象到的特定事务,只要再次出现,该细胞就会被激活,从而产生熟悉感和亲切感。这就不难理解为什么人们对买自己熟悉的股票感到得心应手,为什么喜欢"自己人"和熟人。

同样地,公司选择独立董事,与公司负责人有一定联系的熟人,哪怕是会议或者论坛上有关一面之交的人,才能进入决策视野,决不会考虑陌生人。一旦当选,尽管独立董事是兼职性的,也很少在公司抛头露面,但是从当选那一刻开始,他就成了董事会的"自己人"。难怪我们常常会听到他们就职感言有"荣幸成为XXX公司人"等论调。此后,通过共同参与董事会决策、出席股东大会以及各种社交活动,独立董事与执行董事和高管进一步变成兄弟、姐妹,甚至"铁哥"、"铁姐"。既然熟悉让人感觉愉快,而人在心情极度愉快时,可能会承担通常状况下会回避的财务风险。② 难怪独立董事审核执行董事和高管的薪酬时,那么慷慨大方,以至于"冒险文化"充斥着整个华尔街,进而酿成全球性金融危机。

2. 框定效应

为何独立董事和无利害关系的董事心甘情愿地将脑袋借给别人,总是习惯性地同意呢?框定效应(framing)的解释可谓入木三分。前景理论认为,人们对风险的判断极为主观和易变。在面对输赢的选择时,人的决策就像橡皮泥一样,只要环境和外表稍有变化,人的态度就相差甚远。换言之,问题以何种方式呈现在决策者面前,会在一定程度上影响其对风险的态度。③ 这就是框定效应,亦称定式思维,这一神奇力量可能诱导人作出荒诞不经的决策。例如,面对同一个商品,"买一送一"与打五折实际效果完全一样,而"买一送一"更能够让消费者兴奋不已,赢得更多消费者掏腰包。股份一分为二,分拆之后每股价值相当于原来的一半,基本面没有任何变化,但这还是能够让投资者产生追加投资的错觉。2004年,雅虎宣布对其股份进

---

① 参见〔美〕贾森·茨威格:《当大脑遇到金钱》,刘寅龙译,广东经济出版社2009年版,第119页。
② 同上书,第44页。
③ 参见刘志远和刘青:《集体决策能抑制恶性增资吗——一个基于前景理论的实验研究》,载《中国工业经济》2007年第4期。

行一分为二的分拆后,次日股价上涨16%。①

为此,独立董事和无利害关系的董事往往轻而易举地被框定,自然而然地接受执行董事和高管所提出的方案。这是因为,董事会决策的方案和依据往往来自公司管理层、公司有关部门甚至外部专家或顾问,这些方案呈现有关决策事项的方式以及参照点(reference point)的选择,会直接影响到董事会的判断和选择。人们依据参照点来判断收益和损失,不同的参照点会影响人的判断和选择。自然,参照点的选择掌握在制订方案的管理层手中,他们有意识地选择符合其需要的参照点,即可轻而易举地诱使董事会通过有关方案。制定公司一般经营管理方案时,管理层可能基于其偏好选择参照点,而制定跟执行董事和高管利益攸关的薪酬和自我交易方案以及抵制股东代表诉讼和恶意收购时,管理层更会有刻意选择这种参照点的激励,难怪无利害关系董事和独立董事往往被他们牵着鼻子走。联想集团2005—2006年度的董事和高管薪酬能够顺利获得董事会批准,就是明证。其董事总酬金一年内激增12.8倍,达到1.75亿港元,董事长杨元庆年薪更是高达2175万港元,同比增长4倍多,而同期公司盈利才不过500万美元,仅仅相当于董事薪酬的1/4。如果以业绩论薪酬,以业绩为参照点,这样的激励方案很难在董事会过关。但是,他们并未这样做,而是选择了薪酬国际化这样一个参照点,公司股权、业务和人员都国际化,高管薪酬国际化似乎顺理成章,完全可以打动董事们。何况,董事长杨元庆的薪酬又远远落后于其直接竞争对手戴尔的CEO凯文·罗林斯和联想公司CEO阿梅里奥呢。② 这样,联想董事和高管均如愿以偿,美梦成真。

3. 群体共同动作

群体共同动作(ticking together)则可以解释为什么独立董事也会人云亦云,董事会往往变成董事长或CEO的"一言堂"。神经经济学家发现,人处于群体时,大脑前额叶皮层的活跃性有所减弱,似乎是社会性压力压制了

---

① 参见〔美〕贾森·茨威格:《当大脑遇到金钱》,刘寅龙译,广东经济出版社2009年版,第159页。
② 戴尔的CEO凯文·罗林斯年薪为3931万美元,联想公司CEO阿梅里奥的年薪也高达1600万美元。参见谢扬林:《联想的高管薪酬是场游戏?》,载《人力资本》2006年第9期。

其思维系统。① 比如观看影片,情节进入高潮时,观众情绪也达到高潮,所有人的活动就如同一个人,兴高采烈,群情激昂,齐声喊叫、哭泣等等。类似地,董事会决策时,尽管各个董事都是独立的个体,但是他们面对共同的经营环境、经营条件和经营管理难题,很可能形成共同的心理和情绪。尤其是,董事长和 CEO 作为领导,往往具有导向作用,其他董事可能不自觉地与其合了拍,产生了共鸣,形成共同的心理和情绪。可见,群体思维在很大程度上是群体情绪,而非思维系统的思维。董事群体思维,随波逐流,也是生物本能使然。

4. 恐惧性反应

前景理论认为,人是认知吝啬鬼,总是力图将复杂问题简单化,在对复杂问题作出判断时主要是应用启发式简化(heuristic simplification),凭借经验来解决问题,而这个过程又会受到人自身心理素质和行为特征的影响。② 决策过程包括编辑(editing)和评估两个阶段。③ 编辑就是为了简化处理各种可能的选择,通过接受、剥离、编码、合成和取消等机制,使决策更加快速高效。为什么无利害关系董事和独立董事习惯性地拒绝股东代表诉讼和恶意收购,对有价值的股东代表诉讼和公司收购根本不予理睬呢?这就是恐惧性反应的结果,他们在选择性编辑过程中就已经取消了这个选项④,根本就没有继续评估的余地,谈何选择呢。

人对恐惧何以如此敏感呢?这也是大脑高度发达的反射系统无意识地发挥的作用,起着警报系统作用的是位于大脑中心深处与耳朵平行部位的杏仁体。一旦面临危险,它就会像狼烟一样刺激思维系统,使之进入活跃状态。该系统速度极快,可以在瞬间将人的注意力集中到任何新奇、不常见、快速变化或者无缘无故的恐惧之上,这就是恐惧性反应。难怪一看见一条

---

① 参见〔美〕贾森·茨威格:《当大脑遇到金钱》,刘寅龙译,广东经济出版社 2009 年版,第 190 页以下。

② Kahneman, Slovic & Tversky, *Judgment under Uncertainty: Heuristics and Biases*, Cambridge University Press, 1982.

③ 参见 James D. Cox and Harry L. Munsinger, Bias in the Boardroom: Psychological Foundations and Legal Implications of Corporate Cohesion, 48 *Law and Contemporary Problems*, 1985。

④ James D. Cox and Harry L. Munsinger, Bias in the Boardroom: Psychological Foundations and Legal Implications of Corporate Cohesion, 48 *Law and Contemporary Problems*, 1985.

蛇或者一个尖锐物体迎面飞来，人就会无意识地迅速跳开、缩头或者躲避。这种恐惧性反应不仅会因为身体面临威胁，而且也会因为任何传递警告的社会性信号；不仅会因为恐惧之物，也会因为恐惧本身。可以说，恐惧之感胜于恐惧之物。① 无论是股东代表诉讼，还是恶意收购，均属传递恐惧之感的社会性信号，由此产生的恐惧诱使董事们无意识地一不做二不休，在编辑阶段就取消了有价值的股东代表诉讼和公司收购这个选项。何以见得呢？

其一，股东代表诉讼和恶意收购均会引发董事的恐惧情绪。诉讼就意味着对抗，股东代表诉讼往往意味着对董事和高管问责，尽管最终追究董事个人责任的情形极为少见，在旷日持久的诉讼中，通过各种媒体的报道和渲染，董事们宁信其有，不信其无，倾向于认为股东代表诉讼与日俱增，倾向于认为个人责任越来越大，从而在董事会形成董事个人责任的恐惧情绪。同样地，收购意味着董事和高管可能要下岗走人，一提到恶意收购，就会触发董事和高管的敏感神经，自然就会恐惧，无意识地抵制收购，尤其是恶意收购。

其二，无利害关系董事和独立董事对这种恐惧也会感同身受。他们或与被告董事和高管关系密切，早已成为"铁哥"、"铁姐"，或者本身就是其他公司的执行董事和高管，自然不愿意看到董事同僚被诉讼拖累，并严重影响其职业声誉。至于恶意收购，他们自然也是不情愿看到自己的"兄弟"遭受下岗走人这种"毁灭性损失"。他们会感觉到同病相怜，从而产生移情（empathy），就会无意识地反问"如果我是被告呢"、"如果我要下岗呢"。可见，虽说他们本身并无恐惧之物，却有感同身受的恐惧之感，前述举动也就不难理解了。

由是观之，董事会结构性偏见不仅是董事互惠、董事群体思维和群体偏好等情景的产物，也是大脑在单纯接触效应、框定效应、群体共同行动以及恐惧性反应下的生物本能。

---

① 参见〔美〕贾森·茨威格：《当大脑遇到金钱》，刘寅龙译，广东经济出版社2009年版，第178页以下。

四、董事会结构性偏见问责的诚信路径

如何才能将董事情感回路纳入问责的视野呢？在董事问责的司法实践中兴起的诚信路径，契合了董事非理性决策问责制度的需求。我们知道，诚信义务久已有之。我国《民法通则》第4条的诚实信用原则对董事自然是适用的，《公司法》第5条明还明确要求公司经营活动必须"诚实守信"。即使在诚信概念发展相对缓慢的英美法，公司法上也有大量的诚信规范。[①] 由于诚信的模糊性和主观诚信的误导，长期以来将诚信等同于善意的主观诚信，而让法官去审查董事的这种主观意图难如登天，因而长期被虚置，基本上无用武之地。直到20世纪90年代，诚信实现创造性转化，才得以在董事问责的司法实践中大显身手。本世纪以来，安然事件和世通事件使得董事问责的社会呼声一浪高过一浪，诚信日益受到追捧，形成了董事问责的诚信路径[②]，这就为确立单独的董事会结构性偏见的问责路径提供了良好的契机。从以下三方面来看，它契合了董事会结构性偏见问责制度的需求。

首先，它确立了更有针对性的董事非理性决策的问责路径。诚信要求董事要忠于职守，不得违反公认的从商规则，不得违反公认的公司基本规范。[③] 它所涵摄的对象正好是忠实和勤勉义务之间的中间地带，而董事会结

[①] 美国《ALI治理原则》第4.01条就有两处诚信规范，《示范公司法》第8.30条(a)(1)、第8.31条(a)(2)和第8.51条(a)(1)(i)均有诚信行事的要求。纽约州《公司法》第717条(a)规定，每个董事均应以诚信的方式履行其作为董事的义务。各州公司法亦然，如特拉华州《普通公司法》第102条(b)(7)(ii)、第145条(a)和(b)，加利福尼亚州《公司法》第309条(a)和204条(a)(10)(ii)。英国2006年《公司法》至少有13个条文直接规定了诚信规则。加拿大《公司法》第122条(1)和124条(1)(a)。

[②] 参见朱羿锟：《论董事问责的诚信路径》，载《中国法学》2008年第3期。

[③] 这可以从英语"good faith(诚信)"的词义看出。《韦伯斯特词典》的四个意项为：(1)表明诚实、合法性的心理状态，确信自身的权利；(2)确信其行为合理；(3)确信其无需进一步调查；(4)不存在欺诈、欺骗、共谋或重大过失。《布莱克法律词典》的四个意项为：(1)确信诚实；(2)忠于职守或义务；(3)遵守特定行业合理的公平交易标准；(4)无欺诈或获取不合理利益的意图。汉语中"诚信"由"诚"和"信"组成。"诚"是指真实不欺。"信"是指相信；说话算数；行其所言；守诺，信守诺言；有约必守。善意、诚实和信用则是民法上诚信原则的三大要求。

构性偏见无疑属于其涵摄的对象。不论是启发式简化和框定效应所形成的认知偏差,还是群体思维所导致的决策失误或错误,都是不忠于职守的体现,而董事互惠和董事内群体偏袒,则是没有公平地对待公司利益和股东利益。也就是说,无利害关系董事"见情忘义",对不公平的董事自我交易视而不见,对于诚信行事的董事显然是不可能的;独立董事主导的薪酬委员会,对董事和高管的天价薪酬、"问题薪酬"和变味薪酬麻木不仁,慷公司之慨,董事"吃肉",公司和股东"割肉",对于诚信行事的董事自然也是不可能的。这样,董事的非理性决策就可以得到区别对待,以诚信路径对待董事的非理性决策,而勤勉和忠实路径则针对其理性决策,从而避免了适用过于严格的忠实路径,也避免了适用过于尊重的勤勉路径。同时,也无需像前述中间审查标准那样亦步亦趋地与勤勉路径或忠实路径挂钩。其实,无论是针对反收购措施的前置审查要件,还是针对股东代表诉讼的特别诉讼委员会决定的前置审查标准,这样的挂钩毫无意义。① 本来,商事判断规则就是要避免对决策进行实体审查,而前置审查则是先审查决策的实体。如果已通过前置审查,怎么可能还会违反勤勉义务呢? 如果不能通过前置审查,怎么可能还不违反忠实义务呢? 何况,诚信路径还可以统摄纷繁复杂的中间审查标准,避免审查标准竞争。正因为如此,特拉华州法院还积极尝试对信义义务进行"三元"(triad)划分,力图让诚信与传统的忠实和勤勉义务平起平坐。1993 年的 Cede Ⅱ 案开此先河,已有 10 多个判例采用这种三分法。②

其次,诚信乃主观与客观的统一,具有行为准则的作用。③ 不教而杀谓之虐,不戒视成谓之暴。诚信路径兴起的一个重要标志,就是将行为标准注入诚信概念,法院不再将其仅仅当做主观诚信,纠缠于董事的主观意图,转而认定有意失职或懈怠职责就是不诚信。艾伦大法官在 1996 年的 Care-

---

① 参见 William T. Allen, Jack B. Jacobs, Leo E Strine Jr., Function Over Form: A Reassessment of Standards of Review in Delaware Corporation Law, 26 Delaware Journal of Corporate Law, 2001。

② 主要有以下案例:Cede & Co. v. Technicolor, 634 A. 2d 345, 361 (Del. 1993);Cinerama, Inc. v. Technicolor, Inc., 663 A. 2d 1156 (Del. 1995);Malone v. Brincat, 722 A. 2d 5, 10 (Del. 1998);Emerald Partners v. Berlin, 787 A. 2d 85 (Del. 2001)。

③ 参见徐国栋:《客观诚信与主观诚信的对立统一问题——以罗马法为中心》,载《中国社会科学》2001 年第 6 期;另见徐国栋:《诚信原则二题》,载《法学研究》2002 年第 4 期。

mark 公司股东派生诉讼案①开此先河,这一非同凡响的举动被后来的许多判例反复援引。② 那么,如何针对董事会结构性偏见厘定行为标准呢?其关键就在于"董董相护",诚信要求董事真正忠于公司利益和股东利益,并为之而奉献。也就是说,即使交易涉及"董董"关系,也不能"相护",以确保交易对公司是公平合理的。可见,行为标准就是"董董"也不能"相护",而"董董相护"就意味着不诚信。判断是否"董董相护","董董"关系本身并不是问题,关键在于是否"相护",而判断是否"相护",就需要考察交易对公司是否合理。比如,《党纪解释》第 3 条所列举的,董事以"明显高于市场的价格"向对方及其配偶、子女和其他特定关系人经营管理的单位采购商品、提供服务,或者以"明显低于市场的价格"向对方及其配偶、子女和其他特定关系人经营管理的单位销售商品、提供服务。这里的"明显高于市场的价格"或"明显低于市场的价格",就是"董董相护"的表现,应通过诚信路径问责。这样,主观与客观相统一的诚信不仅可以为董事提供明晰的行为准则,也增强了司法审查标准的可操作性。

最后,董事徇情决策的徇情属于主观动机,无需外化为徇情行为。没错,"董董相护"是董事徇情决策的结果,而徇情是一种心理状态,这是原告难以证明的,诚如曾世雄先生所说:"行为人主观状态除其本人外,事实上难以掌握。"③就心理科学的长远发展而言,心理实验可以为样本人群的心理反应提供证据,以此为依据作出的裁判将更为合理。但是,就目前科学技术而言,无论是民法上过失的认定,刑法上犯罪目的或动机的认定,在"方法上只有借助外界存在的事实或证据推敲之"④。易言之,由司法人员根据客观事实进行认定或推论。当被告人向被害人心脏猛刺数刀导致死亡,却始终不承认有杀人故意时,司法人员显然不能因被告人否认有杀人故意而退却,完全可以依据客观事实认定被告人具有杀人故意。⑤ 接下来的问题就是,如

---

① 698 A. 2d 959, Del. Ch. 1996。
② 在轰动全球的 2005 年迪斯尼公司股东代表诉讼中,钱德勒大法官旗帜鲜明地指出"有意失职或有意懈怠职责是判断受信人是否诚信的合适的(但并非唯一)的标准"。907 A. 2d 693, Del. Ch. 2005。
③ 曾世雄:《损害赔偿法原理》,中国政法大学出版社 2001 年版,第 73 页。
④ 同上。
⑤ 参见张明楷:《渎职罪中徇私、"舞弊"的性质与认定》,载《人民检察》2005 年第 23 期。

何认识徇情的性质了。那种要求原告证明交情、友情等关系对董事决策的实际影响的做法,实际上是对徇情性质的误识、误读。其实,徇情属于董事会结构性偏见的主观动机要件,并不要求将其外化为徇情行为。就像忠实路径规范董事的徇私决策那样,作为动机的徇私,只要董事有自我交易,法院所要审查的焦点在于交易是否公平,而非徇私的动机。同理,原告只要证明董事会决策中存在这样那样的"董董"关系,徇情动机便自现,法院审查的焦点应该是该交易对公司和股东是否合理。之所以将徇情决策单列,既是为了将其与徇私决策区别对待,也是为了将其与因董事决策水平、经验以及经营环境复杂性所导致的经营决策失误区别对待。

由此看来,以诚信路径涵摄董事会结构性偏见,为董事情感回路的决策提供适宜的问责路径,是完全可行的。

五、董事会结构性偏见问责的合理性标准

(一) 实体审查的必要性

如前所述,只要董事会决策存在这样那样的"董董"关系,是否构成"董董相护"的关键在于该决策是否合理。这就需要对董事会决策进行实体审查,而非像勤勉路径那样以程序为重心。究其原因,程序公平并不能保证交易公平。好的程序未必产生好决策,只是增加了产生好决策的可能性而已。若董事诚信行事,一定的审慎决策程序可以促使董事会形成好的经营判断。问题是,若董事不诚信行事,审慎程序的作用将大打折扣。董事会结构性偏见就是如此,程序照样走,样子照样做,"董董相护"依然故我,董事变相自定薪酬,"问题薪酬"和变味薪酬大行其道,不公平的董事自我交易俯拾皆是。如果不审查决策的实体内容,为了"徇情",为了"董董相护",再好的程序均会被架空。

何况,基于董事行为的现实性和复杂性,董事决策的方案和信息基本上来自执行董事和高管,无利害关系董事和独立董事往往只听到一面之词,只听到对执行董事或高管有利的信息或建议。易言之,即使是无利害关系董事和独立董事也很容易被框定。安然公司(Enron)在轰然倒下之前,董事会

被誉为全美最佳董事会,14 名董事就有 12 名外部董事,唯董事长肯尼斯·莱和 CEO 杰弗利·斯基林系内部董事。表面上看,其结构也很好,有多元化的专长和背景,也设有各个必要的委员会,审计委员主席由斯坦福商学院院长会计学教授担任。[1] 在全球金融海啸中倒下的投行巨子雷曼公司(Lehman)更是这样的典范。董事会有 10 名董事,除富尔德外,其余 9 名均为独立董事。薪酬委员会、审计委员会全部是清一色的独立董事。2007 年度,董事会召开 8 次会议,审计委员会召开 11 次会议,薪酬福利委员会召开 7 次会议,提名和公司治理委员会召开 5 次会议,出席率高达 96%。[2] 该董事会不可谓不独立,也不可谓不勤勉。这些貌似典范的董事会纷纷倒下,进一步说明程序公平不能保障交易公平,独立董事和无利害关系的董事的判断也不能完全信赖,对其实体合理性进行审查是完全必要的。

这并不是说法院比董事更擅长经营决策,而是说在有利益冲突的情形下,董事决策会更糟糕,实体审查实乃明智之举。这个道理,对于董事会结构性偏见也是适用的。差别只是审查的强度问题,鉴于结构性偏见尚未达到自我交易程度,对其采用的合理性审查也比完全公平标准宽松一些。合理性审查既要超越程序审查,又赋予董事裁量空间,尊重公司自治。易言之,它并不是要以法院的更优决策取而代之,而只是否决董事会糟糕的决策,这仍属于法院专长的范围。

赏不可虚施,罚不可妄加。如何判断董事会决策是否合理呢?这就需要把握好合理性的标准,拿捏好司法审查的强度。

(二)合理性的相对性

实体合理性审查,就意味着要审查经营决策内容好坏优劣。不管决策程序如何,只要不合理就不予支持,就应问责,前述种种结构性偏见就不能

---

[1] Troy A. Paredes, Enron: The Board, Corporate Governance, and Some Thoughts on the Role of Congress, in Nancy B. Rapoport & Bala G. Dharan, Enron: Corporate Fiascos and Their Implications 495, 504 – 05 (2004).

[2] 参见雷曼公司 2007 年度报告。Lehman Brothers 2007 Annual Report, http://www.lehman.com/, 2008 年 10 月 25 日访问。

逃脱司法审查。勤勉路径对决策实体审查仅仅要求理性行事①,合理性标准显然比理性标准的要求高。在理性标准之下,法院只要认为董事行为不是不可容忍即可,而在合理性标准下,法院需要在某种程度上同意董事的行为,虽然不需要完全同意。② 联想一下我们的日常生活,就会明白理性标准是多么特殊。我们说一个人行为不谨慎或不合理,比比皆是,而要说他丧失理性则极其少见。《ALI 治理原则》对其差异这样解释道,理性已为法院广泛采用,在语源上与合理性有密切联系,两者往往交替使用。不过,其区分很明显,"理性地认为"(rationally believe)所赋予的裁量空间比"合理性"更大,属于"合理"概念之外但又未超理性范围的经营判断仍受安全港的保护。几乎董事会的任何经营决策都可视为理性的,很难想象其作出自己不能作出合乎逻辑解释的决策,但要责难其客观上不合理就容易多了。易言之,不合理的,仍然可以是理性的,不会被勤勉路径问责,但可以被诚信路径问责。究其原因,绝大多数董事都会理性行事,部分人有时不合理行事,对其进行实体合理性审查,就会比商事判断规则能够更为有效地制约董事不当行为。当然,合理性并非要求理想化的经营决策,正如忠实路径所要求的完全公平并不要求完美无缺一样。

当然,合理性也是相对的。其一,董事经营决策具有多中心性(polycentric)。条条道路通罗马,公司经营决策总会面临多个选项,囿于有限理性和有限信息,董事只能作出令人满意的决策,而非最优。若董事会选择了合理的选项之一,尽管还可以其他选择,或事后事态的发展可能对该选择构成怀疑,法院均不应干预。其二,合理性是一个范围,而非一个点。只要在合理范围之内,就属于合理。这样,董事仍有很大裁量余地,也不至于让法院难

---

① 在理性决策范式下,勤勉路径审查决策内容的理性标准,是非常宽大的。只要行为人能够给出合乎逻辑的解释,就不能推翻商事判断规则的理性行事的保护。除极其罕见的特例外,很难基于该路径认定董事不理性行事。这就有别于董事基于情感、情绪、偏好等心理因素行事的非理性决策。易言之,理性决策范式下的不理性有别于非理性决策范式下的非理性行为。参见 R. Thaler, in Alvin Roth, ed., *The Psychology of Choice and the Assumptions of Economics, Laboratory Experiments in Economics: Six Points of View*, Cambridge University Press, 1987.

② 这样的区分可以在行政诉讼的司法审查标准中得到印证,科克教授对行政诉讼中合理性标准与任意性标准就是采用这样的区分,这里的任意性标准就是一种极端宽松的标准,对行政机关的决定高度尊重,公司法上的商事判断规则与其相当。参见 Koch, *Administrative Law and Practice* (vol. III), St. Paul, MN: West Publishing Co, 1997.

以适用,更也至于对公司经营决策干预太深。法院需要决定的是,董事决策整体上是否在合理范围。也就是说,只有原告能够证明董事经营决策不在合理的范围,其责难才成立,才会被问责。就维尔奇案而言,通用电器公司CEO维尔奇无疑是杰出的企业家,董事会希望他尽可能多留任一段时间,也好物色和培养接班人。董事会提出给他1亿美元,他并没有接受,而是提出一项总价值少了许多的福利包,价值每年200多万美元。① 对于这种极其稀缺的CEO,这个待遇一点也不为过,自然属于合理的范围。至于他选择退休后以实物形式获取这些福利,而非立即支取现金或股票期权,更是合情合理。比较而言,迪斯尼案中董事欧维兹仅为迪斯尼公司工作14个月,就要拿1.4亿美元的遣散费。这与维尔奇案的性质完全不同,维尔奇的退休福利是为了挽留超级企业家,而这里则是用于赶走力不胜任的管理者,两者大相径庭。其实,欧维兹的雇用合同也不是很复杂,只要有一个基本理解,即可发现其中的瑕疵。② 对于无须专家就可以发现的明显瑕疵,董事们批准这种安排可能是理性的,但不可能是合理的。

(三) 司法审查的强度

何者属于司法应审查的范围,何者为不应受司法审查呢? 这就是司法审查强度问题。不同情景条件下的董事利益冲突可能引发的后果不尽相同,对于不同类型的董事会结构性偏见,司法审查的强度亦应有所不同。审查强度应视利益冲突的程度而定,利益冲突愈大,审查强度也愈大。③

首先,就不同类型的董事会结构性偏见而言,对反收购措施和股东代表诉讼的决定的审查强度,要大于无利害关系董事对董事自我交易的批准以及独立董事对董事薪酬的决定。为什么? 我们不妨借助于一个坐标来进行分析。在横轴上,勤勉义务居左,忠实义务居右,诚信义务居中,审查强度用纵坐标表示。对于诚信义务而言,愈是靠近勤勉义务的,其司法审查强度就愈小,而愈是靠近忠实义务的,司法审查强度愈的,最接近忠实义务的情形,

---

① Julian Velasco, Structural Bias and the Need for Substantive Review, 82 *Washington University Law Quarterly*, 2004.
② Ibid.
③ Review of Board Actions: Greater Scrutiny for Greater Conflicts of Interest, 103 *Harvard Law Review*, 1990.

司法审查强度已经趋近忠实义务的完全公平标准。公司反收购措施和股东代表诉讼的决定无疑靠近忠实义务一端。其一,这种两种决策的后果可能给被告带来"毁灭性的损失"[①],面对同僚可能承受如此严重的后果,董事决策的编辑阶段可能先入为主,一不做二不休,干脆取消可能带来如此严峻后果的选项。其二,这两种情形均涉及明显的群际竞争。公司反收购涉及不同公司董事和高管的竞争,而股东代表诉讼则涉及董事和股东两个群体的对抗。在群体竞争面前,内群体偏袒是很自然的。可见,这两种情形更靠近忠实义务。另一方面,审议决定董事薪酬和董事的自我交易,虽关乎董事切身利益,但性质完全不同。这里只是利益的多少问题,而非前述"毁灭性的损失"。董事慷公司之慨,公事私办。加之,董事薪酬的合理性与董事自我交易的公平性的判断,专业性更强,更为复杂,它们更靠近勤勉义务。与公司反收购措施和股东代表诉讼的决定相比,它们应受到更多尊重,对其合理性审查的尺度应当更为宽松。从法院对董事会结构性偏见的认识和发展历程来看,完全可以佐证这一点。特拉华州法院所建立的中间审查标准,前置审查都是针对反收购措施和股东代表诉讼。它表明,这两个领域的利益冲突表现得更明显,法院早就开始在"变通"勤勉路径,想方设法予以回应了。

再说,同种类型的董事会结构性偏见,亦应根据具体事实背景下利益冲突的程度,拿捏审查强度。影响董事决策的非理性因素固然很多,这里也不可能一一描述。但是,根据行为经济学和社会心理学的研究成果,导致董事会结构性偏见的主要因素已经得到识别,完全可以作为考量审查强度的依据。其一,关系密切程度。关系愈密切,审查强度愈大。董事相互吸引受个人特质、相似性、熟悉性、互补性以及临近性等因素影响,担任董事时间长,形成了"铁哥"、"铁姐"关系的,相互认人、认情、认面子的可能性愈大,需要重点关注,无疑应增强审查力度。其二,群体凝聚力愈高,审查强度愈大。作为具有社会情感凝聚力的群体,董事会群体凝聚力愈高,更有可能产生群体思维。尤其是,群体规模愈大,越是凝聚的群体,将产生越差的决策。如有命令式的领导,比如专制的董事长或 CEO,同样会进一步降低群体决策质

[①] 参见 James D. Cox and Harry L. Munsinger, Bias in the Boardroom: Psychological Foundations and Legal Implications of Corporate Cohesion, 48 *Law and Contemporary Problems*, 1985。

量。① 其三,越是被执行董事和高管框定的,审查力度越大。不可否认,董事决策应当依赖公司管理层、职工甚至外部专家的信息和意见,但是最终决策权在董事,董事不能将脑袋交给别人。否则,就很容易被框定。为此,越是管理层操纵决策方案的,越是董事会缺少调查或了解情况的,就越应强化审查力度,遏制这种"跟着感觉走"的不负责任现象。其四,群际竞争愈大,审查强度愈大。群际相互作用倾向于引发竞争性,产生内群体偏袒。群际竞争愈激烈,敌意愈大,个人愈是热衷于自己的内群体②,这种偏袒就愈严重。加强对群际冲突大的董事会决策的审查力度,也是顺理成章的。

---

① 参见毕鹏程、席酉民:《群体决策过程中的群体思维研究》,载《管理科学学报》2002年第2期。
② H. Tafel & J C Turner, The Social Identity Theory of Intergroup Behavior, In Worchel S & Austin W(eds). Psychology of Intergroup Relations, Nelson Hall, 1986. 7 – 24.

第五章　高管"问题薪酬"董事问责的合理性标准

董事们对高管的"问题薪酬"视而不见,麻木不仁,就是董事会结构性偏见的表现。本章通过实证分析,揭示现实的高管薪酬如何背离薪酬激励的逻辑,运用寻租理论、前景理论和社会心理学理论解说其形成机理。在此基础上,分析其诚信问责路径的司法审查标准和相应的审查强度。

一、他们何以习惯性地接受高管的"问题薪酬"?!

做事情领薪水,天经地义。高管好坏往往决定企业的成败,物以稀为贵,好的高管乃是具有特殊禀赋的稀缺资源,高管享受高薪丰酬也无可厚非。问题是,企业高管薪酬能上不能下,不论业绩好坏都领取丰厚的薪酬,企业亏损甚至巨额亏损,高管们仍然享受高薪,这是什么逻辑呢?这样的高薪怎么服人呢?

就我国上市公司而言,2007年不仅时逢经济景气,而且证券市场也是大牛市,公司业绩自然不错,创下了净利润比2006年增长48%的佳绩,高管们自然也没有客气,平均薪酬不仅一路攀升,通比增幅达到50%,高出净利润增长率两个百分点,如此薪酬已经引来市场的质疑之声。2008年则是全球金融危机,中国也不能独善其身,公司业绩更是"跌跌不休"。就市场业绩而言,股市遭遇连续暴跌,沪市综合指数从2007年10月的6124点高点一路下滑,到12月31日的1820.81点,全年的跌幅达65%,投资者蒙受极大的灾难,股票市值损失约20万亿元,相当于250次汶川大地震的经济损失。会计业绩同样是跌声一片,沪深A股上市公司净利润同比下降16.88%,净资产收益率更是进一步加剧了 1992 年以来的下滑趋势,同比下降 87.81%,创下 10 年来的新低。然而,高管们并没有共克时艰,而是继续享受着高薪的盛宴,高管最高薪酬平均值达到 55.6 万元,同比增长 1.5%①,与惨淡的经营业绩形成冰火两重天。金融危机将高管们的薪酬置于聚光灯下,引发了民众的口诛笔伐。

　　至于个案,许多公司高管的薪酬给人们带来了不少惊讶。华发股份 2008 年主营收入和净利润同比分别增长 60.6% 和 81.6%,高管薪酬总额增幅却高达 334%,董事长年薪从 2007 年的 143.64 万元上升至 723.74 万元,增幅高达 404%。更不可思议的是,中石化 2008 年归属于母公司净利润为 296.89 亿元,同比下滑 47.5%,但公司总裁王天普薪酬由 2007 年的 82.5 万增加到 84.4 万,副总裁章建华和王志刚的薪酬由 78.9 万增加到 80.8 万。中保国际 2007 年盈利超 15 亿港元,执行董事长冯晓增年薪 414 万元,2008 年亏损近 3 亿港元,而薪酬似乎一点也没有受到影响,虽然 2008 年 11 月 7 日就卸任,年薪仍然高达 330 万港元。② 这并不仅仅是中国的问题,美国等发达国家也不例外。美国私募股权投资集团百仕通(黑石)让投资者损失 190 亿美元,CEO 施瓦茨曼 2008 年却领取高达 7.02 亿美元的薪酬,成为全美 2008 年度"打工皇帝",令人咋舌! 华尔街的牛仔们,在制造了金融危机后,仍然不忘记高额的薪水。华尔街大亨们一方面接受财政部巨额援助,安渡难关,另一方面贪婪本色未减,2008 年年终奖金总和高达 184 亿美元,较 2007 年少了 44%,但仍和 2004 年华尔街鼎盛时期相若,创下史上第六高。奥巴马总统奥巴马大发雷霆,公开谴责华尔街高层"极度不负责任"和"可耻"。③ 在金融危机中几乎崩溃的全球保险巨人 AIG,罪魁祸首就是集团旗下一个不起眼的金融衍生产品,为此集团接受美国政府 1700 多亿美元的救助资金,政府控股 79.9%,2008 年年底该集团拨出专款成立巨额奖金池,其

---

① 齐雁冰:《上市公司高管薪酬排行榜发布 最穷高管月薪不足 2000》,载《北京青年报》2009 年 6 月 10 日;王璐:《08 年报披露今落幕 上市公司去年业绩下滑 16.88%》,载《上海证券报》2009 年 4 月 30 日。

② 齐雁冰:《上市公司高管薪酬排行榜发布 最穷高管月薪不足 2000》,载《北京青年报》2009 年 6 月 10 日。

③ 《华尔街肥猫拿千亿花红自肥 奥巴马怒斥"可耻"》,http://finance.people.com.cn/GB/42773/70853/8725601.html 2009 年 1 月 31 日访问。

中给予金融衍生产品部门的奖金高达 4.5 亿美元,令政府和民众怒不可遏。①

凡此种种,我们不禁要追问,高管们高薪的背后到底是什么逻辑?他们是否真的对得起这份薪水?面对这样的诘问和斥责,高管们的回应也是理直气壮,认为拿这些薪水乃是"合法合规的"。言外之意,这份薪酬又不是他们自己定的,而是由独立董事主导或者完全由独立董事构成的薪酬委员会审议通过的。进一步的问题就是,独立董事们是如何审议高管们的薪酬的?独立董事的高管薪酬决策真的客观、独立吗?这样的决策值得信赖吗?实际上,这就提出了这样一个问题,法院是不是要一如既往地将其作为商事判断予以高度尊重呢?为回应这些问题,本章通过揭示董事会在高管薪酬决策上的结构性偏见,程序公正被自废武功,探索以合理性审查标准替代商事判断标准,并分析合理性审查的强度。

二、高管薪酬激励机制

企业高管高薪本无罪,关键是要服人。高管薪酬如何才能服人呢?这就涉及高管薪酬激励的应有逻辑,不符合激励逻辑的高管薪酬,民众自然不能认同。下面就运用激励理论,讨论高管薪酬激励的目标及其路径,为分析高管薪酬的现实图景提供铺垫。

(一) 高管薪酬激励的价值目标:企业价值最大化

激励是管理的一项基本职能。人是需要激励的,因为激励可以提高生产率(productivity),这是有实证检验依据的支。有专家对 80 项评价激励方式及其对个人生产率的影响研究发现,以金钱作为刺激物使生产率水平提高程度最大,达到了 30%,而其他激励方法仅能提高 8%—16%。有关比较货币薪酬与其他潜在薪酬相对重要性的每一项研究均表明,货币薪酬是非常重要的。在各种薪酬方式中,它始终处于前五位。在有关的 45 项研究

---

① 马小宁:《高管顶风分红 AIG 拖累美国金融救助计划》,载《人民日报》2009 年 3 月 19 日。

中,1/3以上的研究发现,工资在薪酬激励形式中位居第一。薪酬在激励要素中无疑具有显而易见的重要地位。高管也是人,薪酬激励的重要作用自不待言。

激励也是经济学家关注的焦点之一。自20世纪30年代美国经济学家伯利和米恩斯提出现代公司所有权与控制权相分离的命题以来,经济学家就在孜孜不倦地探索企业高管激励与约束问题,他们从人的理性假设出发,在实证检验和制度设计的基础上,20世纪70年代后就形成了卷帙浩繁、各具特色的激励理论,高管薪酬激励已成为现代经济学的热点问题,有代表性的理论包括交易费用理论、产权理论、代理理论、企业家理论、现代管家理论、人力资本理论和利益相关者理论等。那么,高管薪酬激励的价值目标何在呢?经济学激励理论从不同的视角给出了自己答案,交易费用理论认为是为了节约交易费用,产权理论则认为是提高高管作为团队生产监督者的监督积极性,人力资本理论认为这是人力资本的不可分离性和能动性使然,企业家理论认为是为了鼓励高管创新或者承担风险,代理理论则认为是节约代理成本,增加企业价值。从表面上看,的确是众说纷纭,其实这些理论是具有内在一致性,无论是节约交易费用,还是调动高管监督的积极性或者人力资本的能动性,还是鼓励高管创新或者承担风险,都是服务于一个目标,那就是企业价值最大化,也就是通常所说的将企业做大做强。不难看出,代理理论关于增加企业价值的判断更具有包容性,因而在这诸多激励理论中它是最通用和最有效的。

科斯(1937)开辟先河的交易费用理论,最早给出了一个一般层面的答案。该理论认为,企业之所以替代市场,乃是为了降低交易费用,从而打开了企业这个"黑匣子"。杨小凯和黄有光在科斯和威廉姆森等人理论的基础上提出,企业内部重要的是所有权结构。鉴于度量从事难以捉摸的管理活动所付出的努力及其产出水平,要花费极高的成本,应赋予管理者剩余索取权,以体现管理服务的间接价格。无疑,在交易费用理论看来,激励高管的目的在于节约交易费用,合理配置相关资源。产权理论则开辟了从所有权角度解释企业内部激励问题的先河,揭示了如何节约交易费用的问题,将企业内部激励问题的研究向前推进了一步。阿尔钦和德姆塞茨(1972)的团队生产理论认为,要解决企业这种团队生产存在的偷懒(shirking)问题,需有监督者专门监督团队成员的工作。为了使监督者有监督的积极性和使监督富有效率,就应让监督者成为企业的所有者,占有剩余权益。此后,格罗斯曼和哈特(1986)以及哈特和莫尔(1990)又在威廉姆森(1975,1979)和克莱因(1978)对纵向一体化问题研究的基础上,发展了一个最优所有权结构的模型。易言之,赋予高管这种团队生产监督者剩余索取权,乃是为了提高监督者的积极性,克服偷懒问题。

随着研究工作不断地向企业内部的纵深推进,企业家价值及其对企业发展的作用就成为不可回避的课题,企业家理论和人力资本理论正是在这个层面给出了自己的答案。企业家理论认为,高管激励的目的在于鼓励企业家创新或者承担风险。熊彼特(1934)认为,创新是企业家的重要职能和根本动机,他所能发挥的作用就是"创造性破坏",实现生产要素新的组合,企业家利润就是其报酬。与熊彼特相反,马歇尔(1890)则认为企业家重要作用就是承担风险,为鼓励其承担风险,应赋予企业家获取具有准地租性质的利润,并且是永久性的。奈特(1921)与此一脉相承,但对风险进一步做了可保与不可保的区分,更关注具有不可保险特征的市场不确定性。他认为,企业家的作用就是面对市场的不确定性进行大胆决策,自己承担风险,而把可靠性提供给工人。企业家的本质在于处理不确定性的能力。奈特的贡献在于他对风险的认识是具体的,而且把风险的划分与企业家的能力相联系,从而部分地找到克服风险的有效办法。20世纪60年代兴起的人力资本理论则认为,高管激励的目标则在于发挥人力资本这一重要生产要素的作用。美国经济学家舒尔茨(1960)在对经济增长原因的探索中发现,人力是社会进步的决定因素,但人力的取得不是无代价的,需要耗费资源,包括知识和技能在内的人力是投资的结果。这种通过一定方式投资形成的人力资源,由于掌握了知识和技能,因而成为一切生产资源中最重要的资源,人力、人的知识和技能应该被看做是资本的一种形态,即人力资本。现代产权理论已经承认,人力资本和非人力资本都有平等的权利索取剩余。周其仁(1996)和方竹兰(1997)等人也认为,人力资本具有不可分离性、异质性、能动性和价值不确定性,人力资本天生需要激励,其所有者应该拥有企业所有权。杨瑞龙(1997)进一步指出,人力资本具有一定程度的可抵押特征,其所有者有可能分享企业所有权。人力资本专用性程度的加强和谈判能力的提高会现实地影响企业所有权的安排。企业高管人力资本乃是稀缺的资源,享有企业剩余索取权也就不言而喻。

比较而言,代理理论最具有解说力。它经由威尔森(1969)、斯宾塞和泽克赫塞(1971)、罗斯(1973)、莫里斯(1974)、詹森和麦克林(1976)、霍姆斯特姆(1979)及格罗斯曼和哈特(1983)等人开拓和发展起来,不仅考察代理问题,而且也考察了委托问题,大大改进了人们对所有者、管理者及员工之间内在关系的透彻理解。代理理论认为,高管激励的目标在于节约代理成本,促进企业价值最大化。也就是说,不仅要防止高管偷懒,而且鼓励高管按照企业利益进行经营决策,使委托人和代理人成为利益共同体。究其原因,作为代理人的高管也是自利的"经济人",与作为委托人的股东有着不同的利益诉求。委托人与代理人关系面临说信息不对称、利益不兼容、风险不对称和契约不完备四大问题,代理人可能通过逆向选择和道德风险损及委托人利益。比如,若高管努力工作,而他可能承担全部成本,只获得部分利润。反之,若他消费额外收益时,则获得全部好处,只承担少部分成本。这样,高管就会热衷于额外消费,不努力工作,企业价值就会小于他作为企业完全所有者时的价值,其间差额就是代理成本。让高管拥有企业的剩余权益,则可以解决代理成本,从而增加企业价值。该理论还认为,如果仅仅以会计业绩为标准,通过货币薪酬激励高管,高管则可能通过操作会计盈余获取额外薪酬,从而陷入"薪酬困境"。然而,高管股权激励则可以促使其关注企业的长期价值,减少机会主义行为,避免短视行为。

既然高管薪酬激励以节约代理成本,促进企业价值最大化为目的,而要将企业做大做强无论如何都应有业绩支撑,没有业绩的"大"或者"强",无异于空中楼阁,完全靠不住。可见,企业高管薪酬一边倒,单边上扬,业绩下滑,薪酬还逆水而上,甚至无功受禄,无疑与激励的价值目标相悖,民众的众多质疑乃至斥责显然是有道理的。

(二)高管薪酬的合理激励性

薪酬机制如何才能实现这一激励目标呢?激励性的合理化乃是关键。具体说来,就是实现三个合理化:激励标准合理化、薪酬水平合理化和薪酬结构合理化。

1. 激励标准合理化

何种激励路径才能促进企业价值最大化呢?选择适宜的激励标准是企业高管薪酬激励性合理化的首要任务,这是因为激励标准决定了激励路径,只有激励标准合理,才能促使企业高管为企业价值最大化而不懈努力。问题是,基于高管人力资本的特殊性和团队生产的复杂性,企业高管薪酬体系极具复杂性和多样性,其影响因子包括公司业绩、企业经营特征、企业治理结构、市场标准、高管人力资本特征、企业文化等权变因素。那么,采用何种标准来激励企业高管呢?

依据前述代理理论,要防止高管偷懒,鼓励高管们按照企业利益进行经营决策,理应以高管努力程度为标准,按照其努力程度支付相应的薪酬。但是,高管人力资本具有特殊性,其努力程度往往难以观察,很难测度,故以高管努力程度作为激励标准不具有可操作性,是不可行的。既然此路不通,最优标准不可得,那就只能求次优了。也就是说,虽然企业高管努力程度难以观察和测度,但是作为努力程度的结果,企业经营绩效不仅具有可观察性,而且可以测度,可以表示为高管努力程度和环境因素的函数。何况,测度理论已经较为成熟。可见,以经营绩效作为次优的激励标准则是完全可行的,也是符合高管薪酬激励的价值目标的,没有相应的业绩基础,企业价值谈何最大化,更何谈做大做强。这就意味着,企业高管与其说是按劳取酬,毋宁说是按绩取酬,薪酬应随绩效而变动:绩优则薪酬高,绩劣则薪酬低;绩效上升,才能涨薪,而绩效下降,则应降薪。由此可见,企业高管薪酬能上不能下,甚至逆势上涨,显然是不符合薪酬激励逻辑的。

问题是,企业高管的管理服务并不能直接产生绩效,只有通过团队生产才能形成经营绩效。也就是说,绩效并非完全属于高管个人能力和努力程度的结果,还有许多不可控因素的影响,包括团队生产、宏观经济环境、市场环境等等。绩效好坏以及绩效上升或降低可能是企业高管没有努力工作,也可能是他们不可控的因素造成的,也可能是两者共同作用的结果。那么,如何过滤掉这些不可控的因素呢?实际上,就是选择何种形式的业绩来激励企业高管的问题。股票市场价值和财务会计利润就是传统的两个度量企业经营绩效的形式,不过均有其局限性,前者难以反映企业高管的努力程度,而后者又容易被企业高管操纵。为克服其局限性,20世纪90年代初霍姆斯特姆(1991)提出了相对绩效标准(relative performance evaluation),以过滤掉市场价值和财务会计业绩中的不可控因素或者操纵因素,能够更有效地反映企业高管的努力程度,从而使薪酬激励更为可靠。

以股票市场价值作为激励高管的业绩标准,其基本逻辑就是股东财富最大化在股票市场上表现为股票市场价值的最大化,故市场价值指标最能直接体现股东财富最大化的要求。也就是说,企业高管努力工作会提升公司绩效,股票价格上升就是表现形式,而高管薪酬提高会激励其进一步提高努力程度。这种业绩形式显然只能适用于上市公司,对于大量的没有上市的企业,没有公开市场的股价,它也就失去了用武之地。即使对于上市公司,也是以假定资本市场有效为前提,这样股价才能准确地反应企业经营情况,而成为衡量高管在企业经营管理过程中努力程度的最好指标。问题是,这一假定是不现实的,处于转轨时期的中国证券市场尤其如此。股票一旦上市即有系统风险,股价会受到社会经济、政治形势等诸多不可控因素的影响,股价信号含有非企业所能控制的"噪音",从而偏离甚至远远偏离其自身价值,在这次全球金融危机中已经得到充分体现。若整体经济形势景气,股市普遍上涨,股票泡沫化,企业高管即使不努力也会得到高薪丰酬。反之,经济不景气时,股市普遍下跌,股票价值被低估,高管再努力,其收入也不会高。比较而言,企业财务会计利润则较少这种"噪音"的影响,能够更多地反映企业自身的信号,更好地反映经营业绩,故更多地受到企业的青睐。一项对《幸福》杂志(Fortune)排名前500家企业的经理人调查发现,半数以上的高管认为会计方案更具有优势。[①] 该标准虽然具有过滤"噪音"之优势,排除企业绩效中高管不可控因素的影响,但又产生了新的问题,高管具有操纵企业财务会计利润的空间。比如,为了提高利润,他们既可能通过减少研发费用、市场开发费用和人力资源培训费用等牺牲企业长期利益的方式,也可以通过少提折旧、部分费用不进成本等不正常的手段,有的为了眼前利益,甚至铤而走险,进行财务造假和欺诈,2001年美国暴发的安然事件和世界通信事件就是典型,中国则有银广夏造假案。除了这种恶性造假事件外,不少企业为了达到上市、配股等目的,人为操纵财务会计利润指标更是比比皆是。有关专家对我国证券市场自1994年以来历次配股政策变迁的实证研究发现,净资产收益率(ROE)的每次调整,上市公司的 ROE 分布形态均发生相应的亦步亦趋的变化:配股政策趋严时,ROE 分布形态整体上出现调高特征;当配股政策放宽时,ROE 的分布便整体上调低;对于 ROE 临界值,如

[①] 参见周宏、王海妹、张巍:《相对绩效评价的绩效形式研究》,载《会计研究》2008年第6期。

10%和6%,则表现出极强的敏感性和迅速的反应性。① 可见,财务会计利润指标也不能准确地反映企业价值,仅仅以其作为激励企业高管的标准显然也是不科学的。

霍姆斯特姆(1991)提出的相对绩效标准,克服了单一的股票市场价值或者企业财务会计利润指标的局限性,以企业绩效与市场或行业平均业绩之间差异为激励的基础,过滤掉高管不可控因素以及人为操纵因素的影响,尽可能准确地刻画高管的努力程度,使得企业高管的激励更为可靠。在传统的会计利润指标体系下,一般认为只要利润大于零,企业高管就应该得到奖励,而相对绩效标准则认为,只有企业绩效超过行业平均水平时,高管才能获得奖励。如果连平均水平都没达到,即使利润大于零也不能得到奖励。要充分发挥相对绩效标准的作用,取得较好效果的关键在于,一是选择可比的参照企业。参照企业应具备行业相似、地区相同、规模相近的特点,符合要求的企业越多,其平均绩效水平越能剔除共同面临的系统风险。二是构建客观、全面的综合绩效指标体系,既要能体现出高管的可控制性原则,使其不必为不可控的风险承担责任,又要满足动态可调整性,将更为有效率的计量指标保留在指标体系中,而将信息含量低的指标剔除。Kaplan and Norton(1996)提出的平衡积分卡(Balanced Scorecard)和我国1999年6月由财政部等四部委联合颁布并实施的《国有资本金效绩评价规则》均属于很好的尝试。具体说来,综合绩效指标体系不仅要涵盖盈利能力,也要涵盖其主营能力、成长能力、偿债能力和资产运作能力,这是因为盈利能力对企业的生存与发展起着关键作用,主营能力事关企业的核心竞争力,而成长能力、偿债能力和资产运作能力也具有重要意义。这不仅有利于客观全面地衡量企业的真正价值,也有利于与相关企业的绩效进行比较,尽可能地挤压企业高管操纵利润的空间。有关专家利用上市公司披露的年报,对沪深两市1999—2006年774家A股上市公司进行综合绩效分析,也印证了这个观点。就企业综合能力而言,排序在前的企业综合能力更强,仅有个别方面突

---

① 参见王萍、刘洪添:《上市公司净资产收益率的实证研究》,载《辽宁大学学报》(哲学社会科学版)2006年第1期;王培欣、刘佳和昝晓伟:《基于配股管制的净资产收益率的实证研究》,载《财会之友》2007年第6期。

出的企业很难进入前列。① 这就表明,基于综合绩效指标体系的相对绩效标准不仅是合理的,也是可行的。

由此看来,企业应通过绩效路径对高管进行薪酬激励,而要使得激励更为可靠,就应采用综合绩效指标体系和相对绩效形式,以过滤掉企业业绩中的高管不可控因素和高管人为操纵因素的影响。

2. 薪酬水平合理化

企业高管合理的薪酬水平,不仅要求薪酬具有竞争力,能够吸引和留住优秀的高管,而且要求具有公平性,其与一般职工收入差距不能过大。前者反映的是企业高管的人力资本特征,后者系企业团队生产特征的要求。薪酬过低,不能吸引和留住好的企业高管,自然不利于企业价值最大化。薪酬过高,与一般职工收入差距过大,形成分配不公,则会影响职工的积极性,也不利于企业价值最大化。可见,企业高管薪酬过低或者过高均属不合理。

薪酬其实就是人力资本的价格,企业高管薪酬必须具有竞争力。这是因为,好的企业高管系具有特殊禀赋的人才,属于稀缺资源,明星企业家麦克尔·戴尔就好比体育明星麦克尔·乔旦。物以稀为贵,这是市场规律,体育明星麦克尔·乔旦可以获得高收入,人们也习以为常。面对激烈的市场竞争,好的高管在一定程度上决定着企业的成败,为了吸引这种稀缺资源,为了激励其制定和实施促进企业价值最大化的经营计划,高管薪酬价格不菲也是自然的,世界各国都是这样。20 世纪 70 年代美国 S&P500 公司的 CEO 平均薪酬就有 85 万美元,2000 年增长到 1400 万美元。② 在富时指数欧洲 300 公司中,68 家英国公司 CEO 平均薪酬为 1542403 欧元,42 家法国公司 CEO 平均薪酬为 1826719 欧元,44 家意大利公司高管平均薪酬为 988649 欧元,18 家荷兰公司 CEO 平均薪酬为 1237354 欧元,30 家德国公司高管平均薪酬为 1352537 欧元,5 家芬兰公司 CEO 平均薪酬为 1077094 欧

---

① 参见周宏、王海妹、张巍:《相对绩效评价的绩效形式研究》,载《会计研究》2008 年第 6 期。

② M. Jensen and K. Murphy. 2004. "Remuneration: Where We've Been, How We Got Here, What Are the Problems, and How to Fix Them." ECGI Working Paper No. 44/2004, pp. 23 – 38, http://ssrn.com/abstract = 561305

元。① 反之,我国由于长期计划经济的影响,国有企业高管薪酬过低,不仅严重影响了他们的积极性和创造性,而且还诱发了过度职务消费、"59 岁"现象乃至贪污腐败等问题。近年来,我国推行了年薪制、高管持股等市场化薪酬薪酬措施,企业高管薪酬便扶摇直上。在全球金融危机背景下,我国不少企业还主动出击,远赴美国重金招揽华尔街金融业的高管。这样的举措,完全符合市场规律,也得到社会公众的普遍认同。

既然高管薪酬属于市场定价,高薪则是优秀高管资源的市场稀缺性的体现,那么高管薪酬是否也是明码实价呢?是否也向劳动力市场那样,实现同工同酬呢?果真如此,企业高管薪酬设计就极为简单了,只要按照市场标准支付即可。问题是,经理市场并不像劳动力市场那么简单,这种市场只具有定位性(positional),无法给出特定类型企业高管的明码实价,没有现货市场价。② 美国管理协会每月出版的 Comp-Flash 和商业周刊会定期公布处于相同行业、类似规模、相似业绩水平公司的企业 CEO 的工资、奖金和长期收入。按理说,这是一个有效市场价格。但是,不同企业 CEO 薪酬差别很大,即使在相对小范围的比较群体中,如相似规模、行业和业绩的企业,CEO 薪酬差异也较大。既然市场只能给出大致的价位,其模糊性就好比"普洛透斯"的脸,变动不居。一个高管到底价值几何,还得由企业具体情况具体分析,从而确定具体数额。至于企业高管薪酬与自由竞争市场价位之间的差异,则是企业治理结构、经营绩效、高管人力资本特征、企业文化以及高管个体偏好等多种因素共同作用的结果。所以,分析企业高管薪酬是否合理时,不仅要考虑相似行业、相似规模企业高管的大致市场价位,还应结合特定高管的角色、责任、绩效及其个人偏好等因素予以综合考量。

另一方面,企业高管薪酬设计还应考虑公平性。这是企业团队生产特征的体现,企业高管只是团队生产的领导者,企业经营决策要转化为现实的经营绩效,还需要团队成员协作,团队成果分配的公平性会直接影响成员协作的积极性和能动性。依据波特(Porter)和劳勒(Lawler)1968 年在弗鲁姆

---

① G. Ferrarini, N. Moloney and C. Vespro. 2003. "Executive Remuneration in the EU: Comparative Law and Practice." ECGI Working Paper No. 09/2003, pp. 44 – 62, http://ssrn.com/abstract = 419120.

② J. N. Gordon. Executive Compensation: If There's a Problem, What's the Remedy? [OL]. ECGI Working Paper, 2005, (35), http://ssrn.com/abstract = 686464.

理论的基础上所建立的激励过程理论:波特—劳勒模型,工作绩效是一个多维变量,除了个人努力程度之外,还受到个人能力与素质、外在的工作条件和环境、个人对组织期望意图的感悟和理解以及对奖励公平的感知这四个因素的影响。个人努力程度的大小,取决于个人对内在、外在奖酬价值特别是内在奖酬价值的主观评价,以及对努力—绩效关系和绩效薪酬关系的感知情况。这就是公平感的问题,故公平理论又称为社会比较理论,美国心理学家戴西·亚当斯 1963 在《对于公平的理解》一文中提出该理论。他认为,作为激励环节的奖酬,能否起到激励作用,并不取决于奖酬本身,而取决于人对这种奖酬比较的认识。他会思考自己所得与付出的比例,并将自己的比例与相关他人的比例进行比较,如果比值相等,他就感到公平,就心情舒畅,积极性就高。反之,就会出现不公平感,就可能出现消极行为,去纠正这种不公平。可见,企业高管薪酬设计不仅要考虑市场竞争力,以吸引和留住优秀企业领导,还应充分考虑企业内部分配的公平性,考虑不同层级职工之间的利益协调。只有这样,企业高管薪酬才能实现激励的目标。否者,企业高管薪酬激励机制设计不合理,高管与职工收入差距过于悬殊,其对公司的成本则远远超过薪酬本身,可能对企业价值最大化构成灾难性影响。

3. 薪酬结构合理化

企业高管薪酬激励体系颇为复杂,难怪西方国家称其为薪酬包(compensation package),其中各个要素结构合理化,乃是高管薪酬激励性合理化的重要内容。这主要涉及三个方面:一是激励工具的组合运用;二是注重长期激励;三是适当的风险性。

首先,组合运用激励工具。薪酬激励工具多种多样,各有其功能和针对性,需组合运用并形成合理的结构,才能实现激励目标。单纯依靠某一种激励工具,则不可能达到激励目标。就货币激励而言,主要有基本年薪和绩效年薪两种形式,基本年薪是企业高管在年度经营过程中提供日常经营管理服务而应取得的基本薪酬,是对其人力资本的基本补偿。这是一种基本保障性,不与企业经营绩效挂钩,通常与其职务、岗位、资力、学历有关,一般根据企业资产规模、企业平均收入水平、地区平均工资水平或全国平均工资等因素来确定。绩效年薪则是企业高管在一定经营期间内为企业创造价值而获得的激励性薪酬,主要体现当期的经营成果。这是一种短期激励,与企业本年度经济效益挂钩,年终发放或每月按比例预发。股权激励则是属于长期激励,具有协调所有者与高管长远利益的功能,使高管能够像投资者那样关注企业长远利益。股票期权对鼓励高管在任职期间努力工作,关心企业长远利益,也可以起很好的作用。至于福利计划,则是解决高管后顾之忧,可以弥补货币激励的不足。对于不同层级的人,激励工具的组合也不一样,一线员工主要靠货币薪酬激励,而企业高管的激励,则不仅需要绩效年薪这种货币激励,更需要股权、股票期权、股票增值计划等长期激励,而且长期激励应占较大比重。

其次,注重长期激励。这就涉及薪酬激励的时间维度,主要是考察基于长期业绩的薪酬在总薪酬中所占的比例。该比例越大,则薪酬将在更大程度上取决于其长期业绩表现。如前所述,股权激励着眼于未来,把高管收益与他对企业未来绩效的贡献联系起来,促使其不断地为企业博取更大的价值,从而也为自身带来尽可能的高收益。与基本年薪和绩效年薪这种短期激励相比,股权激励既可以维持高管队伍的稳定,也可以驱动他们关注企业的长期利益,故股权激励应占有适当的比例。经济学家的实证研究也证实了这一点,詹森和墨菲(Murphy & Jenson,1990)利用不同时期的数据研究了高管薪酬和企业业绩之间的关系,发现高管薪酬与企业业绩联系不强,但高管持股所起的作用相当重要。霍尔和李伯曼(Hall & Liebman,1998)分析了1980—1994年近15年美国最大的上市公司CEO薪酬情况,发现1980年以来CEO薪酬与对公司业绩敏感性的显著性增加,主要应归于CEO股票期权价值的变化。我国上市公司的实证分析也有类似的发现,唯高管持股尚未达到预期效果。魏刚(2000)的实证研究发现,高管持股没有达到预期的激励效果,还仅仅是一种福利制度安排。李增泉(2000)实证研究发现,较低的持股比例不会对高管产生激励作用,但当高管持股比例达到一定数量后,股权激励的影响就会明显表现。于东智、谷立日(2001)对1999年上市公司高管持股比例与经营绩效进行了研究,发现两者在总体上呈正相关关系,但统计上不显著。吴淑琨(2002)对1997—2000年上市公司的研究则发现,持股比例与公司业绩呈显著的倒U形相关关系。徐向艺、王俊韡和巩震(2007)对1107家深沪A股上市公司的实证研究发现,年薪制和股权性激励尚未与公司治理绩效有效挂钩,未发挥其应有的激励作用。①

其实,货币薪酬中的绩效奖励只要设计得当,亦可发挥中长期激励效应。传统绩效奖励的问题在于往往将其等同于绩效年薪,一年一考核,而企业经营决策的效果往往具有滞后性,这种激励机制就会驱使企业高管大搞"政绩工程"或者"面子工程",追求短期绩效,最终可能损害企业的长远利益。有两种方法可以防范这种追求短期利益而损害长期利益的弊端:一是在年度考核之外,设立任期考核,并支付相应的任期绩效薪酬;二是绩效薪酬可以分期兑现。通过测算确立当期发放数额和未来一定期限发放的数额,以防业绩好的时候高管薪酬很高,而业绩下滑时却无人负责的问题。这样,将业绩好的时候部分高管薪酬预留下来,如遇后来业绩下滑或者发现业绩不真实,即可从预留部分进行扣除,从而有效地引导高管考虑企业长远利益,促进企业可持续发展。

最后,适度的风险性。薪酬的风险性事实上反映了其激励性,亦称激励维度,它考量的是变动薪酬在总薪酬中所占比例,即薪酬在多大程度上处于风险之中。该比例愈大,则薪酬中固定薪酬在总薪酬中的比例愈小,薪酬将更多地取决于其业绩表现。要实现激励目标,就必须有适当比例的变动薪酬,而不论业绩好坏,高管薪酬都是旱涝保收,显然是与激励目标格格不入的。至于变动薪酬到底占多大比例,则因行业和企业经营特征而异,因企业发展阶段而异,甚至因企业高管个人偏好而异。值得注意的是,这并不是说风险性或者激励性愈大愈好。恰恰相反,风险性过大,激励过度会诱发高管"道德风险",华尔街引爆的全球性金融危机充分说明这个问题。正是在离谱高薪的利益诱惑和驱动下,金融机构便挖空心思地设计出不断翻新的结构化金融衍生产品。华尔街在泡沫严重期间,每天都有金融新产品,一些新产品连设计者自身都不能自圆其说。然而,这些产品却令人不可思议地销售火爆,背后则是大量金钱落入了金融机构高管的腰包。这样,一边莫名其妙、风险巨大的金融产品层出不穷,火爆热销,金融机构高管薪酬越来越高,另一边金融泡沫被吹大,投资者特别是中小投资者不断被套牢,最终泡沫破裂发生危机,投资者损失严重,欲哭无泪,大量企业倒闭破产,殃及普通民

---

① 徐向艺、王俊韡、巩震:《高管人员报酬激励与公司治理绩效研究——一项基于深、沪A股上市公司的实证分析》,载《中国工业经济》2007年第2期。

众,各国不得不付出巨大代价来买单。在金融危机中轰然倒下的雷曼公司,其 CEO 里查·福尔德从 1993—2007 年,共计获得 4.66 亿美元的收入,其中的股权收益部分占了整个收入的 78%。显然,正是这种过度的激励和冒险文化,驱使他从开始 2004 年率领雷曼大举进军按揭市场,买下多间按揭公司及银行,并将按揭包装形成债券出售,曾经赚得盆满钵满,获得丰厚的薪酬。然而,楼市由盛转衰,次贷危机爆发,雷曼手上大量债务抵押证券无法脱手,最终落得倒闭收场。① 可见,企业高管薪酬的风险应当适可而止,不能没有风险性,但也不能过度激励,过度鼓励冒险。

(三) 高管薪酬激励的正当程序

法国政治家埃德伽·富尔指出:"真实的选择不在于选择理想,而在于选择手段。"②程序便是法治与恣意的人治之间的基本区别③,美国法官道格拉斯的这一精辟论断深刻地揭示了程序在现代社会中的重要价值和功能。汤姆·泰勒和艾伦·林德研究程序公正的社会心理学还发现,如果执法者重视裁决的过程,其决定就能够为人们所接受。受到公正对待的经历将使人们认可社会准则,并自愿履行守法义务。④ 显然,企业高管薪酬激励的程序公正无疑是至关重要的,不仅是前述激励性合理化的保障,更是高管薪酬正当性的必然要求。

1. 董事会高管薪酬决策的利益冲突

为何企业高管薪酬的正当性需要程序公正呢?这是因为董事会对企业高管薪酬激励有实质性决策权,而董事会对这种决策则会有利益冲突。如前所述,高管薪酬激励需由企业自主决定,企业内部又是谁在控制高管薪酬决策呢?英美国家除薪酬政策、股权激励和长期激励计划由股东大会决策外,董事薪酬由董事会决策。易言之,董事会是包括董事在内高管薪酬的合

---

① 王丰丰:《富尔德数亿美元薪酬惹众怒》,载《羊城晚报》2008 年 10 月 9 日。
② 转引自季卫东:《从审批到审计:法治政府在行动》,载《中国法律人》2004 年第 1 期,第 22 页。
③ 转引自季卫东:《法治秩序的建构》,中国政法大学出版社 1999 年版,第 3 页。
④ 转引自汤姆·泰勒:《美国的守法:法律程序公正与公平观念》,www.usembassy-china.org.cn/jiaoliu/jl0401/procedural-justice.html。

法决策者。① 在我国和其他大陆法系国家,董事薪酬由股东大会决定,而经理、副经理以及财务负责人等经营层的高管薪酬则由董事会决定。② 其实,这并不意味着股东大会就是董事薪酬真正决策者。其一,高管薪酬具有高度技术性和复杂性,股东大会作为非常设机关,根本无暇也没有能力亲自制定薪酬方案,从而将实质性控制权拱手让给董事会。其二,股东集体行动有"搭便车"(free-riding)问题,股东大会形式化和空壳化属于不争的事实。董事会所制定的薪酬方案,一般均会顺利获得股东大会通过。其三,就算股东大会能够控制董事薪酬,董事薪酬其实并不高,薪酬高的乃是在经营层任职的高管们。这样,不兼任董事的高管薪酬自然完全由董事会说了算,而兼任董事的高管亦可将选择从经营层的高管职位取酬,根本不会在乎数额少得多的董事酬劳。凡此种种,无不表明股东大会不过是董事薪酬的橡皮图章,实质性决策权乃是掌握在董事会手中。

其实,国有企业也不例外。对于国有独资企业和国家控股的公司,按理说,国有股股东可以有效地发挥大股东的控制作用。但是,国有股又有股东代表人格化的特殊问题,国务院国资委就要监管近180家特大国有企业,各地方国资委都要监管数十家大型国有企业,囿于人力和专长,这样往往令其监管鞭长莫及,企业高管自定薪酬已经成为各级国资委头疼的问题。就在国务院国资委对央企高管推行年薪制不久,高管薪酬便迅速飙升,2003年当年就突破了与职工收入差距不得超过12倍的底线,国资委负责人不得不在中央企业负责人会议上向高管们发出警告。③ 为此,中央纪委还在2008年将国企高管自定薪酬纳入党纪处分,情节严重的,要开除党籍。④ 不难看出,国企高管薪酬不仅同样存在着内部人控制问题,而且还较为普遍和严重,以至于不得不祭出党纪处分。

既然董事会实质上控制着高管薪酬,并可能染指董事薪酬。董事这种特殊角色使其完全可能在薪酬问题上"脚踏两只船",既当委托人,又当代理人,从而形成利益冲突,甚至导致自我交易,就为企业高管利用权力寻租打

---

① 美国《示范公司法》(2002)第8.11,英国伦敦证券交易所《上市规则》第13.13条。
② 我国《公司法》(2005)第38条第2项,第47条第9项,第100条和第109条第4款。
③ 参见文钊:《谁为中央企业负责人定价?》,载《经济观察报》2004年8月22日。
④ 中央纪委《国有企业领导人员违反廉洁自律"七项要求"适用〈中国共产党纪律处分条例〉若干问题的解释》(2008)第8条。

开了方便之门。这样的决策结果自然难以取信于人。公平理论的新近发展也告诉我们,人们对薪酬的知觉比实际结果更看重,在分配结果不公平时,只有在程序不公平的情形下才会产生不满意感。① 难怪体育明显、文艺明星获得高额收入,人们可以心平气和地接受,而对企业高管的高薪丰酬则质疑如潮。究其原因,前者是真正的市场交易的结果,而后者则不是这样,企业高管在薪酬决策程序中会有利益冲突,难以服众。可见,企业高管薪酬要取信于人,获得公众认同,程序公正是至关重要的。

2. 确保高管薪酬决策者的中立性

如何实现高管薪酬决策的程序公正呢?关键在于决策者要中立,任何人均不得自己做自己的法官,这是程序公正的基石。② 作为薪酬的受领人,企业高管自然没有资格担任薪酬的决策者,而应由没有利害关系的第三人来决定。③ 那么,应由谁来决定高管薪酬呢?我国与世界各国一样,均采取改良主义,没有踢开董事会,另起炉灶,只是在董事会内部构建独立董事主导的薪酬委员会。该委员会并非独立于董事会的机关,只是董事会的一个专门委员会,由其对高管薪酬事宜进行小同行评议,达成共识后向董事会提议,最终仍由董事会决策。不过,这种董事会决策更多的是形式意义。

为确保薪酬委员会能够不辱使命,真正独立决策,各国还从以下三个方面塑造其中立地位:其一,确保独立董事具有群体优势地位。不仅独立董事要独立,而且还要具有占据优势的群体力量。英国、美国、爱尔兰要求薪酬委员会全由独立董事组成,法国、比利时、日本和我国要求独立董事占多数,德国、奥地利和荷兰的薪酬委员会则由独立于经营层的监事组成。况且,他们要具有高管薪酬以及相关领域的必要知识,具有独立判断力,要有查明问题、诚实发表议论以及坚持原则的勇气。为避免偏见和先入为主,他们还要具有多元化背景,成员尤其是召集人要定期轮换。其二,决策过程独立。薪

---

① 管湘:《薪酬制度中的公平实施问题》,载《浙江经济》2002年第17期。
② 〔美〕戈尔丁:《法律哲学》(中译本),齐海滨译,生活·读书·新知三联书店1987年版,第240页。
③ 美国商业圆桌会议"Executive Compensation: Principles and Commentary"的第2项原则、公共信托和私人企业大会委员会"Executive Compensation: Principles, Recommendations and Specific Best Practice Suggestions"的第1项原则、英国"Combined Code on Corporate Governance"的第B2.1—2.2条。

酬委员会要独立行事,不受高管操纵。① 该委员会要单独开会,独立控制会议议事日程和会议进度,尤其是讨论 CEO 薪酬和股票期权事宜,CEO 不得参会。② 为确保其决策的科学性,他们有权咨询专家意见,以便形成有见地的决定;可独立聘请独立薪酬顾问,该顾问不得与公司有其他任何关系,包括不得是一般员工的薪酬顾问。若需要与高管尤其是 CEO 谈判雇佣条件,亦可聘请独立顾问,代表公司进行谈判。高管业绩亦需由独立董事评估,并依据业绩确定薪酬。其三,决策信息的多元性。薪酬委员会的信息来源不得仅依赖高管所提供的信息,确保兼听则明。③ 为确保高管绩效的考核依据客观、可靠,以免高管自己给自己评卷,不得让高管尤其是 CEO 和 CFO 左右审计过程及其结果。审计师的聘任和监督需由审计委员会负责,审计师的重大审计政策和做法需要向审计委员会而非向高管报告。若会计师事务所承揽该公司非审计业务达到一定程度,或者审计师长期为特定公司进行审计,由此形成的利益冲突或伙伴关系也会影响审计结果的客观性,难怪各国要限制审计机构的非审计业务,执行审计回避制。这样,薪酬委员会的独立董事力量强大了,而且独立行事,并获取多元化的决策信息,从而作出客观独立的判断。

由此观之,由独立董事主导的薪酬委员会独立行事,对企业高管薪酬作出不偏不倚的判断,有助于隔离董事会高管薪酬决策中的利益冲突,使高管薪酬取信于企业职工和民众,促进企业价值最大化的目标。

三、现实困境:"董董相护"与高管"问题薪酬"

走进现实,企业高管薪酬激励却令人大为失望。高管薪酬的"大跃进"

---

① 参见 ① M. Jensen and K. Murphy. 2004. "Remuneration: Where We've Been, How We Got Here, What Are the Problems, and How to Fix Them." ECGI Working Paper No. 44/2004, p. 9, http://ssrn.com/abstract = 561305 ② G. Kaiser. 2004. "An Independent Process for Compensation Committees Post-Sarbanes." http://library.lp.findlaw.com/articles/file/00152/009570。

② The Combined Code of Corporate Governance. 2003. A3.

③ M. Jensen and K. Murphy. 2004. "Remuneration: Where We've Been, How We Got Here, What Are the Problems, and How to Fix Them." ECGI Working Paper No. 44/2004, pp. 76 – 78, http://ssrn.com/abstract = 561305。

与企业持续下降的盈利能力形成了鲜明的对照。一方面高管薪酬攀比竞赛和暴涨,另一方面企业业绩缓慢增长或者下降、亏损,甚至破产倒闭。一方面董事会薪酬委员会愈来愈普及,独立董事愈来愈多,另一方面高管一手遮天,自定高薪,权力自肥依然故我。凡此种种,均表明实践中的高管薪酬激励与企业价值最大化的目标相去甚远。

(一) 背离激励目标的高管薪酬"大跃进"

薪酬激励以企业价值最大化为目标,只有企业业绩增长,将企业做大做强,才谈得上高管薪酬增长。反之,高管薪酬增长的背后,则应有相应的业绩增长。否则,高管薪酬增长便有违激励的基本逻辑。然而,天不遂人愿,实践中的高管薪酬激励让人们大为吃惊,一方面高管薪酬一路攀升,享受着高薪丰酬,另一方面企业不仅没有同步"做大",更谈不上"做强"了。

高管薪酬"大跃进"是有目共睹的,国有企业和上市公司均是如此。就央企而言,2002年初高管平均薪酬为25万,2003年上升到36万,增长44%。2004—2007年央企高管平均薪酬分别为35万、43万、53.1万、55万,年均增长14.9%[①],可谓扶摇直上。其实,这一数据并未包括银行、保险业的中央国企,也没有包括高管在上市公司领薪的央企,如中国神华、中石油、中石化等。众所周知,金融业高管薪酬高得多,如果一并计算,显然央企高管平均薪酬水平将大大上升。如果再计入央企高管的期权收益,平均薪酬将更为可观。仅中国移动董事长王建宙在香港的期权市值一度就达到1.7399亿港元。[②] 至于上市公司,高管年薪更是一路攀升,3年左右就翻一番。1998年上市公司高管平均年薪为5.1万,2001年11.6万,2004年23.6万,2006年25.5万,2007年38.3万。即使是遭遇百年一遇的全球金融危机的2008年,股指一路下滑,沪指全年下挫65%,市值蒸发掉20万亿元,铸成18年来最大跌幅,高管最高年薪平均值仍升至55.6万元,升幅达到1.5%。不少高管薪酬一年翻一番甚至更多,科龙电器总裁刘从梦年薪2003年度位居上市公司高管薪酬排行榜榜首,接近400万元,比2002年的200

---

① 钟晶晶、杨华云:《国资委:央企负责人现有薪酬适当》,载《新京报》2008年8月11日;韦洪乾:《所谓天价薪酬:央企老板薪酬大讨论》,载《方圆法治》2008年第17期。

② 韦洪乾:《所谓天价薪酬:央企老板薪酬大讨论》,载《方圆法治》2008年第17期。

万翻了一番。① 2007年,高管薪酬翻番的上市公司就有100多家,中国平安高管薪酬涨幅更是令人咋舌,前三名高管报酬总额最高为16199.5万元,虽然2006年中国平安也排名第一,但总额仅为4276.5万元,一年就增长3.8倍左右,董事长马明哲的税前年薪2004—2007更是直线上升,分别为1170.4万、1413.5万、2351万和6616.1万,2007年比2006年增长2.8倍。同样地,深发展A董事长纽曼2007年年薪高达2285万元,比2006年的995万元增长了2.3倍,一年就翻了一番多。

与高管薪酬节节攀升形成鲜明对照的是,企业业绩增长缓慢,甚至下滑。央企高管2003年平均年薪增长44%,而同期央企利润才增长30%,高管薪酬大幅度跑快于利润增长。2004—2007年央企高管薪酬年均增长14.9%,而同期我国GDP增长最快的2007年才11.9%,一般为10%左右,最慢的2004年才10.1%。改革开放以来,我国经济增长速度一直位居世界前列,但高速增长的背后存在着"高投资—低效率"的问题。② 在这种经济增长模式下,显然很容易将企业做大,而高管薪酬与企业业绩同步增长本来是很容易的,而央企显然并不是这样,高管薪酬大幅度领跑于企业业绩增长,也快于国民经济整体的增长速度。上市公司作为我国企业群体的佼佼者也不例外,1998年到2007年高管薪酬翻了近4番,而企业业绩则大大滞后。2001—2003年高管年薪平均值分别为11.6万、15.7万和19.9万,同比增幅分别达到35.3%、31%和27%,而2002年度沪深两市1221家上市公司的利润仅增长8.5%③,薪酬增速是业绩增速的4.15倍。在经济最为景气的2007年,上市公司净利润同比增长48%,而高管薪酬增幅为50%,快于净利润增长两个百分点,更是将当年11.9% GDP增长率远远地抛在后面。经济景气时期尚且如此,经济不景气时期就更不用说了。2008年上市公司在全球金融危机的冲击下,整体业绩下滑16.88%,每股收益下降

---

① 参见《上市公司高管年薪相差600倍》,www.gog.com.cn/gzrb/g0402/ca614690.htm,2004年5月20日访问。
② 经济增长前沿课题组:《高投资、宏观成本与经济增长的持续性》,载《经济研究》2005年第10期。
③ 参见陆一:《上市公司薪酬差距变化研究》,载《国际金融报》2004年6月25日;贺宛男:《透视上市公司14000高管薪酬:公司小赚,老总大赚》,http://finance.sina.com.cn 2003年6月18日访问。

21.71%,亏损面达到15.64%,是2007年的2倍①,而高管照样高薪丰酬,高管最高年薪均值还是增长了1.5%。就个案而言,高管薪酬大幅度领跑业绩增长的情形就更为惊人。前述华发股份2008年高管总薪酬和董事长薪酬增幅分别为净利润同比增长的4.09倍和4.95倍,这种情形历年均有。2007年,中国平安高管薪酬总额和董事长马明哲薪酬增幅分别为利润增速的3.6倍和2.65倍;深发展A董事长纽曼薪酬增幅也达到净利润增速的2.6倍;海通证券净利润同比增长6.2倍,而高管薪酬增幅更大,从2006年的17.96万元一跃提升至279.3万元,增幅达到15.6倍,高管薪酬增幅为净利润增速的2.5倍。2004年,云铝股份净利润增长14.86%,前三名高管的年薪增幅高达338%,高管薪酬增幅是净利润增速的22.7倍!桂柳工A亦然,公司净利润增长8.9%,而前三名高管的年薪却增长了44%,高管薪酬增幅为净利润增速的4.94倍。

这还算不错,毕竟更是业绩还在增长,亦可为股东带来回报,更令人痛心、更为离谱的是,不少公司业绩下滑甚至严重亏损,高管照样领取丰厚的薪酬。利润一降再降,薪酬涨了再涨,越亏薪水涨得越快,这种情形屡见不鲜。2008年,中石化净利润同比下滑47.5%,但公司总裁王天普薪酬却增长了2.3%,从2007年的82.5万增加到84.4万,副总裁章建华和王志刚的薪酬均有一定增长。2007年,一些公司高管薪酬比公司净利润还高,科学城高管的年薪总额为298.57万元,而公司实现净利润仅193.17万元,高管薪酬竟比净利润高出105.4万元!无独有偶,京新药业实现净利润150.38万元,而高管收入高达151.9万元。不知这两家公司的中小股东,得知高管如此"捞钱",心中作何感受?江西铜业董事长李贻煌年薪从2006年的92.683万元上升到118.38万元,增长27.7%,而公司净利润则下降12.89%,每股收益下降12.67%。三联商社净利润从2006年的盈利116.24万元转为亏损565.54万元,公司高管们薪酬总额竟然从2006年的115万元提高到144.23万元,真是"穷庙富方丈"。鲁北化工、白猫股份、福建南纺等公司亦然。② 伊利股份净利润-5261.4万元,同比下降116.08%,每股收

---

① 王璐:《08年报披露今落幕 上市公司去年业绩下滑16.88%》,载《上海证券报》2009年4月30日。

② 苗夏丽:《高管年薪VS企业利润,媒体大晒上市公司高管薪酬》,载《新闻晨报》2008年4月26日。

益同比下降-115.87%,总经理潘刚的年薪122.1万元(加上股票期权应为3266万元),比2006年的87.4万元增长了39.7%。① 科龙电器更是创下了连年巨亏,连年不分,而高管薪酬连年位居榜首的奇迹。科龙电器除1999年每股收益0.68元和每10股派息2.14元以外,2000—2004年五年中有三年亏损,合计亏损19.94亿元,2001年就亏掉15.55亿元,是历年来亏损最多的一年,也是高管薪酬最高的一年,11名高管薪酬总额2746.6万元,人均250万元,最高者达750万元,舆论为之大哗。② 不少ST一族一方面因亏损而对股东一毛不拔,另一方面高管照样摘星,享受着丰厚的报酬。2002年,ST天鹅亏损4亿多元,高管人均薪酬高达42万元,前三名高管人均69万元;郑百文从PT到ST,2002年尚未复牌时前三名高管薪酬人均达到24万元。③ 公司亏损,股东颗粒无收,职工下岗,高管高薪照拿不误,他们对得起这份薪酬吗?

难怪经济学家大量的薪酬——绩效关系的实证研究发现,高管薪酬与企业绩效基本上无关。杨瑞龙(1995)运用我国上市公司家电行业的41个样本对高管薪酬、企业绩效与股权结构所做的实证研究发现,高管薪酬与企业绩效也无关。魏刚(2000)运用我国上市公司的经验证据考察公司经营绩效与高管激励的关系,研究结果表明,高管年薪与上市公司的经营业绩并不存在显著的正相关关系。李增泉(2000)也发现高管年薪与企业绩效并不相关。谌新民和刘善敏(2003)运用2001年的数据分析发现,上市公司高管年薪与公司经营绩效不具有统计上的显著性相关关系,这与魏刚和李增泉采用1998年数据的研究结论基本一致。李锡元和倪艳(2004)通过建立数量模型并进行统计检验发现,以净资产收益率(ROE)衡量的业绩与上市公司高管薪酬之间不存在显著的相关关系。刘银国(2004)研究上海荣正投资咨询有限公司连续对1999—2002年上市公司的高管年薪与业绩的相关性跟

---

① 彭剑锋、崔海鹏、李洪涛、王涛:《中国CEO到底该拿多少钱》,载《中国企业家》2008年4月8日。
② 贺宛男:《"董董相护"创下高薪记录》,载《会计师》2005年第7期。
③ 杨青:《2004年上市公司高管年薪平均值已达到23.6万元》,载《北京青年报》2005年5月8日;贺宛男:《垃圾股照样拿高薪:看不懂的上市公司高管薪酬》,http://finance.sina.com.cn 2003年6月18日访问。

踪分析发现,高管年薪与公司业绩基本不相关。[①] 于东智和谷立日(2001)对1999年上市公司高管持股比例与公司经营绩效进行了研究,发现两者在总体上呈正相关关系,但统计上不显著。吴淑琨(2002)对1997—2000年上市公司的研究发现,持股比例与公司业绩呈显著的倒U形相关关系。周胜和仇向洋(2009)以我国零售类上市公司为例,运用其披露的2008年的财务数据来考察高管的薪酬与公司经营绩效的关系,发现零售类上市公司高管年薪与公司经营绩效并不存在显著的正相关关系,但与企业规模存在比较显著的正相关关系。[②] 这就说明,实践中企业高管并未按业绩取酬[③],绩优并未真正优酬,而绩劣也未受到应有的惩罚。

其实,高管薪酬与企业绩效不同步增长,部分企业高管薪酬与绩效甚至呈反向运动,还不是最可怕的,因为在我国"高投资—低效率"整体经济增长模式下,企业整体上还在"做大"。最可怕的乃是"做强"这方面,盈利能力是企业利用资产创造收益的能力,反映企业的管理水平和经营业绩,是企业发展的动力,我们不妨以其来衡量企业是否强盛。ROE则是衡量企业盈利

[①] 国外经济学家的实证研究结果也大致如此。托辛斯和贝克(Taussings & Baker,1925)研究发现,高管薪酬与业绩之间的相关性很小。迈克盖尔、岂尤和艾尔宾(Mcguire, Chiu & Elbeing,1962),马森(R. Massnl, 1971),赖威伦和哈茨曼(W. Lewellen & B. Huntsman,1970),西塞尔和卡罗尔(Ciscell & Carroll,1986)以及罗森(Rosen,1992),利用不同时期的数据研究了高管薪酬和企业业绩之间的关系,发现高管薪酬与企业业绩联系不强。Hindestein & Boyed (1998)的研究发现,权益收益率与高管现金薪酬和长期薪酬的相关性在0.03—0.13之间,Tosi、Werner. Katz & Gomez-Mejia(2000)运用元分析法研究发现,业绩对CEO薪酬的解释力不到5%。

[②] 周胜和仇向洋:《我国零售业上市公司高管薪酬与公司业绩的关系研究》,载《中国集体经济》2009年第4期。

[③] 值得注意的是,也有部分实证研究发现,高管薪酬与企业绩效具有相关性。Mengistae & Xu对中国国企经理人1980—1989年薪酬的实证研究发现,经理人薪酬与企业业绩之间存在正向关系。林浚清等(2003)利用1999—2000年的上市公司样本,对我国上市公司内高管薪酬差距和公司未来绩效之间的关系进行了实证检验,发现二者之间具有显著的正向关系。李锡元和倪艳(2004)通过建立数量模型并进行统计检验发现,以EVA衡量的业绩与上市公司总高管薪酬之间存在显著相关关系,EVA与报酬的关系受规模的影响。陈志广(2002)认为,高管薪酬与企业绩效存在显著的正相关关系。赖普清(2007)以我国1999—2002年上市公司数据作为研究样本,发现高管薪酬与会计业绩之间存在显著的正相关关系,但与市场业绩不存在显著关系。蒋航程和赵丹(2007)利用2004年A股制造业上市公司年度报告提供的企业绩效以及高管报酬等相关信息,对上市公司激励问题进行实证分析发现,高管薪酬与公司经营绩效指标ROE及公司规模变量呈现较显著的、稳定的正相关关系。

能力的核心指标。作为企业群体的佼佼者,上市公司比非上市公司拥有优越的条件,其盈利能力在一定程度上影响着国民经济发展的速度和质量。问题是,尽管我国上市公司高管薪酬不断攀升,而盈利能力则持续下降,且有加快下滑的趋势,多项实证研究证实了这一结论。胡荣才(2004)利用1993—2002年沪市A股上市公司ROE数据,通过计算平均ROE及其标准差分析,发现总体、老股和新股的ROE均值呈现不断下滑的现象。总体ROE均值从1993年的11.12%上升到1994年的13.49%,之后下降到1996年的9.83%,1997年反弹至10.31%后,便呈现持续的下降趋势,到2002年仅为4.1%。老股ROE均值也经历了同样的变化过程,从1993年的9.82%上升为1994年的12.87%,1995—1996年持续下降直至7.21%,1997年一度反弹到9.66%,此后一路下滑,到了2002年为3.7%。新股ROE均值1993年为11.68%,1994—1995年持续上升至16.43%,此后呈现不断降低的趋势,2001年仅为6.91%,2002年虽有所改善,也只有7.62%。每年新上市公司随着时间的推移,平均净资产收益率呈明显的下滑现象,表明上市时间越长的上市公司盈利能力越差。同一年份上市的公司,大多在上市后的2—4年完成盈利能力的分化过程,此后便维持现状,相互之间盈利能力差异的变化不大。① 吴淑琨(2002)对1992—2001年上市公司(A股)业绩的统计数据分析,也有同样发现,10年来上市公司业绩总体上处于下降通道,且有继续加快下滑的趋势。② 2009年上半年,沪深两市1533家上市公司ROE(平均)均值才0.39%,仅仅是2008年同期的8.4%。③ 陈明和林峰(2009)利用2000—2006年期间1100多个上市公司的面板数据研究发现,自1991年到2006年的16年间投资平均增长率达到22.89%,ROE却呈现负增长,逐年走低。2000年之后,ROE已经落后于GDP增长的步伐,ROE远远小于投资增长率,完全是"高投资—低效率"现象。高管激励与ROE的相关性比较弱,除2003年外,其他各年的相关性检验都不显著,并且2002、2003、2004

---

① 胡荣才:《沪市A股上市公司盈利性变迁——基于净资产收益率的实证分析》,载《统计与信息论坛》2004年第3期。
② 吴淑琨:《上市公司业绩为何持续下降》,载《上海证券报》2002年5月15日。
③ 东北证券金融与产业交易所:《上市公司盈利能力并不乐观》中国证券网2009年9月3日访问 http://finance.sina.com.cn/stock/t/20090903/02353042724.shtml。

和 2006 年高管激励与 ROE 呈现负相关,完全有悖于激励机制的初衷。① 难怪连续 3 年入选中国最差老板榜单的 10 家企业,ROE 均值低到了 -54.5%,2007 年高管平均年薪仍然高达 32.5 万元,堪称无功受禄之典范。②

由是观之,高管薪酬大跃进,不仅没有让企业同步发展壮大,甚至出现业绩与高管薪酬的反向运动,而且企业亦未日趋强盛,反而盈利能力在持续下降。这就与薪酬激励的目标格格不入了。

(二) 高管变相自定薪酬的寻租理论解释

1. 高管薪酬失控的寻租理论解说

既然高管薪酬与业绩基本不相关,那高管高薪从何而来呢? 如何解释高管的高薪丰酬呢? 伯切克和弗里德(Bebchuk & Fried, 2003)提出了寻租理论(rent extracting),认为高管权力寻租能够在更大程度上解释高管的高薪,也就是通常所谓"靠山吃山"、"靠权吃权"了。这一理论石破天惊,与墨菲和詹森(Murphy & Jensen)为代表的最优契约理论针锋相对,经过双方激烈的交锋,最终伯切克和弗里德的寻租理论获得认同,他们令人信服地解释了高管的影响力如何扭曲了高管薪酬,清晰客观地但又最终振聋发聩地分析出,企业高管寻租致使其薪酬畸高。诚然,寻租理论并未取代最优契约理论,它只是要表明高管权力对其薪酬起了重要作用,而这正是最优契约理论无法解释的。墨菲和詹森等人也承认权力起了作用,高管可能会以权谋薪:寻租,权力构成影响成本(influence cost)。何以见得呢? 下面提供两个方面的解说:一是权力与薪酬的相关性;二是高管薪酬一定程度上属于财富转移,高管与职工收入差距愈来愈大。

就权力和薪酬的相关性而言,国内外经济学家的实证研究均可得到证实。张正堂(2003)利用协方差模型(CSM)对我国上市公司 1999—2000 年高管薪酬与其影响因素的实证研究发现,企业业绩、企业规模和公司控制强度三类影响因素对高管薪酬水平的总体解释率分别为 8.9% 和 30.66%。也就是说,公司控制强度的解释力大于企业业绩和企业规模因素,不难看出

---

① 陈明、林峰:《上市公司净资产收益率影响因素研究》,载《沿海企业与科技》2009 年第 1 期。

② 《"最贵老板"日进 18 万,如何终结国企老总畸高薪》,载《新华日报》2008 年 7 月 17 日。

高管权力对薪酬的影响。高管薪酬与盈余管理、高管控制权的相关性研究进一步证实了高管权力的影响。一般说来,高管薪酬与盈余管理正相关。但是,引入高管控制权影响这一因素后就不同了,若总经理来自控股股东单位或兼任董事长时,高管控制权的增加提高了高管薪酬水平,但却降低了高管薪酬诱发盈余管理的程度。也就是说,如果当高管权力增大时,导致公司激励约束机制失效,使总高管寻租空间增大。高管权利增大相对降低了高管薪酬诱发盈余管理的程度;反之,当高管权力变小时,相对增加了高管薪酬诱发盈余管理的程度。[①] 一句话,高管权力增加大,使其由原来的遵守薪酬游戏规则,转变为制定游戏规则,薪酬制定过程就变成高管萃取租金的过程。

  国外经济学家的实证研究则更多,均发现了高管寻租。就高管与董事会、大股东以及反收购措施的博弈而言,在其他条件相同的情况下,若董事会相对软弱或不起作用,或没有外部大股东,机构投资者少,或高管受到反收购安排保护,则高管权力较大。实证研究表明,这三种因素均对高管薪酬安排有影响。若董事会软弱或不起作用,高管薪酬更高。董事会规模大,与CEO对立就更难,或者CEO聘请董事较多,从而对其感恩戴德,或董事兼职3个以上,精力分散,均是如此。若CEO兼任董事会主席,CEO的薪酬就会高出20%—40%(Cyert, Kang and Kumar, 2002;Core, Holthausen and Larcker, 1999)。薪酬委员会成员持股情况则与高管薪酬负相关,薪酬委员会持股加倍,高管的非工资薪酬减少4%—5%;大股东持股与高管薪酬也是负相关(Cyert, Kang and Kumar, 2002),外部大股东持股加倍,高管的非工资薪酬减少12%—14%。公司若没有持股5%以上的外部大股东,高管会获得更多"侥幸"薪酬,即纯粹因为外部因素导致的利润增长所产生的薪酬(Bertrand and Mullainathan, 2000)。在缺少大股东的公司,股票期权激励增加时,现金薪酬减少较少。在S&P500公司1992—1997年间,股东股份集中度高,则授予CEO的股票期权少得多(Benz, Kucher and Stutzer, 2001)。从1991—1997年2000家公司来看,机构投资者持股多,高管薪酬较低;机构投

[①] 王克敏、王志超:《高管控制权、报酬与盈余管理——基于中国上市公司的实证研究》,载《管理世界》2007年第7期;李延喜、包世泽、高锐、孔宪京:《薪酬激励、董事会监管与上市公司盈余管理》,载《南开管理评论》2007年第10期。

资者持股多,则高管绩效薪酬部分比重更大(Hartzell and Starks, 2002)。1990—1994 年最大 200 家公司中,机构投资者对 CEO 薪酬的影响取决于其与公司的关系(David, Kochar and Levitas),与公司有利害关系的机构投资者与其正相关,而与公司没有利害关系的机构投资者则与其负相关。在 1979—1987 年 129 个实施反收购安排的公司,CEO 薪酬高于市场平均水准,且涨幅较大(Borokhovich, Brunarski and Parrino, 1997)。

高管与职工收入愈来愈大悬殊则是高管权力寻租的另一个有力的注脚。究其原因,高管薪酬增长并未企业业绩同步增长,有的甚至与业绩呈反向运动。企业业绩也团队生产的结果,在蛋糕并未做大或者做大程度与高管薪酬增长失衡的时候,高管薪酬的不断攀升,其所获与其说是价值创造,毋宁说是财富转移,是对包括职工在内的利益相关者的剥夺。高管薪酬节节攀升,与职工收入差距愈来愈大,这个收入鸿沟就是权力寻租的有力证据。据日本劳务行政研究所对 2001 年世界销售额 5 亿美元以上的企业 CEO 薪酬的实证研究发现,CEO 薪酬与工人工资的差距在墨西哥、美国、英国、法国、德国和日本分别为 53.7 倍、41.3 倍、25.4 倍、16 倍、13.2 倍和日本 11.6 倍,我国台湾地区为 14.7 倍。[①] 实际上,企业规模愈大,这种差距也就越大。在 S&P 500 公司中,CEO 薪酬与工人工资差距惊人,且在不断拉大这种差距,20 世纪 80 年代、1993 年和本世纪的差距分别为 50 倍、94 倍和 326 倍。不仅如此,其与工程师和最高法院法官的收入差距也在日趋增大,20 世纪 80 年代其与工程师、最高法院法官收入差距分别为 23 倍和 7 倍,到 1993 年这种差距均就拉大到 39 倍。我国亦然,就央企而言,2003 年实施年薪制后,高管名义薪酬就是职工工资的 13.5 倍[②],随着高管收入大跃进,这种差距在持续拉大。上市公司更是如此,2004 年针对沪市上市公司的一项问卷调查研究表明,高管与员工的收入差距有了明显的、带有根本性的改变。[③] 具体说来,高管与员工收入差距 10—15 倍的增长最快,增长了 433%,而 15 倍以上的也增长了 125%。考虑到上市公司高管薪酬 3 年左右翻番的情形,目前这一差距日趋增大。

[①] 刘燕斌、李明甫:《不同国家和地区企业高管薪酬水平及管理机制》,载《中国劳动》2009 年第 4 期。

[②] 朱义坤:《公司治理论》,广东人民出版社 1999 年版,第 354 页。

[③] 陆一:《上市公司薪酬差距变化研究》,载《国际金融报》2004 年 6 月 25 日。

其实,过大的收入差距和平均主义都是要不得的,过大的收入差距不仅影响效率,而且破坏激励的公平性,小则影响团队生产效率,大则危及社会稳定。按照发达国家发展经验,基尼系数超过了0.4就是进入了贫富拉大的黄灯区,0.5则是红色警戒线。无论是国家统计局还是世界银行的测算都显示,中国在2004年的基尼系数超过了0.46。① 如今,高管与职工收入分配的差距则可能将我们推入红色警戒,实在是不可掉以轻心。2009年7月暴发的总经理陈国君之死为标志的吉林通钢悲剧,其中一个核心导火线就是职工不满愈来愈大的高管与职工收入差距。通钢自从2005年改制后,职工工资就没有上涨过,反而一降再降,一线普通工人每月工资只有1000元,金融危机时,平均不到500元。而改制后的高管层实行高薪,有的年薪高达百万,一个小科长一个月拿的钱赶得上工人一年的工资。2008年,钢铁行业一度出现全行业亏损,通钢改制中一些深层次问题呈现出来。2009年7月24日,在年初重组方河北建龙已经退出几个月后宣布重新进入并控股,过去3年累积在心中的愤愤不平集中暴发了,从群体性抗议演变为暴力,河北建龙派出的总经理陈国君付出了生命代价。② 可见,不公平的薪酬激励所引发的效率损失和社会成本不可不重视。

2. 高管寻租的方式

高管以何种方式寻租呢?高管何以实现权力自肥呢?显然是通过影响高管薪酬决策过程,主要有操纵激励标准、操纵激励工具、萃取隐性薪酬和无偿遣散费等方式,将其期望获得的薪酬合法化。这样,高管薪酬貌似公开谈判的产物,往往可能是暗中盗窃的勾当。

第一,操纵激励标准。按理说,企业通过绩效路径对高管进行薪酬激励,过滤掉业绩中的高管不可控因素和高管人为操纵因素的影响,需采用综合绩效指标体系和相对绩效形式。然而,在高管的影响下,激励标准的选择则具有较大的随意性,往往怎样对高管获取高薪有利,就采用什么标准。企业业绩好,就与业绩挂钩;业绩不好,则抛弃业绩标准,转而采用与国内或者国际同行相比较的方法,通过参照行业中上水平,以抬高企业高管的薪酬水平。联想高管薪酬2005—2006年度暴涨就是这样一个典型,公司利润只有

---

① 刘潇潇:《"橄榄型"社会薪酬图景》,载《方圆法治》2008年第17期,第18页以下。
② 罗昌平、张伯玲、欧阳洪亮、张冰:《通钢改制之殇》,载《财经》2009年第17期。

区区500万美元,而董事总酬金则从2004年度的1270万港元升至1.75亿港元,一年内激增12.8倍;董事长杨元庆从2004年度的424万港元升至2175万港元,增长了4倍多。公司利润大幅下跌,而高管薪酬暴涨,公司利润只有高管们拿到手的收入的1/4,从而引来了社会各界的惊讶、羡慕乃至质疑。董事长杨元庆则理直气壮地回应到"我们对得起这样的薪酬"。① 联想高管们之所以底气这么足,最重要的依据就是国际同行的薪酬标准。自从联想收购IBM的PC业务后,联想的确国际化了,高管薪酬待遇国际化也是顺理成章的。鉴于联想与国际同行薪酬相差太大,联想定下了3—5年缩小差距的计划。这样的选择显然是随心所欲的,什么有利就选用什么。国际化并不错,但并不只是高管薪酬国际化,企业业绩国家化乃是起码的要求,职工待遇亦应国际化呀。具有讽刺意味的是,联想高管薪酬拼命地参照美国标准,不断美国化,而联想的美国市场则是最无奈的软肋,包括美国在内的美洲、欧洲、中东和非洲等国际业务却处于亏损状态,不能不依靠中国市场30%的高增长率来拉平全球业绩表现。再说,联想中国的普通职工,年薪一般3—4万元人民币,而原IBM员工的薪酬比联想中国高7倍,中国员工早已极度不满,为何什么都国际化了,普通职工收入为何不国际化呢?不管企业业绩好坏,不管普通职工收入水平,只是想方设法地为高管加薪,这样的薪酬国际化标准太随意了,无异于异常游戏,难以令人信服。

　　高管能够操纵薪酬激励标准,薪酬顾问往往充当了帮凶。为何薪酬顾问愿意绞尽脑汁地选择有利于高管的激励标准呢?为何他们具有帮助高管寻租的动力呢?原因有二:一是薪酬顾问属于竞争性市场业务,高管可以选择薪酬顾问或者影响薪酬顾问的选择。既然薪酬顾问往往由高管选择,自然会看高管脸色行事了。即使高管不直接选择薪酬顾问,也对其选择具有很大影响力,因为公司人力资源部门控制在高管手中,该部门负责薪酬顾问的聘用事项,若薪酬顾问"不懂事",提供不利高管的建议,也就没有下次了,任何薪酬顾问也不愿意在激烈的市场竞争中丢掉客户,其所谓专业意见也就不得不考虑高管们的偏好了,甚至会主动出谋划策,投其所好。二是利益冲突。薪酬顾问所在的咨询公司往往与聘用公司有其他业务往来,就会进

---

　　① 参见谢扬林:《联想的高管薪酬是场游戏?》,载《人力资本》2006年第9期;蒋萌:《联想高管暴涨薪酬的联想》,载《人民论坛》2006年第18期。

一步扭曲薪酬顾问的激励机制。为迎合高管,薪酬顾问可以有选择地提供数据,拉高高管的收入水平,将高薪合法化。企业经营状况好,薪酬顾问就会建议将薪酬与绩效挂钩。若经营状况不佳,薪酬顾问就会将业绩标准置之度外,转而采取与同行业公司经营水平相比,提出有利于高管的薪酬建议。这样,高管薪酬水平通常都会在同类企业高管收入水平的中位数以上,各个企业均如此操作,就会产生棘轮效应,迅速拉升高管薪酬水平。据 Bizjack,Lemmon 和 Naveen(2000)对 100 家大公司薪酬委员会报告的研究发现,96 家公司采用同行业公司薪酬数据来决定本公司高管薪酬水平,其中大多数又将薪酬标准定在中位数以上。一旦董事会批准薪酬计划,公司便利用薪酬顾问及其报告,向股东说明高管薪酬的合理性。Wade、Porac 和 Pollack(1997)对 S&P 500 公司 1987—1992 年间高管薪酬研究发现,高管基本薪酬水平高,外部股东持股比重大且较为活跃的公司,更倾向利用薪酬顾问的调查报告来向股东交代,说明高管薪酬的合理性。会计收益高时,便强调会计收益,低调处理市场业绩。这样,在薪酬顾问与高管的默契与里应外合下,高管薪酬能上不能下也就不奇怪了。

第二,操纵激励工具。这主要体现为利用激励工具组合瞒天过海以及操纵股票期权和股权激励计划两个方面。就操纵激励工具组合而言,是利用不当的薪酬安排掩人耳目,达到固定薪酬和变动薪酬共同拉升的目的。通常的做法是,加大股权激励等变动薪酬的比重,而底薪的相对比重下降,但绝对值还是不断在增长。这样,表面上看高管的固定薪酬不多,风险性很大。其实不然,旱涝保收的部分也在增长,只不过被比重更大的变动薪酬的增长所掩饰,更容易掩人耳目,不至于引起民愤。伯切克和格林斯坦(Bebchuk & Grinstein,2005)利用高管薪酬数据库所做的实证研究揭示了这一奥秘。他们分析了 1993—2003 年 S&P500 公司、中型融资量 400 家公司和小型融资量 600 家公司高管的薪酬,样本公司占据美国证券市场融资量的 80%,很有代表性。1993—1995 年五位最高薪酬的高管薪酬占总利润的 4.8%,2000—2002 年上升到 12.1%,2001—2003 年为 10.3%。其中,增长最快的莫过于股权激励。1993 年 S&P500 公司的 5 位最高薪酬的高管股权激励占总薪酬的 37%,2003 年上升到 55%,中型融资量 400 家公司从 41% 上升到 51%,小型融资量 600 家公司从 34% 上升到 41%。CEO 薪酬有同样趋势。无论是新经济还是其他企业,均有增长。同期,在新经济的企业中,五位最高薪酬的高管股权激励从50%上升到69%,其他企业则从36%上升到50%。CEO薪酬的结构变化也有同样的趋势。股权激励在2000—2001年达到顶峰,从2001—2003年则有所下降。高管股权激励大幅度增长的同时,现金激励部分也同样增长。CEO的现金激励部分从1993年到2003年增长了56%,五位最高薪酬的高管现金激励同期增长了45%。不难看出,现金薪酬并未因股权激励突飞猛进而减少,仍可坐享不断增长的旱涝保收的现金收入。

鉴于股票期权和股权激励的专业性和复杂性,高管往往通过操纵这种激励计划而大发横财。就股票期权而言,因难以过虑与高管自身业绩无关的股价上涨因素,几乎所有美国公司都采用传统股票期权,从而为高管获取与其贡献无关的横财提供了契机。2001年,美国最大250家上市公司中只有5%采用了减少这种横财的股票期权形式(Levinsohn,2001)。股票期权行权价有授予时市价(at-the-money)、高于授予时的市价(out-of-the-money)和低于授予时市价(in-the-money)三种情形,采用高于授予时的市价更具有激励性,对于业绩好的高管可以采取多授予期权的办法,强化激励。采用低于授予时的市价,尽管很轻松,高管可以更轻松地获得利益,但容易激起民愤,故很少采用。于是,几乎所有公司都采用授予时市价,因为大家都这样做,也就谈不上民愤。但是,这就为高管带来发横财的机会。至于股权激励,高管享有放松股权激励的自由(freedom to unwind equity incentive)。一旦高管放松其股权激励,要恢复绩效与薪酬关联关系就需要授予新的股票或股票期权。这就意味着,降低高管的激励,或迫使公司给予高管新的股权激励,以便将激励恢复到放松之前的水平。从理论上看,一旦授予股票期权,高管便享有期权的权利,但薪酬合约可以限制高管在特定期限内予以变现,即限制在特定期限行权或出售已经购买的股份,这就可以使激励维持更长时间。但是,这会导致流通性和分散风险之成本,需要与限制放松股权激励之激励收益进行权衡。有效率地安排因公司、因高管而异,没有理由将授予日和变现日放在一起,这是无疑的。从实践来看,股票期权授予日与行权日几乎相同,少数公司要求高管持有最低数额的股份,但要求通常较低,且对违反者也没有什么处罚(Core and Larcker,2002)。于是,许多高管在期限届满前行权,几乎出售所有股票(Carpenter,1998;Ofek and Yemack,2000)。即使没有出售,通常是全部或部分用于套期保值交易中,也不向

SEC报告(Bettis, Bizjack and Lemmon, 2001)。高管有选择出售股份时间的自由。尽管内幕交易属于非法,但执法颇为困难,出售股份的高管可以放心大胆地运用内幕知识,也不用担心什么法律责任(Fried, 1998)。高管在出售本公司股份时可获得暴利(Seyhun, 1998)。至于让高管获取这种利润是否有效率尚不清楚。若公司未就预防员工进行内幕交易采取合理的措施,公司要承担责任,故许多公司设立了"交易窗口"和"管制期"(blackout period) (Bettis, Coles and Lemmon, 2000),还有相当多公司没有这种限制,即使有这种限制,高管知悉尚未披露的坏消息时,仍可在"交易窗口"出货,获取巨额利益。易言之,他们可以在坏消息披露前出货。安然公司就是如此,东窗事发之前内部人士出售数以亿计的股票,获取了巨额利益。

第三,萃取隐性薪酬。高管还可能利用退休后的利益和顾问安排、迟延薪酬、养老金计划以及高管信贷等方式,萃取隐性薪酬。养老金计划往往神秘莫测,给予高管的养老金和迟延薪酬利益,并不享有其他雇员一般退休计划的税收补贴,实际上就是将其税收负担转嫁给公司,有时甚至增加双方的税收负担。至于用实物性退休利益和退休后顾问费来提供薪酬,是否有效率仍然弄不清楚。无论如何,这些安排使得高管薪酬更加具有隐蔽性。根据信息披露规则,给予高管退休后的薪酬无须载明确切的数额,也无须纳入高管薪酬披露表格,尽管需要在该公司信息披露表中的特定地方,载明这种高管退休安排的存在,不过这种披露并不显眼,因为外部人关注的是薪酬表所披露的具体数额。实际上,高管薪酬数据库就是采用该表所披露的数据,也是现在对高管薪酬进行实证研究的基础。此外,还有为高管提供信贷的做法。2002年《SOX法案》禁止这样做,此前美国1500家最大的公司有75%都有这种做法。这种做法是否有效率也尚不清楚,信贷使得高管薪酬无疑更具有隐蔽性。一是高管信息披露表中往往并未记载低于市场利率的贷款。依据SEC规则,高管薪酬信息披露表需要在"其他年度薪酬"栏目中披露高管为贷款实际支付的利息与市场利率之差。然而,SEC并未解释何谓"市场利率",公司可以自行解释,往往将大额利息补贴排除在高管薪酬表之外。比如,世界通讯公司在高管薪酬表中就没有披露其CEO伯纳德·艾伯斯从公司以2.15%的利率获得4亿多美元的利益。后来,世界通讯公司解释说,2.15%远远低于5%的市场利率。由于这些信息披露于关联人交易之中,并不在高管薪酬表中反映,在东窗事发之前,艾伯斯因信贷所获得的巨额利益不能受到媒体和外界的监督。二是贷款的宽免。公司贷款给高管购买股票,若股票市值跌至低于贷款数额时,公司就会不要求还贷。其实,这就类似于公司以相当于所贷之款的价格,授予高管购买股票的期权。所不同的是,公司需要在授予期权年度将期权数额披露于薪酬表,而宽免信贷则无需在薪酬表中披露。如果股价下跌,宽免贷款往往是在高管离开公司之时,此时即便因此引起任何民愤对高管个人都影响甚微。比如,Webvan公司CEO乔治·莎西恩在该公司破产之前辞职,以公司股票15万股换取了670万美元贷款的宽免,无疑是给他送了大大的红包(Lublin,2002)。

第四,萃取无偿遣散费。许多公司在CEO离职时,在CEO薪酬合同之外,给予其无偿利益或款项,即使高管因业绩差而被炒鱿鱼,也给予无偿遣散费。薪酬合同上的离职费往往够慷慨的了,这种"软着陆"条款使得高管因业绩差被炒鱿鱼时,也可获得旱涝保收的利益。这种安排是否反映最优契约尚不得而知,无论如何,这种安排大大淡化了高管经营业绩好与坏之差异。薪酬和约之外的遣散费则更为离谱。比如,Mattel公司CEO吉尔·巴拉德迫于压力辞职时,董事会免除了他的420万美元贷款,另外给予他现金330万美元用以支付免除另一贷款的税收,准许尚未授予的期权自动授予。这些都是雇佣合同上已有巨额离职费之外的额外利益,其中离职费高达2640万美元,退休利益每年高达70万以上。最优契约理论显然无法予以解释,因为按照该理论,完全没有必要"贿赂"这些绩劣的高管。这些遣散费所提供的信号,也会减弱下一位CEO干好之激励。

总之,无论是高管操纵激励标准还是激励工具,无论是萃取隐性薪酬还是无偿遣散费,均属于无功受禄,属于伪激励,是高管权力自肥的表现,而非对其努力程度的任何激励。

(三)独立董事也"董董相护"?!

为何独立董事主导的薪酬委员会抵挡不住高管的影响力?为何高管薪酬决策程序漂洗不掉高管权力自肥?为何独立董事将脑袋借给高管呢?传统主流经济学的理性决策理论认为,独立董事对高管薪酬秉公办事收益太小,而成本高昂,故监督高管薪酬的激励不足。其实,就理性决策范式而言,这样的解释也无可厚非,因为独立董事也是自利的经济人。但是,冷静地思考即可发现,这样的分析对于独立董事毫无意义,这是独立董事与生俱来的问题,若是从激励动力这个角度去分析问题,试图通过增加独立董事的激励来解决问题,无异于缘木求鱼。如果是这样,独立董事的独立性可能丧失殆尽,也就无所谓独立董事了。如第四章所述,在心理学、社会学、行为学基础上发展起来的行为经济学理论则是另辟蹊径,提供了更具有解释力的分析工具。在行为经济学看来,董事决策是理性与非理性的统一,传统主流经济学只是强调了理性的一面,对非理性决策视而不见,其实并未完全打开董事决策过程的"黑匣子"。对于独立董事而言,尽管与公司不存在影响其独立可观判断的经济利益关系,但其决策也会受到认知、情感、情绪、偏好等心理因素的影响。在高管薪酬决策过程中,独立董事完全可能碍于人情、面子以及同事之间的互动关系,"董董相护",徇情决策。这就是董事会结构性偏见的表现,此时独立董事也有意无意地将同事利益置于公司和股东利益之上,对高管的天价薪酬、"问题薪酬"麻木不仁。无疑,这样的解释更契合董事决策的真实状态,更具有可信性,下面就分别运用前景理论和社会心理学理论来解读独立董事徇情决策现象。

1. 独立董事徇情决策的前景理论解说

如第四章所述,董事决策以认知为基础,认知过程会受到多种心理因素的制约和激励,引发各种认知偏差。基于社会的交互作用,个体的心理偏差会因心理传染的传导,产生集体性认知偏差和集体无意识行为。就独立董事决策的认知基础而言,徇情决策主要是选择编辑中的先入为主和框定效应(framing effect)所致。

首先,选择编辑中的先入为主。决策过程包括编辑(editing)和评估(evaluation)两个阶段,编辑阶段首当其冲。它通过接受、剥离、编码、合成和取消等机制,使决策更加快速高效。接受是指一旦提供给决策者的选择问题结构合理,决策者就不大可能重新改动。剥离是指有风险和无风险的可能选择常常会被分离开来,而编码则是决策者决策时考虑的是获利还是损失,而不是最终的财富水平。合成是指决策者将出现相同结果的方案的概率进行合并,简化对问题的认识,而取消则是决策者在评估两个具有部分相似结果的选择时,常常会把相似部分予以排除掉,不予考虑。独立董事在高管薪酬决策的编辑阶段就存在着根深蒂固的认知偏差,这种偏差源于对董事会职能的认知。这是因为,董事大多认为,董事会的作用就是把握全局,战略指导,其主要职责就是任免高管并监督其表现,必要时解除其职务,并任免新的人选。基于这样的认识,董事就是要支持高管的工作,以礼让为先,不对抗高管尤其是CEO。就高管薪酬而言,虽说也是董事会尤其是独立董事的重要职责,但审查和监督高管或薪酬顾问所提出的薪酬方案,出于礼让为先的考量,一般不愿质疑高管们的薪酬。易言之,在独立董事决策过程中,一般只有支持高管或薪酬顾问提出的方案这个选项,而监督这个选项在编辑阶段则被取消了,压根儿就没有考虑这样的选项,难怪天价薪酬、"问题薪酬"可以大行其道。

再说框定效应,它是指问题以何种方式呈现在行为人面前,会在一定程度上影响人们对于风险的态度。易言之,人的偏好和选择行为依赖于问题或者结果的描述方式。① 独立董事审议高管薪酬往往就是这样被框定的,甚至被蒙蔽。究其原因,一是由于独立董事的兼职性,他们没有时间也没有条件亲自制定高管薪酬方案。二是基于薪酬方案的专业性和复杂性,公司往往依靠薪酬顾问提出薪酬方案。但是,由于薪酬顾问业务的市场竞争性以及薪酬顾问与公司可能存在的利益冲突,顾问们具有拉高高管薪酬的动力,而这样的拉升往往还会冠冕堂皇的专业性解释,具有相当的隐蔽性。三是独立董事审议高管薪酬方案的时间紧,相互随声附和,也就在很短的时间内轻而易举地过关了。这样,高管薪酬在很大程度上取决于薪酬顾问笔下生花,而独立董事的选择早已被框定。

2. 独立董事徇情决策社会心理学解说

社会心理学可以为独立董事徇情决策提供三个方面的解说:一是董事群体偏好;二是董事互惠;三是董事会集体决策的群体思维。

首先,董事群体偏好。常言道,人以类聚,物以群分,内群体(in-group)和外群体(out-group)就是这种区分的结果,从而有了"我们"与"他们"之分,我群与他群之别。② 我群倾向于在特定的维度上夸大群体间的差异,对群体内成员给予更积极的评价,从认知、情感和行为上偏向内群体,歧视外

---

① 参见刘志远、刘青:《集体决策能抑制恶性增资吗——一个基于前景理论的实验研究》,载《中国工业经济》2007年4期。

② 参见张莹瑞、佐斌:《社会认同理论及其发展》,载《心理科学进展》2006年3期。

群体。① 董事就是这样一个具有高度社会情感凝聚力(socio-emotional cohesion)的群体,一是就群体构成而言,都是来自社会精英阶层。无论是其他企业的高管还是专家学者等社会名流,其社会地位相当。二是通过群体内纷繁复杂的人际网络,有着密切的互动交流,甚至形成了称兄道弟的"铁哥"、"铁姐"关系,群体自我意识日趋凸显。在这样一个群体内,即使是独立董事也不会胳膊向外偏,而是有意无意地袒护内群体。至于高管薪酬,独立董事会自然而然地袒护内群体,倾向于为其订高薪,从而有意无意将董事同僚的置于公司利益和股东利益之上。前述联想集团 2005—2006 年高管薪酬案例就是如此,公司利润大幅下降,而高管薪酬一年内激增 12.8 倍,为的是高管薪酬国际化,而联想中国普通职工的工资尽管与原 IBM 职工相差 7 倍,却仍然原地不动。内群体偏袒,袒护高管,已经暴露无遗。

其次,董事互惠。作为情理社会,人情和面子这种私交和交情受到人们的高度重视,认人、认情、认面子蔚然成风,公事常常需要私办,合理先得合情。独立董事虽说具有独立性,但并非不食人间烟火,并非与世隔绝,同样需要与他人发生种种的社会联系,从而形成各种社会关系,人情与面子也是不可避免的。独立董事在董事高管这样一个具有高度社会情感凝聚力的群体中自然也需要社会化,人情也就是顺理成章的了。作为"兄弟"甚至"铁哥"、"铁姐","谁不会遇到点难事","谁都有难处","谁都会有在人屋檐下的时候"等等,这种感情因素一旦渗透到选择和判断之中,自然会网开一面。何况,就高管薪酬而言,抬高薪酬水平,对自己也是有益无害呀,平均水平上升了,自己的薪酬也可以跟着涨价呀,两全其美,何乐而不为。至于董事给面子,从理论上说,董事都是平等的,董事会表决每个董事都只有一票,似乎无须给面子。我们知道,权力取决于对资源的控制和资源的相互依存关系,依仗利益状况也会产生权力。② 作为独立董事,除了从公司领取独立董事的津贴外,再没有别的利益,难道也要董事长或 CEO 给面子吗?其实,一点也

---

① Amiot Catherine E, Bourhis, Richard Y. , Reconceptualizing Team Identification: New Dimensions and Their Relationship to Intergroup Bias, Group Dynamics: Theory, Research & Practice, 2005, 9(2): 75 – 86.

② 参见郑春燕:《现代行政过程中的行政法律关系》,载《法学研究》2008 年第 1 期;曹南燕:《科学活动中利益冲突的本质与控制》,载《清华大学学报》(哲学社会科学版)2007 年第 1 期。

不假。独立董事要发挥作用,就得融入董事会群体,与执行董事打成一片,成为"兄弟"。否则,独立董事难免成为"花瓶"董事。这样,独立董事自然要尊重领导,支持领导的工作,为领导捧场,而领导也会投桃报李,给面子。伊利股份案例就揭示了这一玄机。原董事长郑俊怀在1999年与亚商企业咨询股份有限公司副总经理俞伯伟结识,两人相见恨晚。俞伯伟负责的项目为伊利股份改建事业部制立下丰功伟绩,支持了董事长的工作。于是,董事长给面子,2002年俞伯伟成为伊利股份的独立董事,由外部咨询专业人士变成公司内部人,双方关系自然更"铁"了。按理说,当了独立董事,俞伯伟就不能与公司进行自我交易,不得再为公司提供咨询服务。但是,人与人之间有了感情,什么事都好说。基于郑俊怀的默许和双方的默契,咨询业务也照做,钱照赚,只不过要多绕几个弯子罢了。2002—2003年间,以俞伯伟的妻兄为法定代表人的上海承祥商务有限公司,从伊利股份拿走的咨询项目合计510万元。① 一方给面子一方捧场,可以说天衣无缝。由于独立董事捧场,董事长郑俊怀的年薪和期权奖励高达800多万元,副董事长杨桂琴的年薪和期权奖励也达到700多万元,甚至对于违规违法情形也可以视而不见。② 如不是2004年6月15日俞伯伟的一纸独立董事声明,要求审计公司的国债交易,双方关系彻底决裂,经司法部门的介入,才查处了郑俊怀等执行董事和高管的违法行为。否则,循环往复的给面子和捧场还会持续下去。事实上,这种情形并非个案,颇有代表性,只是程度不同而已。

最后,董事会集体决策的群体思维。按理说,董事会实行集体决策,意在集中集体智慧,群策群力,以期"三个臭皮匠顶一个诸葛亮",提高决策质量。但是,董事会决策过程涉及非常复杂的多阶段、多变量、非线性因素,董事的态度、价值观、偏好以及能力、权力等因素,以及董事之间的社会交互均会产生一系列的社会心理问题,群体思维(groupthink)就是由此形成的一种

---

① 参见曙光:《伊利股份:罢免独董,伊利错还是独董错?》,载《羊城晚报》2004年6月21日。

② 事实上,郑俊怀等执行董事和高管早有违法行径,而在双方彻底决裂后才得以曝光。2005年12月31日,郑俊怀因挪用公款罪获刑六年,杨桂琴、张显著、李永平和郭顺也分别获刑3年、2年和1年。汤计:《伊利郑俊怀落狱反思,限制权力就是保护一把手》,新华网内蒙古频道2006年1月4日访问。

非理性行为。① 往往是一人发言,众人附和,很容易就做出一致的极端错误的决策。究其原因,有以下三个方面:其一,以合作精神作为董事遴选和评价标准,容易形成一团和气的氛围。没有合作精神(disagreeable)、固执己见(rigid)的人,具有"忠实独立性"(loyal independence)的人难以进入董事会,即使进入了,一旦发现志不同,道不合,也会被适时踢出局。② 伊利股份罢免俞伯伟董事的事件中表现得淋漓尽致。2004年6月15日,俞伯伟的一纸独立董事声明使得董事长郑俊怀与他彻底决裂。6月16日下午董事长便召开临时董事会,审议罢免俞伯伟独立董事的议案,7位董事出席会议。郑俊怀认为,俞伯伟利用关联公司参与公司咨询业务,有违独董资格,建议免去其独立董事。表决时,会场先是一片沉默。他便请同意的举手,最初只有他和与副董事长杨桂琴举手,其他人动也没动。愣了一下之后,他又让不同意的举手,虽有一个人手举了一下,但迅速缩了回去。于是,宣布休会,在休会期间他先后将李云卿、陈彦约至会议室外的走廊上谈话。会议重新开始后,李云卿和陈彦均投赞成票。但是赞成票仍然不够,中途又拉王宝录出去,聊了几分钟。回来后,王宝录也投赞成票。这样,7位董事已经有5人赞成了,顺理成章地通过了罢免俞伯伟董事的议案。③ 对于如此有争议的议案,董事们都这样配合,在其他方面董事会众口一词,甚至董事长一言九鼎,一手遮天,是不难想象的。其二,董事身价的巨大吸引力,董事具有从众的动机和激励,甚至对董事长或CEO感恩戴德。董事身份来之不易,自然不愿意轻易丢掉,而是具有维持这一身份的强烈愿望。要维持这一身份,就得有所表现,尽量使其行为与群体保持一致,尤其是对其进入董事会和连任具有关键作用的董事长或CEO,要保持高度一致,甚至唯董事长或CEO马首是瞻。其三,集体行动"搭便车"问题。独立董事有多人,而且独立董事对高管薪酬审议意见最终会变成董事会的决策,谁都不愿意太较真,谁也不愿意唱黑脸。于是,大家都打马虎眼,高管薪酬方案往往顺利过关。其实,就算特定

---

① 参见毕鹏程、席酉民:《群体决策过程中的群体思维研究》,载《管理科学学报》2002年第2期。
② James D. Cox and Harry L. Munsinger, Bias in the Boardroom: Psychological Foundations and Legal Implications of Corporate Cohesion, 48 Law and Contemporary Problems, 1985.
③ 参见曙光:《伊利股份:罢免独董,伊利错还是独董错?》,载《羊城晚报》2004年6月21日。

独立董事较真,经理市场也识别不出到底是谁主持了正义,不能给予相应的市场评价,故独立董事不会在乎决策专家的声誉。相反,过于较真,一旦在行内传开,反倒会被视为另类,实实在在地影响其市场价值。既然如此,对于薪酬顾问提出的高管薪酬方案,独立董事自然会顺水推舟了。

总之,无论是决策编辑阶段的先入为主,还是被框定;无论是独立董事偏袒内群体,还是董事与高管相互送人情或给面子,还是集体决策中的群体思维,都表明独立董事可能有意无意地将其与董事和高管的友情、交情置于公司利益和股东利益之上,为高管高薪丰酬大开绿灯。一言以蔽之,独立董事也被自废武功,决策程序难以漂洗高管权力自肥。

四、高管"问题薪酬"的董事问责: 商事判断规则及其局限性

既然以独立董事为主导而构建的高管薪酬决策的利益冲突隔离机制,在高管的影响力面前也不堪一击,那么,能否通过司法审查预防其徇情决策呢?司法审查能否有所作为呢?下面先检讨商事判断审查标准及其局限性,为导入实体合理性审查标准提供铺垫。

(一)商事判断规则:司法对高管"问题薪酬"的放纵

其实,高管薪酬的失控性增长以及薪酬攀比,被美联储前主席格林斯潘斥责为"传染性贪婪"①,美国总统谴责为"极度不负责任"和"可耻",司法审查的不作为亦难辞其咎。究其原因,法院向来认为企业高管薪酬属于企业自治领地,不对其评头论足,说三道四,并将其纳入商事判断规则的保护范围。而商事判断规则推定,董事决策时知情和诚信,并诚实地相信为公司最佳利益行事,为保护董事提供了强有力的推定。除非有极端情形,它不审查经营决策的对错好坏优劣。可见,商事判断审查标准之重心在于决策程

---

① The Conference Board Commission on Public Trust and Private Enterprises. 2002. "Executive Compensation Issues: a Rationale." p. 4.

序,有学者一针见血地指出,这与其说是司法审查标准,毋宁说是不审查政策。① 何以见得呢? 下面从两个方面予以剖析。

第一,以决策程序为重心的推定几乎难以逾越。要从薪酬决策程序上推翻该标准所赋予的保护,原告需要承担严格的举证责任,证明董事们没有尽到合理注意,没有做到知情决策。原告很难取得董事会决策的证据,要证明董事们决策过程具有重大过失,往往难如登天。何况,在公司治理改革浪潮下,形式上的程序公正早已深入人心,大公司尤其是上市公司都会按部就班,例行公事地履行决策程序,要从这方面证明董事具有重大过失十分困难。在全球金融危机中轰然倒下的雷曼公司,10 名董事中有 9 名独立董事,薪酬委员会是清一色的独立董事,2007 年度董事会召开了 8 次会议,薪酬委员会也召开了 7 次会议,出席率高达 96%。这样的董事会和薪酬委员会决策程序可以说滴水不漏,堪称典范。然而,正是这样的可以堪称为典范的决策程序不断地推出鼓励"冒险文化"的薪酬计划,进而引发全球金融海啸。此外,这种诉讼往往为股东代表诉讼,原告股东要围绕请求程序,发起诉讼,也是极其困难的。连迪斯尼天价遣散费案这样传奇式的案件,特拉华州最高法院最初也认为,对董事会决策进行司法审查徒劳无益,于是以程序理由驳回了请求。② 这样离谱的案件连诉讼的大门都进不去,也就谈不上推翻商事判断标准所赋予的保护了。

第二,实体上的浪费标准更难以逾越。没错,董事会的高管薪酬决策的实体内容并非受到绝对保护。也就是说,即使经过正当程序批准的高管薪酬,只要能够证明该薪酬过高,也是可以被法院否决的。问题是,这同样需要原告承担严格的举证责任,而且证明的标准是浪费。只有原告能够以优势的证据证明,高管的薪酬达到浪费的程度,法院才予以干预。而法院一般不太愿意启用这一路径,故寻找这方面的案例犹如大海捞针。这是因为,不仅浪费标准很高,而且十分模糊,难以把握是否构成浪费。究竟何以构成浪费呢?《ALI 治理原则》第 1.42 条这样规定:只有一项交易所涉及的资金支付或公司资产的处分,并未取得任何对价,以及不具有合理的商事目的,或

---

① 参见 William T. Allen, Jack B. Jacobs, Leo E Strine Jr., Function over Form: A Reassessment of Standards of Review in Delaware Corporation Law, 26 *Delaware Journal of Corporate Law*, 2001。

② Brehm v. Eisner, 746 A.2d 244 (Del. Supr. 2000).

已受领对价,但其价值如此不足,以至于具有通常和适当商事判断之任何人都不认为其与公司所支付相比是值的,才构成浪费。休说一般法院,就是最富有公司纠纷审判经验的特拉华州法院对该标准的把握也是底气不足。在全球金融危机背景下,华尔街高管天价薪酬早已成为众矢之的,面对原告股东对高管薪酬的指控,特拉华州法院才在花旗集团前 CEO 查尔斯·普林斯薪酬案,在 2009 年 2 月 24 日裁定准予原告基于浪费规则作为法律依据提起诉讼。这只不过是迈过起诉的门槛,是否最终认定普林斯 7800 万美元离职费构成浪费,尚需时日。就本案而言,除了该离职费外,如普林斯不为其他雇主工作,五年内花旗集团还为其保留一间办公室,提供一名行政助理,并配备一辆有司机的汽车。如他退休,还要在公司内办公,而且还要有专职的助理和律师。这样的待遇,与其说是给他的薪酬,不如说是一种排场和浪费。对于如此离谱的情形,法院予以认定浪费,其难度不难想象。尽管如此,美林前 CEO 也是被迫辞职,走时拿的钱远比普林斯拿的要多,却没有遇到什么麻烦。可见,浪费规则基本上属于摆设,法官很少动用该规则推翻薪酬合同。

不难看出,商事判断标准对董事会高管薪酬决策过程中高管影响力视而不见,对独立董事徇情决策麻木不仁,使得法院缺乏对高管薪酬给予应有的司法警惕,对高管薪酬暴涨和攀比放任自流。

（二）迪斯尼天价遣散费案剖析

在迪斯尼天价遣散费案中①,仅为迪斯尼工作 14 个月的欧维兹,在迪斯尼解除合同时领取了 1.4 亿美元的无过失遣散费,而欧维兹在加盟迪斯尼之前,与迪斯尼的董事长兼 CEO 艾斯纳有着长达 25 年的老交情。一时间,股东们对欧维兹薪酬安排的合理性质疑如潮,舆论大哗。原告股东提起股东代表诉讼,却一波三折,历时近 10 年,最初基于不能免于请求程序而被驳回,被拒于法院大门之外。安然事件爆发后,才得以进入诉讼程序,恢复案件审理,但法院最终仍适用商事判断规则,判决原告败诉。此案将商事判断审查标准的局限性暴露得淋漓尽致,对薪酬决策过程中的徇情决策熟视无睹,故下文不惜笔墨,对该案予以评介。

---

① 907 A. 2d 693(Del. Ch. 2005);终审判决为 906 A. 2d。

1. 欧维兹加盟迪斯尼及其薪酬安排

欧维兹系好莱坞最著名的明星经纪人之一,其在迪斯尼公司的沉浮得从弗兰克·威尔士的不幸遇难说起。威尔士原本是迪斯尼公司的总裁兼首席营运官,艾斯纳为董事长兼 CEO,两人配合默契,公司赢得 10 年的快速成长。遗憾的是,1994 年威尔士因直升机失事,不幸遇难,公司不得不考虑新总裁任选。内部候选人无一合适,艾斯纳又兼任了总裁,以解燃眉之急。天有不测风云,3 个月后艾斯纳被确诊患心脏病,不得不手术。这样,艾斯纳和公司董事会不得不物色艾斯纳的接班人。于是,艾斯纳三顾茅庐,邀请与其有 25 年老交情的欧维兹加盟迪斯尼。

两人交情甚笃,虽然曾有过合作共事的闪念,但在艾斯纳邀请欧维兹出任迪斯尼总裁之前,欧维兹从未认真考虑过艾斯纳的邀请。究其原因,作为好莱坞的名流,欧维兹的事业也是如日中天。他与其他四位经纪人创立了 CAA 公司,好莱坞经纪市场重新洗牌,截至 1995 年该公司已拥有员工 550 人,拥有 1400 多个好莱坞顶级明星,年收益 1.5 亿美元,他本人年收入 2000 万美元,系好莱坞最有影响的人物。1995 年春,CAA 公司应邀参与西格拉姆公司和麻诸史塔公司收购谈判,西格拉姆公司的董事长兼 CEO 爱得伽·布朗曼,诚邀欧维兹加盟,但到 6 月左右此事搁浅。艾斯纳也在密切关注这一谈判,决心把欧维兹拉到自己的阵营,以免落入竞争者手中。公司两个最大个人股东西德·巴斯和罗伊·迪斯尼也表示支持。7 月中旬,艾斯纳和薪酬委员会主席艾尔文·罗素便与欧维兹开展谈判。罗素在与欧维兹的律师谈判过程中,了解到欧维兹每年收入 2000—2500 万美元,并拥有 CAA 公司 55% 的股份。欧维兹开门见山,若无保底收益,决不放弃 CAA 的 55% 股份。

1995 年 8 月初,欧维兹雇佣协议中 100 万年薪加绩效奖金等条款已敲定,但股票期权和底线保障则尚未达成协议。欧维兹参照艾斯纳的雇佣合同,要求迪斯尼公司股份的 800 万股期权。罗素和艾斯纳一口回绝了,认为头 5 年不得授予期权,谈判陷入困境。欧维兹拿不到保底就不肯离开 CAA 公司,而迪斯尼公司政策又不准许授予前端奖金。双方参照艾斯纳和威尔士的雇佣合同,达成了折衷:欧维兹的 5 年雇佣合同包括两部分期权:一是 300 万股的期权在第三—五年予以平均授予,若在 5 年期末这些期权的价值未升至 5000 万美元,迪斯尼公司应补上不足部分;二是迪斯尼公司和欧维兹决定续签合同时,立即授予期权200万股。为保护双方利益,协议约定任何一方如无故终止合同,均应支付罚金。如欧维兹擅自离开公司,则应没收其依据协议应享有的其余利益,并禁止为竞争对手服务。反之,若迪斯尼非因欧维兹有重大过失或渎职而将其解雇,公司应向其支付无过错遣散费,包括剩余工资、任何未到期的奖金每年750万美元,并立即授予第一部分期权以及对第二部分期权的现金支付1000万美元。

这些基本条款敲定后,罗素向艾斯纳和欧维兹提供了书面报告。该报告指出,欧维兹系明星级企业家,给他提供保底和上升空间颇为恰当,因为在私公司有现金红利和津贴,而公众公司现金薪酬较低,这种保障可以帮助他调整生活方式。该报告也指出,该协议支付给欧维兹的薪酬已经达到高管最高薪酬水平,且高于CEO,所授予的期权数量高于迪斯尼公司的标准,可能会招惹不少批评。该报告建议,再行研究,以便出现问题时,他和艾斯纳可以应对。不过,该报告并未送给其他董事。于是,罗素聘请两人对其作进一步分析,一是华生,薪酬委员会成员和原董事长,二是薪酬顾问克雷斯塔尔,他向来很挑剔,以批评高管高薪而著称。三人决定8月10日开会,会前克雷斯塔尔在手提电脑上准备了高管薪酬数据库,可以运用各种参数进行Black-Scholes分析,华生也准备了几分电子数据表。会后,由克雷斯塔尔作成备忘录,传真给罗素。2天后,克雷斯塔尔将备忘录传真给罗素。该备忘录指出,该协议为欧维兹头5年提供的薪酬价值每年约2360万美元,若为7年期合同,每年薪酬价值2390万美元,该数目相当于欧维兹在CAA公司的现有薪酬水平。到此为止,董事会仅艾斯纳、罗素和华生三人了解此事。

艾斯纳便郑重地邀请欧维兹担任公司总裁,但不包括首席营运官。欧维兹没考虑多久,便答应了。当晚,艾斯纳、欧维兹和巴斯及其家人庆贺了欧维兹的加盟决定。可惜,好景不长。8月13日艾斯纳就在洛杉矶家中召集会议,除罗素和欧维兹外,公司总顾问利特瓦克、财务总监伯伦巴克也参会。利特瓦克和伯伦巴克对此并不领情,很不高兴,因为他们担心欧维兹会打破艾斯纳、利特瓦克和伯伦巴克的"三足鼎立"关系,明确表示不愿意向欧维兹报告工作,而是直接向艾斯纳报告工作。对此,欧维兹不得不接受。8月14日,艾斯纳与欧维兹签署聘用协议,将基本雇佣条件固定下来。而聘用欧维兹的条件还需经薪酬委员会和董事会批准。当日,罗素签署协议一事再次告诉了泼伊特尔,并认为聘请欧维兹是正确的。艾斯纳还逐个给董事电话,通知他们聘请欧维兹一事,也向他们说明了他与欧维兹的私交、欧维兹的背景与相关资格。迪斯尼公司当天就做了新闻发布,公众给予了积极的回应,迪斯尼公司的股票一天就上涨4.4%,市值增长10亿美元。

协议之后,公司法律顾问桑塔尼罗便负责拟订合同。他发现了新的问题,5000万美元的保底无法做税收扣除,会增加公司税收负担,应予删除。但是,删除之后,如何保障欧维兹,罗素和克雷斯塔尔商量出对策,并做了财务分析。9月26日,薪酬委员会开会1小时,其中有一项议程就是欧维兹的雇佣协议,各委员人手一份聘请欧维兹的材料,包括罗素和华生谈判过程的简要情况以及克雷斯塔尔的分析。经讨论,会议一致通过了该协议,并要求在该协议框架内进行进一步的合理协商。会后,董事会立即召集常务会议,该会议通报了艾斯纳和欧维兹认可的工作汇报体制,艾斯纳主导会议讨论,罗素回应了董事提出的问题。董事会全体会议上,董事们做了进一步的评议,一致同意聘任欧维兹为公司总裁。

10月16日,公司董事会薪酬委员会再次开会讨论股票期权事宜。利特瓦克做了汇报,回应了成员的问题,一致通过了对1990年股票期权激励计划的修正和1995年股票期权激励计划。两计划均需董事会批准。此后,利特瓦克与薪酬委员会一道审核了前述雇佣协议,并批准了该协议,准予依据1990年计划向欧维兹授予股票期权。该期权的作价以会议当天市价为准。依据1990年计划,如遇无故终止合同,欧维兹的期权可在2002年9月30日行权,或终止后24个月内行权,无论如何均不得迟于2005年10月16日。实际上,欧维兹任职从10月1日就开始了。艾斯纳有3份文件涉及欧维兹早期工作的表现,均给予积极评价,这种评价维持到1995年底。在艾斯纳看来,尽管欧维兹融入到迪斯尼公司文化遇到不小的困难,其在1995年表现令人满意,并对1996年有着美好的憧憬。

2. 欧维兹雇佣合同的解除与遣散费

1996年开始,艾斯纳对欧维兹的评价就变了。1月,迪斯尼公司在佛罗里达奥兰多举行大撤退演习,欧维兹并未融入公司经营者团队,拒不参与团队活动,包括艾斯纳在内的经营者均乘坐巴士,他却独自乘坐豪华轿车,与迪斯尼公司的氛围极不协调。时间愈长,这种文化冲突愈明显。到了夏天,艾斯纳告诉有关董事,欧维兹没有融入迪斯尼公司文化。到了秋季,董事们认为,欧维兹与公司的鸿沟已无法弥补,应终止其雇佣合同。同时,业内业外媒体业不断披露迪斯尼高管团队的分歧。原告还试图说服法院,欧维兹惯于撒谎,公司有终止合同的正当理由,从而无需支付无过错解约的遣散费。但是,并无证据证明欧维兹撒谎。

随着艾斯纳与欧维兹关系日趋紧张。经艾斯纳同意,利特瓦克找欧维兹谈话。利特瓦克开门见山,指出欧维兹在迪斯尼无所作为,希望他寻找体面的退出方式,另谋高就。利特瓦克将该谈话向艾斯纳报告后,艾斯纳为了让欧维兹死心,还发出了更明确的信号,让利特瓦克再次与欧维兹谈话,告诉他艾斯纳已不需要他继续呆在迪斯尼了,希望他慎重考虑其他高就机会,比如去索尼公司就职。其实,早在6月艾斯纳与欧维兹同机前往新奥尔良时,欧维兹就提及去索尼公司高就之事,艾斯纳以为只是要挟而已。利特瓦克转达了艾斯纳的不满,欧维兹回敬道,他要赶我走,我偏不走!若他想我走,就亲自给我说。11月1日,欧维兹告诉艾斯纳,去索尼公司高就一事搁浅,并希望在迪斯尼公司大展拳脚,再创辉煌。

在欧维兹与索尼公司磋商过程中,迪斯尼公司9月30日召开了董事会,欧维兹亦在场,该会并未讨论欧维兹的前途以及他与艾斯纳和利特瓦克的谈话。尽管如此,艾斯纳还是与多数董事交换有关欧维兹问题的意见。10月1日,艾斯纳向罗素和华生发了一封信,他从夏天就在写该信,该信列举了他与欧维兹的各种摩擦,包括欧维兹不能适应迪斯尼公司文化,他对欧维兹的不信任,以及欧维兹完全没有帮他分忧等等。在艾斯纳母亲的葬礼上,欧维兹因停车位而发生街头争执,艾斯纳就发出了这封信,信中写道,若是我死于车祸,公司决不能立欧维兹为CEO,或者由他任总裁,而CEO名存实亡。这样,将成为公司的灾难!我并不喜欢这样讲,而是他的人格、言行举止以及病态问题的确会给公司带来灾难。这封信的目的在于,不让欧维兹继任CEO。罗素和华生均未将其交其他董事传阅。艾斯纳得知欧维兹去索尼高就一事泡汤后,便决心在年底赶走欧维兹。为此,艾斯纳用欧维兹和威尔逊共有的游艇安排了"鸿门宴"游,威尔逊系欧维兹的挚友,艾斯纳希望借此让欧维兹明白,不仅他应该离开迪斯尼公司,而且这对谁都好,对他本人也好。

11月13日,艾斯纳约见欧维兹,倾谈了诸多问题,尤其是欧维兹的管理问题和伦理问题。这次会见长达135分钟,艾斯纳设法让欧维兹离开公司,而欧维兹则是坚持留任。在欧维兹寻求到索尼公司高就的过程中,艾斯纳和利特瓦克也考虑过终止合同事宜,尤其是因故终止合同,因为他认为欧维兹的所作所为的确对不起无过错解约的遣散费。但是,公司得信守合同,依据雇佣协议,无过错解约就应支付遣散费,包括剩余的工资、未到期奖金、1000万美元的终止费用以及立即授予300万股的期权。利特瓦克从一开始就对艾斯纳说,不能因故解约。到11月底,艾斯纳再次问利特瓦克是否可以因故解约,以避免高昂的遣散费。他又研究了协议文本和欧维兹的业绩情况,但没有研究法律问题,也没有委托外部调查研究。12月,他又咨询了墨顿·皮尔斯,皮尔斯也认为不能无故解约。最后,利特瓦克得出不能做因故解约的结论。他还认为,公司逼迫欧维兹接受削减遣散费既不合适,也不道德,有损公司声誉。这样,可能让迪斯尼公司招惹不当解约的官司。11月25日,董事会再次开会,欧维兹亦在场,但未讨论解除欧维兹雇佣合同事宜。相反,他进入新一届董事会还获得了一致提名。会后,董事会常务会议讨论了解除欧维兹雇佣合同事宜,艾斯纳、鲍尔斯、戈尔德、华生和斯特恩出席了该会。艾斯纳在会上告诉与会者,他希望在年底前赶走欧维兹,并让威尔士在旅途中告诉欧维兹。

12月3日,欧维兹结束答谢旅程后回到公司,意识到他在公司的时日不多了,便与艾斯纳商讨了离职条件。艾斯纳让罗素处理欧维兹离职事宜,欧维兹提出了继续担任董事、与迪斯尼公司订立顾问合同、继续使用办公室、继续享受医疗保险和家庭安全保护、继续使用公司小轿车以及回购其飞机等要求。艾斯纳一口就回绝了,并告诉他,他所能够得到的仅限于雇佣协议的规定,一分不多,一分不少。12月10日,高管业绩计划委员会开会,戈尔德为主席,罗素、泼伊特尔和罗匝纳系成员,艾斯纳、华生、利特瓦克、雷德和桑塔尼罗也在场,罗素告诉大家,欧维兹的雇佣合同即将终止,但不是因故解约。尽管欧维兹业绩甚差,罗素仍建议他1996年的750万美元奖金仍可照拿不误,并获批准。次日晚,欧维兹在艾斯纳母亲的寓所与其会谈。此时,欧维兹雇佣合同做无故解约,他应获遣散费,其他个人要求一概不能满足,均已有定论。这里所商议的是,新闻发布的口径,双方互不诋毁,欧维兹的离职需体面,双方互相尊重。欧维兹离开艾斯纳母亲的寓所后,再没有回过迪斯尼公司。12月12日,利特瓦克签署了解约文件,公司也发布了新闻,欧维兹自1997年1月31日正式离职。到此为止,其在迪斯尼公司任职时间合计 14 个月。当日,艾斯纳试图在新闻发布前告知其他董事有关解除欧维兹雇佣合同事宜,新闻发布稿也发至各位董事,并无任何董事反对。至此,迪斯尼公司已正式无故解除了欧维兹的雇佣合同,但董事会并未审议此事,更谈不上表决。不过,依据该公司细则,艾斯纳就有权力解雇欧维兹,无须董事会审议批准。12 月 20 日,再次召开了高管业绩计划委员会会议,取消了欧维兹 1996 年度 750 万美元的奖金。12 月 27 日,艾斯纳签署的文件载明,欧维兹可以获得 3800 万美元现金,立即授予 300 万股期权。归结起来,他获得了董事会给予的一笔 3890 万美元的无过失遣散费,以及被授予按当天市值计算总值为 9090 万美元的期权,合计约 1.4 亿美元。迪斯尼为这个人事变动付出了高昂代价,并在关键时刻错过了许多宝贵的商业机会,公司业绩和股价多年萎靡不振。12 月 27 日,董事会召开全体会议,董事会才意识到了欧维兹解约事件和无故解约的遣散费的负面影响。

3. 争议焦点与判决结果

愤愤不平的股东针对天价遣散费提起了股东代表诉讼。原告有 16 名股东,被告有 19 名,包括迪斯尼公司及其新旧董事会的董事。[①] 原告起诉经历颇为曲折,可谓一波三折,安然事件为该案带来曙光,恢复了案件审理,特拉华州衡平法院初审开庭历时 37 天(2004 年 10 月 20 日—2005 年 1 月 19 日),2005 年 8 月作出判决。原告不服,上诉到特拉华最高法院,2006 年 6 月 8 日终审判决维持原判。

本案的焦点在于董事的勤勉义务,即董事会审议批准欧维兹的雇佣条件和薪酬安排是否尽到合理注意。这样,对该薪酬安排的决策就适用了商事判断审查标准。只有原告能够举出优势证据证明董事会在决策程序中具有重大过失,方可推翻有利于董事的推定,法院才会审视决策的实体合理性。而就决策实体而言,只有原告以优势的证据证明达到了浪费的程度,法

---

① 16 名原告为:受托人和保管人威廉姆·布雷姆和杰纳戴恩·布雷姆,受托人迈克尔·格雷宁、理查德·凯普兰、大为·凯普兰,共有人托马斯·马罗伊、理查德·凯歌,霍华德·甘地公司利润分享计划德受托人迈克尔·恺撒,罗伯特·金伯格,迈克尔·肖,迈克尔·迪本迪克蒂斯尼,比特·劳伦斯,麦尔文·诸普尼克,朱迪斯·霍尔,詹姆斯·海斯,巴尼特·斯蒂帕克。19 名被告分别为:迈克尔·艾斯纳、迈克尔·欧维兹、斯蒂芬·伯伦巴克、桑福德·利特瓦克、艾尔文·罗素、罗伊·迪斯尼、斯坦利·戈尔德、理查德·努尼斯、悉尼·泼伊特尔、罗伯特·斯特恩、卡顿、沃尔克、雷蒙德·华生、伽利、威尔逊、雷维塔、鲍尔斯、伊格纳赛欧·罗匝纳、乔治·米切尔、里欧·欧德纳范、托马斯·墨菲、沃尔特·迪斯尼公司。

院才会否决董事会决策。就本案而言,法院认为,向欧维兹支付合同约定金额并不属于浪费,除非约定义务本身构成浪费。至于该约定义务本身,乃是针对其具体情况而对症下药,不存在浪费,因为不为欧维兹设保底线,就不可能吸引他离开 CAA 公司,达不到吸引优秀人才的目的。就欧维兹而言,除了工作绩效外,是否被解雇以及是否无故解雇,均不是事。至于工作绩效,说他有意表现很差,巴不得早点被解雇,但又不至于业绩差到可以被因故解雇的地步,显然是站不住脚的。其一,他在入主迪斯尼之前已经声名显赫,并不属于故意做出不好业绩的那种人。其二,没有证据表明,他不愿意竭力为公司效劳。相反,艾斯纳在 1995 年就认定能够请到欧维兹乃是上策,而非原告所说的雇佣他,就是为了很快就解雇,从而领取天价遣散费。实际上,根据其业绩也没有构成因故解雇,提前终止合同只能采取无故解雇形式,从而支付遣散费。从现有证据来看,他也不构成重大过失或渎职。所以,支付遣散费并非浪费之举,不仅因为公司不能对其做因故解雇,而且也没有证据表明,没有他,公司会更好。因此,不能说解雇和支付遣散费属于一边倒的交易,任何有健全判断的人均会认为,公司从中得到充分的对价,或者说被告非理性地浪费或葬送公司资产。

至于董事会审议批准欧维兹薪酬安排是否尽到合理注意,法院均给出肯定的答案,认为新旧董事会均尽到合理注意,没有重大过失,均未违反勤勉义务。以对此案介入最深因而最受到责备的艾斯纳为例,确实使法院陷入两难境地,因为他可能知情最多,又是最不应该被责备的人。他独断专行,一手遮天,他对董事会决策失败应承担责任。董事会差不多都是他的朋友和老相识,尽管从法律上无须对他感恩戴德,但实际上很可能附和他。就聘用欧维兹而言,1995 年夏季他下了决心,8 月 14 日便订立了协议,且召开新闻发布会。此前,他并未提请董事会审议,亦未获董事会授权。除其小圈子外,他并未告知董事会,更谈不上讨论了。虽说 CEO 无须事事向董事会禀报,但通常谨慎的 CEO 也不至于像他那样,一人说了算,就将二把手请到了公司,并聘为董事,为其提供非 CEO 从未有过的奢侈薪酬。虽说当时并未签署雇佣合同,那只是形式而已,到 8 月 14 日聘请欧维兹实际上已经生米煮成熟饭,成了定局。8 月 14 日后,其介入程度有所减弱,转而由罗素与欧维兹进行实质性磋商,到合同草拟和签署阶段其介入就更少了。可见,聘请欧维兹并无不当动机,这是商事判断,应受商事判断规则的保护,原告应有优势证据证明,艾斯纳有恶意或重大过失。纵观全案,艾斯纳了解欧维兹,深知其对公司的价值,在他不掌握主要信息源的少数情形下,罗素向其报告了磋商的情况,就此而言原告的证据尚不能说明,他没有了解到可以合理得到的所有重要情况,或他有重大过失。当然,艾斯纳的所作所为也不值得效仿,这当中也有很多缺陷。比如,不让董事会知情;超越 CEO 职权;过早发布新闻,使得董事会没有退路,迫于压力接受聘用欧维兹的条件。尽管这并不至于违法,但与公司治理准则的要求相差甚远,有违股东对公司受信人的期望。批评归批评,其行为还是符合诚信原则的。就主观而言,他还是以为其行为是符合公司最佳利益的。尽管起用欧维兹的成本高昂,两位老将因此丧失升职机会,也不完全赞同此事,他还是一手遮天,果断决策,迅速将欧维兹请到公司。该举动并不违法,也不是故意失职。因此,他也不违反勤勉义务。

不难看出,法院在适用商事判断审查标准时,只是考察了决策的形式,而决策内容的合理性基本上不予理睬。难怪中国平安董事长马明哲面对 6616 万的高薪,还可以理直气壮地申辩"合法合规"。为什么?该走的程序已经走了,该走的过场已经走了,似乎就完全合法合规了。赶走一个力不胜任且仅仅工作 14 个月的董事和高管,居然需要 1.4 亿美元的代价,股东们愤愤不平,舆论一片哗然,显然不可能是合理的。遗憾的是,对于原告指控董事们徇情决策,"董董相护",法院根本就置之不理。为何董事长兼 CEO 艾斯纳对欧维兹如此慷慨?为何董事会就像艾斯纳的"一言堂"?原来,艾斯纳与欧维兹的关系十分密切,两人不仅是有 25 年交情的老朋友,而且有业务关系。在本案后来长达 37 天的审理中,从浩如烟海的文件中,还有证实两人交情深厚的诸多证据。另一方面,艾斯纳则与多名董事有私交甚至有间接利益关系。一名董事兼任高管;一名董事是慈善机构的负责人,而艾斯纳每年向该机构捐赠 100 万美元;一名董事为小学校长,而艾斯纳的子女曾在该校就读;一名董事拿了 5 万美元咨询费,而且为代理迪斯尼公司的律师事务所工作。[①] 然而,对于可能影响董事们客观独立判断的这些关系,法

---

① 比如,他们两人以及他们的夫人都是好莱坞的发烧友;两家人常常一起外出度假,1995 年圣诞节两家人一起在 Aspen 度假;艾斯纳因意外做了心脏手术,他太太给欧维兹打了电话,欧维兹立即中途放弃度假,赶赴医院,陪伴艾斯纳;在艾斯纳等待 CEO 的批准过程中,他还邀请欧维兹夫妇一起度过那段时光;此外,两人的书信往来也反映了那种"铁哥们"关系。比如,1996 年 10 月艾斯纳给欧维兹的信写道:"你是迄今唯一来到我病床的朋友,我会铭记在心"。J. Robert Brown, Jr., Disloyalty without Limits: "Independent" Directors and the Elimination of the Duty of Loyalty, 95 *Kentucky Law Journal*, 2006 – 2007.

院却不屑一顾,未予理睬。既然如此,要过问董事会决策的实体合理性,就必须另辟蹊径。

(三) 高管"问题薪酬"应实行合理性审查

为什么说商事判断标准不能适应董事徇情决策的司法审查呢?根本原因就是,它对董事决策过于尊重,不能将董事会的一般经营决策与徇情决策予以区别对待。相应地,又将徇情动机与徇情行为混为一谈,使得原告根本不可能证明种种"董董相护"关系对董事决策的实际影响。

其一,董事徇情决策,属于非理性行事,适用理性决策范式下的商事判断审查标准显然过于尊重。这是因为,徇情决策造成的决策错误或失误,与一般经营决策的失误性质上有根本性差异。尊重董事权威,就是尊重董事裁量。经营决策天生的风险性和不确定性,决定了董事不可能保证其决策完全正确或永远正确。尊重这样的董事决策,是为了鼓励董事冒险,勇于进取,勇于创新,而非慑于个人责任,畏首畏尾,坐失良机。这无疑是正确的。但是,对于董事徇情决策,其决策失误或错误,就算源于认知偏差,往往也是董事将脑袋交给执行董事和高管,被他们框定所致。至于群体偏好,董事相互送人情、给面子,董事会集体决策都为董事长或 CEO 捧场,人云亦云,随大流,其根源在于"董董相护","见情忘义",显然不应将其与一般经营决策等量齐观。这就好比公务员的裁量性决策,凡是涉及需要较高的法律素质、政策水平、技术能力的裁量性事务,刑法均将"徇私"规定为主观的构成要件要素。其目的就在于,将公务员仅仅因为法律素质、政策水平、技术能力不高而出现差错的情形排除在渎职罪之外。[①] 可见,以商事判断标准的尊重模式对待董事会结构性偏见,问责董事徇情决策,属于过度尊重,不但不能改进公司治理,而且可能因为表面上的规范甚至堪称典范掩饰真正的问题,一旦暴发,会给公司酿成悲剧,甚至引发连锁反应,危及社会和谐与稳定,华尔街的高薪孕育"冒险文化",进而引爆全球金融海啸就是如此,这样深刻的教训足以警醒我们要认真对待董事徇情决策!

其二,董事徇情决策的"徇情"属于主观动机,将其混淆为徇情行为,要

[①] 参见张明楷:《渎职罪中"徇私"、"舞弊"的性质与认定》,载《人民检察》2005 年第 23 期。

求原告予以证明,不但是对原告过于苛刻的要求,更是对董事的过度保护。由于没有将董事会结构性偏见予以区别对待,法院虽说理论上承认,董事并非单纯的经济人,同僚关系、交情、友情、爱情等非理性动机同样影响董事决策。但是,实际行动则是另外一回事,也就是说一套做一套。实践中,法院仍然运用理性决策范式下商事判断审查标准,对于原告指控的基于友情和交情而产生的偏袒,仍然不予理睬,反倒要求原告证明这种关系对董事决策的实际影响。实际上,这是原告无法完成的任务。究其原因,这是对徇情性质的误读和误识。董事决策徇情属于董事会结构性偏见的动机要件,这种动机并不要求行为人将其外化为徇情行为。就像忠实路径那样,董事徇私决策徇私属于动机,只要有董事自我交易,就不证自明了,法院就应审查该交易是否公平,而非徇私的动机。同理,原告只要证明这样那样的"董董"关系,徇情动机自现,法院即应审查该交易对公司和股东是否合理,而非无谓地纠缠该动机对董事决策的实际影响。

由此看来,要问责董事会高管薪酬决策中的结构性偏见,就应审视董事会决策的实体合理性,以防形式上合理掩饰实质上的不合理性。这就要求,将董事会结构性偏见与一般经营决策予以区别对待,以诚信问责路径的合理性审查标准取代勤勉问责路径的商事判断标准。

五、高管"问题薪酬"董事问责的合理性标准

如何把握高管薪酬是否合理呢?下面从高管薪酬合理性的标准拿捏、合理性的相对性以及司法审查强度三方面展开分析。

(一)高管薪酬合理性标准的拿捏

没错,经理市场并不能提供高管薪酬的明码实价,其模糊性就好比"普洛透斯"的脸,变化莫测。实践中,高管薪酬不仅因行业、因企业、因企业规模、因企业发展阶段而异,甚至因人而异,与劳动力市场的同工同酬截然有别。这样,董事会确定高管薪酬必然具有很大的自由裁量空间,而且这种裁量应得到司法的尊重。否则,无异于以司法判断代替企业家的经营判断,其实,法官在这方面并不比董事更高明。那么,如何判断董事会自由裁量是否

合理呢？也就是说，以什么标准来判断高管薪酬是否合理呢？

如前所述，高管薪酬激励的目标在于企业价值最大化。诚如邓小平同志所说"不管白猫黑猫，只要抓住老鼠就是好猫"，显然判断其合理性的根本标准就在于是否有利于企业价值最大化。具体说来，高管薪酬的激励性是否合理，则应审视激励标准、激励结构以及激励水平这三个方面是否合理。这就意味着，以下几种情形显然不符合薪酬激励逻辑，是不合理的：

第一，高管薪酬不与绩效挂钩，不论业绩好坏都是高薪丰酬，高管薪酬能上不能下，无功受禄，或者只有正激励，没有负激励，均属于不合理。以美国达美航空公司为例，1997年公司授予将退休的CEO罗纳德·艾伦一份为期7年，价值350万美元的顾问合同。相应地，公司从艾伦那里得到什么回报呢？那就是他将在对他而言最方便的时期、地点和阶段内提供顾问服务。如果他身染重病，不能提供哪怕是最方便的顾问工作，那将如何呢？他仍然会拿到这笔钱。如果他去世了呢？他的继承人将会拿到这笔钱。相比之下，美国在线时代华纳CEO杰拉尔德·莱文卸任时，公司开出的条件略微高一些。他每年可领取100万美元年金，作为回报则是每月为公司提供5天顾问服务。2001年，福特汽车公司解雇雅克·纳赛尔时，他除了领取每年127万美元养老金外，公司每年免费送他一辆汽车，还有打折购买更多汽车的选择权。① 这样奢侈的薪酬安排，如此的无功受禄，显然不合理了。

第二，与股东和利益相关者收益明显不平衡，如高管领取高薪丰酬，而股东没有回报或者回报甚少，或者是高管与职工收入差距过大，也是不合理的。戴尔先生2000年薪酬高达2.36亿美元，约占公司当年总利润的1/5；第一创业的CEO理查德·费尔班克薪酬2700万美元，占据了该公司当年利润的6%。② 他们真有那么大的贡献吗？这样的追问完全是可以理解的，也是合理的。1999年—2002年5月，美国有25家大公司股价下降75%，高管却领取了230亿美元薪酬。美国联合航空公司CEO年薪1700万，股东的股利则下降20%。可口可乐公司2003年向前6名高管支付奖金840万美元，公司同期裁员3700人。安然公司前董事长肯尼斯·莱，2000年通过股

---

① Lucian Bebchuk and M. Fried, *Pay without Performance*, Harvard University Press, 2004.
② "Development in the Law: Corporation and Society." *Harvard Law Review*, 2004, Vol. 117, No. 7, pp. 2212, 2222.

票期权行权获得1.234亿美元,次年这个世界顶尖级的能源巨人便轰然倒下,数千人失业,股东血本无归,其股价从最高时每股90.75美元跌至50美分。世界通信公司亦然,1.7万人失去工作,股价从最高时每股64美元跌至9美分,股东欲哭无泪。① 如此强烈的反差,高管薪酬的合理性何在呢?这显然是一种对股东和利益相关者的无耻掠夺!

第三,风险性过大,过度激励,过度鼓励冒险,同样是不合理的。如前所述,引爆全球金融危机的华尔街薪酬体系就是如此,其高管风险收入比重过大,雷曼公司CEO富尔德的股权收益占总收入的78%。高管们冲着越来越多的利润,就等于越来越高收入这样一个目标,不断推出他们自己也说不清道不明的结构化金融衍生产品,冒险文化愈演愈烈,最后酿成全球性的灾难。也就是说,法官不仅要对无功受禄保持警惕,亦应对过度激励保持高度的警惕。

第四,激励标准不与时俱进,也是不合理的。以 Rogers v. Hill② 案为例,1912年美国烟草公司决定,若公司收益超过800万美元,以超额的10%奖励6位最高高管。该计划得到多数无利害关系股东的批准,并言明,该计划若未被股东修改或废止,则应继续适用。时间一长,该公司营业大幅度增长,奖金计算公式确依然故我,高管自然大有斩获。1930年,仅总裁就拿到底薪16.8万美元,特别现金信贷27.3万美元,奖金84.2万美元,以及大大低于市价的股票,以1995年市价计算相当于1500—2000万美元。气愤不已的股东们诉讼到法院,最高法院在上诉案审理中指出,尽管该计划曾得到股东批准,但已经时过境迁,适用该计划无异于浪费公司资产,曾经合理的薪酬计划现在未必合理。依据该计划所支付奖金与高管提供服务的价值严重脱节,事实上变成了部分白送。最高法院将此案发回原审法院重审。

这样,判断高管薪酬是否合理,判断董事会自由裁量是否合理其实并不难。如果仅仅因为它属于经营决策,就一推了之,对实体合理性不闻不问,在高管薪酬具有如此重大社会影响的当今社会,显然是极其不负责任的。何况,遇到复杂案件和专业性问题,法院也可以聘请相关专家出具专家意

---

① The Conference Board Commission on Public Trust and Private Enterprises. 2002. "Executive Compensation Issues: a Rationale." p.3.
② 289 U.S. 582 (1933)。

见,为其判断提供决策支持。2006年纽约交易所格拉索案[①]就表明,法院对高管薪酬进行实体审查也是可行的。格拉索35年的职业生涯,始终与拥有210多年辉煌历史的纽交所连在一起。虽说只有中学文凭,凭借其聪明才智和出色的业绩,1995年便升任董事长兼CEO。2002年,格拉索提议将其雇佣合同续展到2007年。2003年8月,纽交所董事会讨论决定将其续展到2007年5月31日。依据该合同,格拉索在退休之际可以获得1.875亿美元左右的收入,其中1.395亿美元为立即一次性支付。8月27日,纽交所正式披露该薪酬,引起了轩然大波。纽交所虽于2006年改组为股份公司,当时还属于非营利机构。依据纽约州《非营利机构法》,CEO的薪酬应该合理,并应与其所提供的服务相称。那么,拉索案的薪酬是否合理呢?《韦伯报告》直言不讳地指出,它远远超出了合理的限度,完全与其提供的服务不匹配。其一,从绝对数来看,格拉索到2007年退休时可获得1.875亿美元的收入,还未包括他每年140万美元的工资和100万美元的奖金。仅1999年高达3600万美元的养老金利益,无疑相当于纽交所当年净收入的48%,而2002年纽交所的净收入才2810万美元,其所获收入超过其纽交所前3年的利润总和。易言之,纽交所3年的利润还不足以支付其薪酬,无论如何,也无法与其所提供的服务相匹配。尤其是,2000和2001年的薪酬严重离谱,相当于合理水平的3—4倍。其任期内所获得的福利,以任何标准衡量均属于离谱的。其二,与其他著名证券纽交所负责人的薪酬相比,他更是鹤立鸡群,远远超过同行的薪酬。纽交所虽以大公司CEO的薪酬水平作为参照系,而许多大公司的CEO在他面前也会自惭形秽。其三,从薪酬结构和增幅来看。该薪酬有8%属于旱涝保收,没有任何风险,与业绩不挂钩。增幅之快更是令人咋舌。1999—2002年,其每年收入高达3100万美元,而1995—1999年期间才200万美元,增长了15倍多。这种爆炸式的增长难以令人信服,公众、政界人士、养老基金经理人、证交所前台交易员均强烈感到这是极其不合理、不公平的。2006年10月18日,纽约州最高法院一锤定音,认定格拉索的薪酬不合理,判令他将其中1亿美元左右的薪酬返还给纽约交易所。这就说明,法院完全有能力对高管薪酬合理性作出判断。

---

① New York State v. Richard Grasso, Langone and New York Stock Exchange(401620/2004, NY).

(二) 高管薪酬合理性的相对性

高管薪酬市场价位的模糊性决定了其合理性是一个范围,而非一个点,只要在合理范围之内就是合理的。这样,董事会仍享有很大的裁量余地,也不至于让法院对公司经营决策干预太深。法院需要判断的是,董事会决策整体上是否在合理范围之内,不可能精确到某一个合理的点位。其判断标准也可以从两个方面予以把握,从正面意义上看只要基本合理即可,从反面意义看则以明显不合理为准。没有反面意义上的明显不合理,或者正面意义上基本合理,就属于合理,就无须问责,无须干预。反之,原告能够证明高管薪酬明显不合理,即应对董事问责。通过以下两个案例的分析即可发现,尽管合理性的伸缩性较大,其适用和操作并不难。

在通用公司维尔奇案中,其 CEO 维尔奇无疑是企业家中的佼佼者,在业界和公众中也具有良好的社会形象。2000 年和 2001 年,他的工资和奖金为 1600 多万美元,外加巨额股票期权和其他福利,谁都能够接受。不过,在他的离婚诉讼中,他的退休福利被曝光了。除了奢侈的咨询安排外,他可终身使用公司设施和服务,包括公司飞机、小车、办公室、公寓以及融资理财服务,合计每年 200 多万美元,这引起了很大的民愤,可谓晚节不保。其实,以合理性标准来衡量,完全属于合理的安排。虽说 200 万美元对普通人是一个天文数字,但相对于他的总薪酬而言,也不算很高,因为他的养老金每年就有 700 多万美元。何况,授予该项退休福利的背景非常特殊,更不是白送的礼物,而是公司挽留协议的一部分。原来,他快退休时,患上心脏病,做了心脏手术。董事会希望他尽可能多留任一段时间,也好物色和培养接班人。董事会提出给他 1 亿美元,他并没有接受,而是提出一项总价值少了许多的福利包。[1] 那么,该挽留协议合理吗?对于这种极其稀缺的 CEO,这个待遇一点也不为过,自然属于合理的范围。至于他选择退休后以实物形式获取这些福利,而非立即支取现金或股票期权,更是合情合理。

比较而言,迪斯尼案中董事欧维兹仅为迪斯尼公司工作 14 个月,就要拿 1.4 亿美元的遣散费。这与维尔奇案的福利性质完全不同,维尔奇的退

---

[1] Julian Velasco, Structural Bias and the Need for Substantive Review, 82 *Washington University Law Quarterly*, 2004.

休福利是为了挽留超级企业家,而这里则是用于赶走力不胜任的管理者,两者大相径庭。其实,欧维兹的雇用合同也不是很复杂,只要有一个基本理解,即可发现其中的瑕疵。① 他的年薪为 100 万美元,外加绩效奖和股票期权。如果合同不续签,则应向他支付 1000 万美元奖金和无过错解约的遣散费,这又包括 100 万美元年薪、每年 750 万美元奖金、1000 万美元解约补偿以及绝大多数股票期权。姑且不论数额巨大且变动不居的股票期权,如履行该合同他可获总报酬 1500 万美元外加绩效奖金。如果他从第一天就解约,则可获得遣散费 5250 万美元。这无异于鼓励他寻找借口,尽早解约。如此明显的瑕疵无须专家也可发现,董事们批准这种安排的决策可能是理性的,但不可能是合理的。

(三) 对"董董相护"的司法审查强度

对董事会高管薪酬决策中的结构性偏见适用何种司法审查强度呢?何种"董董相护"关系才能构成"徇情"动机呢?如第四章所述,司法审查强度视利益冲突的程度而定,利益冲突愈大,司法审查强度也就愈大。就董事会高管薪酬决策而言,其司法审查强度视以下三种因素而定。第一,被执行董事和高管框定的程度。越是容易被执行董事和高管框定的,审查力度也就越大。董事决策应当依赖公司经理层、职工甚至外部专家的信息和意见,但是最终决策权在董事,董事不能将脑袋交给别人。否则,就很容易被框定。高管薪酬极具专业性和复杂性,董事们不可能亲自主持薪酬方案的制订,即使公司聘用薪酬顾问,基于薪酬顾问业务的市场竞争性,以及薪酬顾问与公司可能存在的利益冲突,薪酬顾问也是天生地向高管倾斜。这样,薪酬方案就很容易被高管操纵,故应强化董事会高管薪酬决策司法审查的力度。越是管理层操纵方案的形成,越是董事会缺少调查或了解情况,就越应强化审查力度,以遏制这种"跟着感觉走"的不负责任现象。第二,关系密切程度。关系愈密切,审查强度愈大。社会心理学研究发现,董事相互吸引受个人特质、相似性、熟悉性、互补性以及临近性等因素影响。这样,担任董事时间愈长,愈是容易形成"铁哥"、"铁姐"关系,相互认人、认情、认面子的可能性愈

---

① Julian Velasco, Structural Bias and the Need for Substantive Review, 82 *Washington University Law Quarterly*, 2004.

大,越是要重点关注,加强审查力度。第三,群体凝聚力程度。群体凝聚力愈高,愈可能产生群体思维,人云亦云,随声附和,愈应加强审查力度。具体说来,群体规模愈大,越是凝聚的群体,将产生越差的决策;董事长或 CEO 愈专制,一手遮天,或者一言堂;独立董事的选任愈是受董事长或 CEO 操纵,其薪酬愈高,也愈容易导致其对董事长或 CEO 感恩戴德,独立性丧失殆尽,与董事长或 CEO 穿"连裆裤"等,凡此种种,董事会集体决策质量均会大打折扣,即应加大审查力度。

至于何种程度的友情、交情等私交才构成"徇情"动机,这就需要结合客观事实予以认定或推论了,诚如曾世雄先生所说:"行为人主观状态除其本人外,事实上难以掌握。因此,方法上只有借助外界存在的事实或证据推敲之。"①民法上过失的认定,刑法上犯罪目的或动机,都是依靠司法人员根据客观事实认定或推论的。相应地,原告只需要证明形成"董董相护"的各种关系即可。一旦法院认定这种"董董"关系,至于是否构成"董董相护",就应转而查明在这种背景下的董事会高管薪酬是否合理。也就是说,"董董"关系本无罪,关键在于是否有"董董相护"。"董董"关系产生的交情、友情可能影响决策,也可能没有影响决策。只有依据前述标准认定高管薪酬不合理,才谈得上"董董相护",才需要问责。不难看出,将董事徇情决策予以区别对待,以诚信问责路径的合理性审查标准进行司法审查,也大大减轻了原告的举证责任。原告只需要证明"董董"关系的存在,并证明高管薪酬不合理,而无须证明"董董"关系对董事决策的实际影响。易言之,只要能够证明"董董"关系和高管薪酬的不合理性,就可以推论出"徇情"动机,无需苛求原告去承担不可能完成的任务。

实际上,前述司法审查强度的理论在纽约交易所格拉索案可以得到验证。法院之所以义无反顾地对表面上"合法合规"的格拉索薪酬进行实体合理性审查,并最终认定其不合理,就是因为该董事会尤其是薪酬委员会的决策实际上被格拉索框定,格拉索的薪酬决策可以说就是他自编自导的。何以见得呢? 其一,在纽约交易所董事会 27 名董事中,有 12 名来自华尔街金融机构,系各大投资银行的负责人,还有 12 名董事来自上市公司的高管。他们或为纽交所的会员,或为上市公司高管,均受到纽交所的监管。操有其

---

① 曾世雄:《损害赔偿法原理》,中国政法大学出版社 2001 年版,第 73 页。

薪酬决定权者,大多为其监管对象,多数都是他所推荐进入纽交所董事会的,自然要看他的"脸色"行事。其二,薪酬委员会更是任凭其摆布。谁可以进入薪酬委员会,谁担任薪酬委员会主席,格拉索一言九鼎,一人说了算。他亲手挑选的委员来审议他的薪酬方案,敢较真吗？其实,薪酬委员会许多成员本来就与他有这样那样的私交。比如,伯克利特、克曼斯基、墨菲、兰戈恩以及福尔德。这样,他可以呼风唤雨,薪酬委员会对他言听计从,甚至为他鼓与呼。其三,施加不正当影响。薪酬决策过程被误导,董事会决策所依据的信息不准确、不完全,董事没有准确调查,董事会还压制内部争议。格拉索的一位副手艾什(Ashen)承认,其向董事会提交的文件所提供的信息不完整、不准确、有误导性。比如,董事会并不知道格拉索的薪酬中有一项金额高达 1800 万美元的 1999—2001 年间资本积累红利。替薪酬方案准备财务分析报告的梅赛(Mercer)人力资源咨询公司也承认,其向纽交所董事会提供的报告有很多"错误和遗漏",并同意退还 2003 年纽交所支付的咨询费。薪酬委员会一名成员向检察官坦陈,他虽对格拉索的高薪有所犹豫,但格拉索很快就知道了,他被吓退了。他说:"上帝保佑,我逃过此劫！这个家伙是我们的管理者,而我是纽交所的一个成员……当他是你的领导时,你最好小心些。"①这样,几乎格拉索想要什么,薪酬委员会和董事会都会心领神会,并让他心满意足。如果仍然坚持商事判断审查标准,就会让这种实质上不合理的薪酬逍遥法外。前述迪斯尼天价遣散费案就是如此,法院对可能影响董事会客观独立判断的种种"董董"关系熟视无睹,未就欧维兹薪酬安排的合理性进行审查,就草率地断定董事们并未违反勤勉义务。这不能不说是令人遗憾的事,恐怕也是马明哲面对社会公众对其天价薪酬的质疑以及杨元庆面对人们对薪酬暴涨的批评,还理直气壮地回应"合法合规"和"对得起这份薪酬"的底气之所在吧。由此可见,对董事会高管薪酬决策中的结构性偏见进行实体合理性审查不仅是紧迫的需要,格拉索案也表明这是完全可行的。

---

① 参见陈宜飚:《纽交所前主席格拉索"罪状"》,载《21 世纪经济报道》2004 年 6 月 9 日。

第六章 反收购决策董事问责的合理性标准

公司反收购是自然的,但董事们"逢收购必反",习惯性地排斥"外人",显然就不正常了,此乃董事会结构性偏见的表现。本章通过实例揭示各种反收购措施的不合理性,并运用前景理论和社会心理学理论解说为何董事们习惯性地厌恶收购,往往为了反收购而反收购,进而分析其诚信问责路径的司法审查标准及相应的审查强度。

一、他们何以习惯性地拒绝"外人"?!

随着经济全球化,资本市场日益国际化,企业跨国并购与日俱增,我国企业在"走出去",国际资本也在大举进入我国资本市场。股权分置改革业已圆满完成,"大小非"不断解禁,资本市场结构正发生了巨大的变化,全流通时代渐行渐近。2006年8月中国证监会修订了2002年发布的《上市公司收购管理办法》,又为部分要约收购放行,从而为争夺上市公司控制权提供了更为广阔的用武之地,收购必将愈来愈活跃,敌意收购也会愈来愈便利。

反收购与收购如影随形。企业被收购的风险越大,其反收购警惕就越高,反收购措施也就越严密周详。股改之后,不少公司控股股东持股比重被稀释,有的第一大股东持股甚至不足10%,这样的控股格局对于敌意收购可以说毫无抵抗力。于是,它们闻风而动,纷纷采取各种反收购措施。为了有备无患,美的电器(000527)在2006年3月20日完成了股改后,其大股东美的集团便动用资金10.79亿元,从二级市场增持1.48亿股流通股,持股比例由股改完成时的23%提升到46.4%,而何享健直接和间接持有的股权高达 50.17%①，实现了对美的电器的绝对控股，这一举动具有明显的后股改时代反收购特征。面对收购危机，伊利股份（600887）、美的电器（000527）、万科 A（000002）、ST 黄河（000929）、新大洲（000571）等公司还纷纷启动章程修改，引入董事和高管股权激励计划、股份主动回购权、限制收购人的提名权、分期董事会、董事资格限制等反收购条款。一时间，反收购迅速走进许多公司董事会舞台中央，成为中心议题。伊利股份股改完成后，从 2005 年 12 月到 2006 年 3 月董事会先后三次公告了其修改公司章程的议案②，反收购的紧迫性由此可见一斑。其中，最有争议的就是 2006 年 2 月 22 日议案中对收购人董事和监事候选人提名权的严格限制，被不少投资者斥责为匪夷所思的反收购。这有两个条款：一是在原《章程》第 38 条后增加一条，该条规定：通过交易所交易单独或者合计持有公司股份达到 10% 或达到 10% 后增持公司股份的股东，必须在达到或增持后 3 日内向公司披露其持有公司 10% 股份或增持股份计划，申请公司董事会同意增持股份计划，没有披露持有公司 10% 股份并且未经公司董事会同意增持公司股份的，不具有提名公司董事、监事候选人的权利。按照这项规定，没有现有董事会的批准，新股东休想进入公司并行使权力。二是将原《章程》第 75 条修改为：公司召开股东大会，持有或者合并持有公司发行在外有表决权股份总数的 10% 以上，且持有时间 270 天以上的股东，有权向公司提出新的提案。这就大大提高了收购人改组公司董事会和监事会的门槛，从而将收购人拒之于公司高管之外。这种限制犹如一颗重磅炸弹，投资者犹如惊弓之鸟，纷纷抛售其股份。于是，董事会紧急行动，迅速予以补救，在 2 月 22 日议案公告后不到 20 天时间就公布了新的章程修改议案，放弃了这两条令人匪夷所思的反收购措施。

  当然，这并未影响伊利股份采用其他反收购措施。为何伊利股份如此警惕呢？原来，伊利股份股改之后，第一大股东呼和浩特投资有限责任公司仅持股 10.85%，面对敌意收购难有招架之力。何况，它还具有行业龙头的地位，流通市值也不算大，很容易成为第一收购的目标对象。为此，公司通过历次章程修改，为收购人进入公司层层设防，以免控制权落于他人之手。

---

① 吕敬新：《美的未雨绸缪迎反收购》，载《珠江商报》2006 年 8 月 7 日。
② 这三次公告分别见《内蒙古伊利实业集团股份有限公司关于修改〈公司章程〉的议案》，载《中国证券报》2005 年 12 月 9 日、2006 年 2 月 22 日和 2006 年 3 月 10 日。

归结起来,伊利股份为收购设置了以下四道防线:

董事和高管股权激励乃是第一道防线。依据伊利股份 2006 年 12 月 28 日临时股东大会通过的股权激励计划,公司将授予总裁潘刚等 33 人合计 5000 万份股票期权。一般情况下,激励对象首次行权不得超过获授股票期权的 25%,剩余获授股票期权可以在首次行权的一年以后、股票期权的有效期内选择分次或一次行权。每份股票期权有权在授权日起 8 年内的可行权日以 13.33 元的行权价格购买 1 股伊利股份股票。一旦市场中出现收购公司行动时,激励对象首次行权比例最高可达到获授期权总数的 90%,且剩余期权可在首次行权后 3 日内行权。其所界定的收购公司行动包括三种情况,一是投资者单独或合并持有、控制伊利股份的股份数量超过 16%(含 16%),二是一致行动人持有、控制伊利股份的股份数量超过 16%(含 16%),三是公司发生要约收购。这样,就实现了股权稀释效应。其总股本 5.16 亿股,当收购人收购股份达到 16% 即 8263 万股时触发提前行权,高管最多一次可行使全部授予期权的 90%,以 13.33 元的价格买入 4500 万股,收购人所持有的 8263 万股立即被稀释至 14.72%,而高管持有的 4500 万股及呼和第一大股东合计持股即可达到 18%。在行权 3 日之后,高管还可继续行权,买入该计划中剩余的 500 万股,进一步稀释收购人的股份。于是,收购人收购成功的难度就大大增加了。

股份主动回购权属于第二道防线。《伊利股份章程》第 25 条还赋予公司主动回购权。投资者要约收购时,或者投资者的收购可能取得公司控制权时,董事会有权在上述情形发生之日起 20 个交易日内通过证券交易所购买不超过本公司总股本 5% 的股份数量,奖励给公司员工,用于收购的资金从公司的税后利润中支出,所收购的股份应当 1 年内转让给职工。以公司资本回购股份,数量可以达到总股份的 5%,并奖励给公司职工,无疑进一步增加了收购人控股的难度。

分期董事会系第三道防线。即使收购人控股,要改组董事会,夺取公司经营管理事务的话语权,面对分期董事会,急也急不来,甚至无可奈何。伊利股份的分期董事会具有以下反收购机制[①]:其一,董事任期 3 年,任期届满前不得无故解除其职务。也就是说,收购人要更换现有董事,需有正当的理

---

① 参见《内蒙古伊利实业集团股份有限公司章程》第 96 条。

由。其二,董事会换届时,更换董事人数受到限制,更换的人数不得超过全体董事的1/3。至于临时股东大会,更换董事人数则不得超过现任董事的1/4。这样,即使收购人有正当理由,能够更换的董事数量也是有限的,不可能一下子让董事会"变色"。其三,收购人提名董事候选人人数受到限制。收购人需通过提案将自己人换进董事会,而每一提案所提候选人不得超过全体董事的1/3。这样,收购人只能慢慢地打入董事会,不可能对其进行急风暴雨似的"大换血",其对公司经营事务的控制力度也就极其有限了。

董事长、总裁和执行董事拒绝"外人"为第四道防线。这是最后一道防线,但可能是最狠的反收购之招。董事长和总裁系把握公司发展大计的主要角色,历来是收购和反收购争夺的焦点,而第四道防线则基本上断了收购人夺取这两个角色的梦想。《伊利股份章程》第111条和第124条对其所设计的任职条件,基本上只是对"自己人"开放,而拒绝"外人"。对于董事长而言,首先是要在职,其次需要是连续3年以上在公司任高管的董事。对于总裁,不仅有在公司任高管3年以上的资力要求,还规定了硕士学历和45岁以下年龄,以及具有本行业10年以上从业经历等要求。这种职位设计真可谓量身定做了!为加固现任总裁的地位,依据《章程》第118条,任免总裁还需要全体董事3/4以上通过。不仅如此,第106条对执行董事也要求在公司任职1年以上,并能够在公司工作。不难想象,收购人若不能修改公司章程,要想夺取这些职位可谓困难重重,举步维艰;而收购人没有占据这些关键职位之前,要想修改公司章程,虽说不是不可能,也是极其艰难的。为将收购人拒之于公司董事会和高管大门之外,这样的防御可谓费尽心机,用心良苦。问题是,这样的反收购措施是否有利于公司价值最大化呢?如不能正面回答这个问题,反收购措施的意义何在呢?

其实,这些都是属于预防性(preventive)反收购措施,而针对已经发起的敌意收购,公司董事会还可能采取反击性(active)反收购措施。伊利股份所设计四道反收购防线,除股份主动回购权外,其余三道防线均围绕董事和高管而设,为其提供多重保护。预防性反收购措施尚且如此,反击性反收购则更是以董事和高管为中心了。我们不禁要追问,董事和高管为何对收购如此敏感?董事会为何被执行董事和高管牵着鼻子走,逢收购必反呢?形形色色的反收购措施是否有利于公司价值最大化呢?进一步的问题就是,如何衡量董事会反收购措施的合理性呢?为回答这些问题,本章拟以董事会结构性偏见为切入点,剖析董事会反收购中间司法审查标准的局限性,在此基础上提出构建统一的合理性审查标准的构想。

二、反收购的正当性与反收购措施的合理性

(一) 反收购的正当性

收购是企业做大做强的必由之路,可以发挥使控制权市场优胜劣汰、优化资源配置和产业结构调整等作用。企业一旦因经营管理不善,市场表现不佳而被收购,控制权易主,被收购方的高管就会被收购方取而代之。这样,控制权市场的无形之手还具有企业外部治理机制的功能,可以监督和约束企业高管,防止偷懒(shirking)。为此,尽管各国资本市场发达程度各异,企业收购均十分活跃,全球范围内已经掀起五次大规模的并购浪潮,目前正是始于世纪之交并延续至今的第五次并购浪潮,其规模与活跃程度均堪称空前,唯与英美频繁的敌意收购相比,欧洲大陆和日本则以非公开性控制权市场的善意收购为主。正因为如此,是否应该为反收购放行呢?反收购的正当性又何在呢?根本原因就在于控制权市场并非完全有效,也会有市场失灵,下面分别从市场短视性(myopia)、市场投机性以及高管个人利益驱动三个方面展开分析。

1. 市场短视性可能损害企业长远利益

资本市场以股价来衡量企业业绩,而股价过于敏感,极富弹性,难以体现企业的真正价值,因而具有短视性(myopia)。易言之,股价并非衡量企业业绩的最佳标准。而资本市场属于流动性市场,投资者对于特定的企业并无多少了解,也并不那么专注和投入。这些并不专注的投资者不会像真正的所有者那样为公司出谋划策,或者是遇到困难时,与公司同舟共济、共渡难关,而是一旦发现公司有什么问题,一有风吹草动,便拔腿就跑,立即抛售股份,退出公司,对于企业高管而言,无异于落井下石,因为他们真正要解决问题,不仅需要时间和资源,还需要包括投资者在内的充分支持呀。更重要的是,市场表现不佳,企业还会成为收购目标,一旦被收购,高管就得下岗走人,真想解决企业的问题再也没有机会了。在资本市场这样的压力之下,高

管就不得不看股价脸色行事,更看着企业近期的市场表现,而非长远利益。这样,高管的行为短期化,忽视企业的长远利益,竞争力就会下降。经济学家的实证研究也表明,虽然目标公司的股东可能在敌意收购中获得溢价收益,但是其中部分收益来源于裁员、降低职工的工资和福利形成的价值转移,而非价值创造。在杠杆收购中,目标公司股东的部分收益来源于税负的减少;企业营业收入虽然增加了,但资本支出以及研究和开发支出减少了(Kaplan,1989;Schipper and Smith,1988)。这就充分暴露了市场的短视性及其对企业长远利益和竞争力的损害。

2. 市场投机性诱发价值破坏性收购

资本市场还具有投机性,充斥着掠夺者、套利者以及追求短期利益的职业投机者,其行为不仅可能与公司长远利益相左,而且还会滋生价值破坏性的收购。就敌意收购而言,收购人开价往往高于现行市价,诱使目标公司股东出售其股份。而收购人往往采用的是杠杆收购,自有资金只占收购资金的一小部分,主要通过发行以目标公司资产作为偿还保证的高利率债券来融资。一旦收购成功,收购人就以目标公司的现金或将其重要资产出售套现,用以偿还高息债券的本息。这样的收购蜕变为投机者和强盗手中的牟利工具,对企业价值最大化的长远目标则漠不关心。还有一种情况就是,一些收购人以经营良好和利润丰厚的企业为目标对象,而其收购的目的根本就不是继续经营,而是将其分拆出售,以牟取暴利。这就迫使企业管理者重短期利益而忽视长远计划,导致公司债务增加,竞争力下降,最终会损害企业和股东的利益。麦肯锡公司对1995—1996年160多个并购案例的实证分析发现,其中有40%的兼并案未能实现预定的成本协同效应。国内的一项实证研究所发现的坏的收购更为令人吃惊,该项研究涉及深沪交易所1996—2000年的56起整体并购和6起控股式并购,41.07%的整体并购没有改善经营业绩甚至业绩进一步恶化,66.67%的控股式并购没有改善经营业绩甚至进一步恶化的。① 市场投机性产生如此大面积的坏的并购,值得高度重视。

---

① 参见杨晔、周成跃:《全流通时代我国上市公司反并购研究》,载《财政研究》2008年第12期;张文璋、顾慧慧:《我国上市公司并购绩效的实证研究》,载《证券市场导报》2002年第9期。

3. 高管个人利益驱动性收购

企业收购亦与高管个人动机息息相关,高管收购动机"不纯"可能大大加剧收购决策的失误,只是看重企业规模扩展,一心只顾营造企业王国,从而不断抬高自身的薪酬。经济学家研究发现,高管薪酬与企业规模关系密切,而与企业绩效关系不大。对外并购是增大公司规模的一个迅速有效的途径,故高管具有收购从而扩大企业规模的动力,至于投资收益率则在所不惜。Machin 对 288 家英国公司高管薪酬的实证分析发现,高管薪酬与公司绩效关系微弱,而与公司规模呈显著正相关关系。Zenner 的研究还发现,高管薪酬与公司绩效的关系在并购后变得更弱了。Rosen 研究发生并购活动的银行 CEO 薪酬变动情况发现,并购后银行的绩效没有得到改善,但高管薪酬却上升了,且薪酬增长与并购的规模正相关。Bliss 和 Rosen(2001)研究了银行间的并购行为发现,即使并购后公司股价下滑,高管薪酬和财富也在增加。Grinstein 和 Hribar(2004)的研究同样发现,并购公司高管在董事会有较大决策影响力时,能够获得更高的薪酬,而这和并购后企业经营业绩的关联度并不高。Jarrad 和 Li(2007)则发现,企业并购后在股票减值的情况下,高管的财富与其敏感性变差,而在股票增值情况下,高管财富与其敏感性更强,这和公司治理有关。

国内的两项实证研究同样揭示了高管在企业并购中的涨薪动机。张鸣和郭思永(2007)以 2002—2004 年发生并购的上市公司为样本,研究并购中企业高管的自身利益变化发现,企业高管有很强的动机通过企业并购这种方式增加自己的薪酬和控制权收益。当企业高管处于临近退休时,这种动机会更加强烈。制度刚性的存在,企业高管会借助并购,通过并购后公司资产规模的扩大、雇佣员工人数的增加等因素增加自己的薪酬,薪酬变化呈现出明显的地区性差异。[①] 陈庆勇和韩立岩(2008)以中国上市公司 1999—2002 年 55 起并购为样本,对并购活动与高管薪酬变动的关系进行检验发现,在并购前后公司绩效并未提高的情况下,高管薪酬却得到了显著的增加,进一步证实高管薪酬的增加确实是该次并购活动所引起。他们还发现,

---

[①] 张鸣、郭思永:《高管薪酬利益驱动下的企业并购——来自中国上市公司的经验证据》,载《财经研究》2007 年第 12 期。

薪酬变动水平与并购规模正相关,而与并购绩效无关。① 这样,高管为何热衷于并购,营造公司帝国,也昭然若揭了。

由此可见,为克服资本市场的短视性、投机性以及企业高管的个人利益驱动,反收购自有其合理性。也就是说,收购和反收购都是必要的。有收购即应允许反收购,收购与反收购的竞赛永远不会停止。只有这样,企业才能抵御不公平的收购,促使收购人提出合理的收购价格,挖掘更有利的收购方案,从而促进企业价值最大化。根据投资者责任研究中心对美国1922家公司的调查,20世纪80年代末以来,公司采用反收购措施的普及率稳步上升。到1998年1月,88%的公司章程中有"毒丸"计划,58%的公司实行分期董事会,56%的公司有金降落伞,26%的公司章程中有公平价格条款,15%的公司要求公司合并须经绝对多数股东同意。

(二)反收购措施的类型

至于反收购措施,则因不同国家的资本市场结构、公司治理结构以及法律制度而异。在法国、德国、意大利、比利时等欧洲大陆国家,公司股权集中度高,敌意收购难以发生,反收购措施的用武之地也就受到大大的压缩。即使是在股权高度分散的美国和英国,控制权市场均最为活跃,而英国有强制要约制度,并原则上禁止部分要约收购,目标公司的股东已经得到较好的保护,反收购措施在很大程度上就失去意义了,而美国则准许部分要约和两步收购(two-tier merger),目标公司的股东利益很容易被侵犯,故企业反收购最活跃,反收购措施也最多,并以董事会为反收购的决策中心。这些形形色色的反收购措施,从实施时间而言可以区分为预防性措施和反击性措施,前者是未雨绸缪,在敌意收购发生之前就采取反收购措施,后者则是针对已经发起的敌意收购所采取的反击措施。依据决策权的配置,则可以将其区分为章程概括性授权的反收购措施、股东大会批准的反收购措施和董事会批准的反收购措施。依据其内容,则可以区分为以下四种类型:一是股权结构的动态调整,增加收购人控股的难度;二是提高收购成本,降低目标公司的收购价值;三是贿赂收购人,双方和解;四是增加更换董事和高管的难度。

---

① 陈庆勇、韩立岩:《上市公司对外并购中高管薪酬变动实证研究》,载《北京航空航天大学学报》(社会科学版)2008年第3期。

下面先评述这四种反收购措施,为下文的分析提供铺垫。

1. 股权结构的动态调整

收购要获得成功,获取目标公司的绝对控股权或者相对控股权乃是必由之路。企业股权结构合理化,并适时进行动态调整,减少收购人觊觎目标公司的机会,乃是防范收购的首要举措。该措施包括四个层面的防范措施:首先,大股东持股数量需对收购人能够有所防范。大股东持股数量在很大程度上可以反映企业对收购的招架之力,若其持股过少,自然毫无抵御能力可言。欧洲大陆第一大股东往往绝对控股,德国、法国、奥地利和意大利上市公司第一大股东持股平均为 61.5%、55.7%、52.4% 和 51.86%,敌意收购也就不可能发生。① 诚然,大股东只需持有合理数量的股份即可,不可为了控股而控股。否则,难以利用资本市场,难以分散企业的股份,从而难以分散风险。实际上,欧洲大陆国家资本市场不够发达,高度集中的股权结构亦难辞其咎。

其次,关系人持股。"白衣侍卫"就是如此,企业部分股份掌握在友好的第三人手中,可以起到抵御收购的作用。究其原因,企业面临收购威胁时,"白衣侍卫"可以施以援助之手,如锁定其手中筹码,从而加大收购人吸纳足够筹码的难度。

再次,高管持股与职工持股计划。高管可以通过股权激励计划获得企业股份,亦可通过 MBO 取得企业部分股份。这些股份自然不可能成为收购人手中的筹码。ESOP 系典型的职工持股计划,由企业雇员借入资金或者由专用于购买企业股票的资金买入企业股票存到一个特定的账户中,企业定期拨出一定资金支付借款的利息,其分红用于购买更多的企业股票一直积累,最终用于企业职工的养老金。这种股份不仅为企业内部人持有,而且不能转让。这种股份数量愈多,收购人吸纳足够筹码的难度愈大,故 ESOP 被广泛运用于反收购。可见,该措施颇有用武之地,而且一箭双雕,既有激励的功能,又具有抵御收购的作用。与前两种单纯的预防性措施相比,它既可以是预防性措施,也可以成为攻击性措施,进可攻退可守。

最后,还有股份回购、"白衣骑士"和"帕克曼"策略。与前三种措施相比,这三种则属于攻击性措施。通过股份回购可以减少目标公司在外流通

---

① 参见朱羿锟:《公司控制权配置论》,经济管理出版社 2001 年版,第 65 页。

的股份,迫使收购人提高每股收购股价,还可以消耗一部分目标公司的资源,从而减少收购人收购后可用以清偿在并购中所承担的债务的资源,从而增加了收购的难度。"白衣骑士"则是目标公司遭遇敌意收购之时,管理层出面寻求友好合作的公司,提出更好的收购价格和条件,通过价格竞争挫败敌意收购。该策略在英美上市公司最为常见,成功的反收购案例中有一半左右都采用过该策略。比较而言,"帕克曼"策略则更为激进,反守为攻。一旦遇到敌意收购,目标公司向收购人发出收购要约,双方互为目标公司,导致双方股价不断攀升,只有相对实力雄厚和融资渠道广的一方才能最终取胜。若双方势均力敌,往往两败俱伤。为此,该策略很少派上用场。

2. 提高收购成本和降低目标公司的价值

无论是降低目标公司的价值,还是提高收购成本,都是为了降低目标公司对收购人的吸引力,使收购人消除收购意图,或者放弃已经发起的收购攻势。至于降低目标公司的价值,主要有一般性财务措施和"焦土政策"两种手段。一般性财务措施属于预防性措施,企业管理层可根据本企业的财务特征判断潜在收购的威胁,从而采取相应的应对措施,降低企业对收购人的吸引力。"焦土政策"则是一种激进降低企业价值的做法,往往两败俱伤,收购人无功而返,放弃收购,而目标公司自身的财务状况在短期内则急剧恶化。出售"冠珠"和"虚胖战术"均属于实现该政策的手段,前者是将目标公司具有吸引力和收购价值的资产,予以出售或者抵押,以免有收购人"惦记",后者则是购入无关或者盈利能力差的资产,或者大量增加企业的负债,进行无效的长期投资等。实施该政策,往往需要章程有明确的授权。

金降落伞计划(golden parachute)和"毒丸"计划(poison pill)则是增加收购人收购成本的防御方法。金降落伞计划是指董事和高管因企业被收购而被免职时,可以从企业一次性领取高额的离职补偿金。相应地,针对中层管理人和一般员工的这种离职补偿金,分别被称为银降落伞计划和锡降落伞计划。这样,收购人即使收购成功,也要付出沉重的代价,故早已成为反收购的利器之一。除了反收购,该计划还可以促使高管接受可以为股东带来收益的控制权变动,减少代理成本,降低交易费用。所为此,该计划一般会得到认同,世界500强企业越来越多地采用该计划。

"毒丸"计划增加收购人收购成本最为激进的手段,在美国企业使用较为广泛,属于最具有杀伤力的反收购利器之一。"毒丸"好比地雷,无人来进犯,地雷自然安眠,大家相安无事,而一旦有人进犯,引爆地雷,必然身毁人亡。在正常情况下,"毒丸"计划并不发挥任何作用。然而,目标公司一旦遇到敌意收购,触发"毒丸"条款,则威力尽显,往往让收购人望而却步,放弃收购念头。"毒丸"计划的实施,可以是权证持有人以优惠价格购得收购人的股票或者合并后新企业的股票,也可以是债权人依据"毒丸"条款向目标公司要求提前赎回债券、清偿借贷或将债券转换为股票,从而稀释收购人的持股比例,增加收购成本,或者使目标公司现金流出现重大困难,引发财务风险。正因为如此,微软作为软件帝国的霸主,实力不可谓不雄厚,为了能够在网络搜索领域与谷歌匹敌,早已对该领域的雅虎唾涎三尺,试图收购并控制雅虎,共同御敌。2008年2月1日,微软提出以446亿美元价格收购雅虎。此消息一出,雅虎的股价暴涨了47.97%。按理说,微软实力雄厚,不管雅虎董事会愿意不愿意,只要在公开市场吸纳足够的筹码,自然就有了话语权,控制雅虎不在话下。问题是,微软并没有这样做,而是选择了一个极为古怪的方式,一方面给雅虎董事会写信,显然是要与雅虎董事会商量商量,这是善意收购的举动。另一方面微软又将这封信公开了,没有"商量"好的事为什么要公开呢?显然,这又不是纯粹的"商量",是要借资本市场和股东给董事会施加压力。微软为何选择这样古怪的方式呢?原来,微软也是在雅虎的"毒丸"计划的威慑之下不得已而为之。与和大多数科技类上市公司一样,2001年雅虎就引入了"毒丸"计划。依据该计划,任何人或任何机构获取的雅虎股份超过15%以上,就会触发该计划。① 股东就可以购买额外股份,随着股本的扩大,微软所持有的份额就会迅速地被稀释,收购代价进而增加。软件帝国霸主微软面对雅虎的"毒丸"计划,都不敢轻举妄动,该计划反收购的威力可见一斑。

其实,"毒丸"计划兴起的时间并不长,最早是1982年美国著名并购律师马丁·利普顿所设计的"股权摊薄反收购措施"。该计划非常简单,就是目标公司向普通股股东发行优先股,一旦企业被收购,股东持有的优先股就可以转换为一定数额的收购人股票。经过这20多年的发展演变,该计划愈来愈复杂,已经从第一代"毒丸"进化到第三代"毒丸",主要有股东权利计

---

① 参见张春蔚:《微软拟并购雅虎,两个失败者能变成一个胜利者吗?》,载《南方周末》2008年2月14日。

划和兑换毒债两种形式。股东权利计划表现为企业赋予股东某种权利,大多以权证的形式出现。当目标公司遭遇收购时,权证持有人可以目标公司董事会认可的任何合理价格,向其出售手中所持股票套取现金、短期优先票据或其他证券。一旦目标公司股票出售比例较高,就可能耗尽其现金,致使现金流吃紧,财务状况急剧恶化,使收购人望而却步。兑换毒债则是在企业遇到敌意收购时,赋予债权人可以自行决定是否行使向企业要求提前赎回债券、清偿借贷或将债券转换成股票的选择权。这样,就促进了债券发行,大大增加了债券的吸引力,债权人可以从收购中大发横财。

第一代"毒丸"最初只是向股东发行优先权内容待定的优先股份。公司章程通常授权公司发行优先股,章程并不规定优先权的内容,当董事决定发行优先股时才决定具体的优先权。其反收购效应表现在优先股的转换权。现在的"毒丸"已经改进了,向外生效的就不是优先股,而是作为分红的目标公司普通股的认购权。一旦触发分红的事件,即可行使认购权,而且认购权和普通股份分离。收购、收购意向的宣布、预期收购人收购目标公司特定数量的股份均属于触发事件。向外生效主要是指"毒丸"触发的权利是指向收购人,对于两步收购具有反收购的效果。第二代"毒丸"是向内生效,即目标公司股东认购权是向目标公司行使。触发条件与第一代相同,所不同的是,第二代"毒丸"授权目标公司股东以折扣的价格购买目标公司的股份,但收购人持有的股份除外,这种折扣通常是50%。现在的反收购中,第一代毒丸和第二代毒丸经常同时存在。第二代"毒丸"通常能够得到美国法院的支持。第三代毒丸主要是永久"毒丸"(dead hand pill)和无赎回条件"毒丸"(no hand pill)。在第一代"毒丸"和第二代"毒丸"中,如果收购人在持有一定比例股份后,通过争夺委托投票权,能够改选目标公司董事会,然后赎回毒丸,其反收购效果就会大打折扣。永久"毒丸"则不同,规定只有原来的董事会才能赎回,新任董事不能赎回。无赎回条件"毒丸"也不规定继任董事的赎回条款,在目标公司董事会控制权发生变更后,一般在6个月内"毒丸"是不可能赎回的。这种"毒丸"通常被法院认为不具有合法性,违反了董事的信义义务。

3. 贿赂收购人

绿色邮件(greenmail)就是贿赂收购人之举。具体说来,就是从敌意收购人手中溢价回购其拥有的大量股份。这样,收购人可以将所持有的股票出售给目标公司,赚取一定利润,进而放弃收购计划。目标公司在溢价回购本公司股票时,为了防止近期再遭袭击,往往需要袭击者承诺在未来一段时间内不能继续投资目标公司的股票。从理论上讲,该方法可能损害股东利益,其合法性颇受争议。实证研究也发现,绿色邮件政策绝对损害股东权益。绿色邮件事件的公开发布,通常导致显著的负 2%—3% 的股价效应 (Bradley & Wakeman, 1983; Dann & DeAngelo, 1983; Mikkelson & Ruback, 1991)。

4. 增加更换董事和高管的难度

作为最后一道防线,就是增加收购人更换目标公司董事和高管的难度。也就是说,即使收购人通过敌意收购,获取了控股权,通过缓兵之计将其拒之于董事会和高管大门之外,或者推迟其进入董事会和担任高管的时间,使其难以行使控制权。为实现该目标,公司章程往往设置驱鲨剂(shark repellent)条款,主要包括超级多数(super-majority)条款、分期董事会(staggered board)条款以及公平价格条款等。作为章程的组成部分,这种条款自然需要得到股东的批准,除非董事和高管表现极差,股东强烈反对这种反收购的条款,一般均会获得股东大会的批准。

作为一种反收购措施,超级多数条款要求,公司的收购、重大资产转让或者经营管理权的变更等事项,需要绝对多数股东同意才能通过,其修改亦然。这种绝对多数可以是 2/3,也可以说 3/4 或 4/5,极端情况下甚至可能要求 95%。这样,即使收购人拥有超过半数的股权,也无法获得控制权。这就大大增加了公司控制权转移的难度,抵御敌意收购,也减轻了市场对董事和高管的压力,实施有利于公司长远利益的经营决策,而非追求短期利益。不过,这是一把双刃剑,在增加收购人改组公司董事会和高管的难度和成本的同时,也限制了公司控股股东的权利。为避免该条款影响公司正常经营活动,公司在该条款时,通常会设置除外条款(escape clause)或者避开条款(board out clause)。该条款一般规定,决定多数条款不适用于董事会批准的公司合并以及母子公司合并,或者授权董事会决定何时以及在何种情况下该条款生效,以增强董事会在反收购方面的主动性和灵活性。公平价格条款属于超级多数条款的一个变种。该条款主要针对两步收购,要求不低于第一步收购的价格,并且第二步收购的对价的支付方式亦与第一步收购相同。这样,就迫使收购人在两步收购中提供相同的收购价格和收购条件,与强制要约异曲同工。

与绝对多数条款相比,分期董事会不至于不利于董事和高管,因而实践中分期董事会受到管理层的青睐。分期董事会条款亦称交错选举董事条款,是将董事会分成若干组,每组任期不同,每年都换届,每次换届都只是改选部分董事,实现新老交替,以维护董事会的连续性和稳定。典型的做法是,董事任期3年,每年只改选其中1/3。这样,即使收购人控制了目标公司多数股份,也不可能马上控制董事会,而是要"悠着点",慢慢来。而在收购人获得董事会控制权之前,董事会可提议采取增资扩股或其他办法来稀释收购人持股比重,也可决定采取其他办法达到反收购目的,挫败收购人控制董事会的初衷。可见,作为缓兵之计,该条款明显减缓了收购人控制目标董事会速度,收购人也会三思而后行,不至于莽撞行事,贸然发起收购行动。哈佛大学伯切克教授率领的课题组运用1996—2000年数据库研究表明,分期董事会条款使得任何一个敌意收购人在取得控股权后至少等待一年,经过两次时间上分离的董事会选举,方可掌握企业的实际控制权。目标公司董事会保持独立的概率从34%提高到了61%,而将敌意收购人第一次要约就取得成功的概率从32%降到25%。他们还发现,没有一个敌意收购人在控制权争夺的投票大战中取得完全的胜利。

(三)我国企业的反收购措施及其合理性分析

经济增长方式的转变和产业结构调整为我国企业并购提供了广阔的舞台。在外资并购风起云涌的同时,我国企业海外并购大戏连台上演,"走出去"的步伐日益加快,主要由外资并购中国企业的格局开始转为双向互动式的并购浪潮。在2007年我国发生的84起跨国并购事件中,中国公司并购海外公司的事件有37起,同比增长117.6%。① 随着全流通时代的到来,部分要约收购的兴起,企业收购日渐广泛,而反收购也愈来愈受到企业的重视,甚至成为许多企业董事会决策的中心议题。那么,我国企业可以采用哪些反收购措施呢? 令人匪夷所思的反收购措施为何能够频频登台呢?

1. 我国企业可以采用的反收购措施

在我国法律框架下,企业可以采用的反收购措施也较为广泛。在前述

---

① 参见郑晓波:《中国市场跨国并购金额翻番》,载《证券时报》2008年1月18日。

四类措施中,唯绿色邮件明显违背不得动用公司资源向收购人提供任何形式的财务资助的底线,不得采用外①,其余三类措施,无论是调整股权结构,还是提高收购成本和降低目标公司的价值,还是增加管理层改组难度,均具有可采性。诚然,能够在何种承担上采用这些反收购措施,还与收购方式、公司股权结构以及立法上赋予特定措施的操作空间息息相关。就降低目标公司价值而言,从理论上讲企业也具有采用出售"冠珠"和"虚胖战术"的可能性,唯在要约收购期间,目标公司董事会采用处置公司资产、对外投资、调整公司主要业务、担保、贷款等可能对其资产、负债、权益或者经营成果造成重大影响的措施,需要经过股东大会批准②,因而其操作空间被大为压缩。提高收购成本的"毒丸"计划也是如此,公司并非不可以利用,只是可操作的空间极小。这是因为,尽管章程可以授权董事会,在公司控制权即将发生转移的情况下,向原有股东定向增发新股。但是,以下三方面的限制使得这种措施几乎毫无意义:一是定向发行的对象不得超过10名;二是不得具有非公开发行股票的七种消极条件;三是需要经中国证监会核准,而核准过程所消耗的时间是反收购所等待不起的。就算得到核准,仅仅面向10个股东增发,显然是对原有股东的区别对待,有违同股同权原则,原有股东也不会答应的。

难怪在我国公司反收购实践中,眼睛主要盯住的是调整股权结构、增加董事和高管改组难度以及金降落伞计划。美的电器在股改完成后2个月内,第一大股东便斥巨资增持股份,直至持股达到50.17%,获得绝对控股,也没有放松警惕,还有股份回购作为备用措施,并且可以动用公司税后利润收购不超过5%的股份奖励给公司职工。③ 万科A和伊利股份则迅速启动了董事和高管股权激励计划。万科A为尝试上市公司高管股权激励的第一人,2006年5月30日股东大会就批准了2006—2008年的限制性股票激励计划,激励对象包括在公司受薪的董事会、监事会成员、高管;中层管理人员,以及由总裁提名的业务骨干和卓越贡献人员,约200人。到2008年8月,作为首期的2006年股权激励已经兑现,5500万股已经过户给激励对象。

---

① 参见我国《上市公司收购管理办法》(2006)第8条。
② 参见我国《上市公司收购管理办法》(2006)第32条。
③ 《广东美的电器股份有限公司章程》(2009)第23条和第25条。

依此类推,若三期股权激励如期实现,董事和高管手中的股份无疑使得收购人不敢轻举妄动。相应地,伊利股份基于第一大股东仅持股10.85%的脆弱性,在调整股权结构方面设置了双重保险:一是董事和高管的股票期权激励,如遇敌意收购,高管和第一大股东持股可以达到18%,而收购人的股份则被稀释到14.72%,仍具有表决权的优势。二是赋予公司股份主动回购权,像美的电器那样,动用公司税后利润收购不超过5%的股份奖励给公司职工①,从而大大增加了收购人控股的难度。

就算是收购人取得控股地位,公司通过章程条款引入了分期董事会、股东的董事提名权限制和绝对多数表决权,使得收购人难以实现控制权。即使收购人成功地入主董事会,改组了高管层,高管们还享有金降落伞的保障。比如,高管因此被解除职务,公司应依照聘任合同给予其经济补偿②,至于补偿具体数额则因公司而异了。至于分期董事会,则愈来愈广泛,主要可以归为三种类型。其一,限制换届选举时改选董事的数量。依据爱使股份章程第67条,在换届选举时,新候选人人数不得超过董事会、监事会组成人数的1/2。其二,限制非换届选举时改选董事的数量。广西南方控股股份有限公司就是如此,依据其《章程》第68条,换届选举可以全部改选,而非换届选举可以更换、改选董事的数量,原则上一年内不得超过3名,如因董事辞职,即使补选3名董事,董事会成员组成人数仍不足章程规定人数方可例外。其三,换届和非换届选举改选董事数量均加以限制。美的电器将每年更换和改选的董事人数限定为董事总人数的1/2,并将每个提案可以提名的董事和监事候选人人数分别限定为全体董事和全体监事人数的1/4和1/3。③ 这样,就算收购人的每次提名的候选人全部当选,也需要两次股东大会才能占据董事会1/2的席位。伊利股份则将换届与非换届予以区别对待,而且限制更为严格,换届选举最多可以更换全体董事的1/3,临时股东大会最多可以选举或更换全体董事人数的1/4。④

不难看出,为了将收购人拒之于董事会和高管大门之外,或者尽可能拖延其控制董事会和高管队伍的进程,公司在设计章程条款时费尽心机,用心

---

① 《内蒙古伊利实业集团股份有限公司章程》(2009)第23、25和192条。
② 《内蒙古伊利实业集团股份有限公司章程》(2009)第127条。
③ 《广东美的电器股份有限公司章程》(2009)第82和96条。
④ 《内蒙古伊利实业集团股份有限公司章程》(2009)第96条。

良苦。一些公司还推出了限制股东的董事提名权和董事任职资格的条款，如股东需连续持有公司股份达到一定时间和特定比例，方可提名董事和监事候选人，董事长、执行董事和总裁等关键职位面向"内部人"，而拒绝"外部人"等等，不一而足。问题是，这样的限制是否具有合理性呢？这是为了公司和股东最佳利益，还是主要为了高管自己保位呢？下文分析将表明，这是需要认真对待的问题，绝非杞人忧天。

2. 限制股东的董事提名权和董事任职资格的合理性质疑

其实，爱使股份在10多年前就有限制股东的董事提名权的章程条款，并引发了我国资本市场具有里程碑意义的爱使风波。1998年9月3日，大港油田以其持股已达爱使股份总股本的10.0116%为由，请求其召开临时股东大会，重新选举董事。爱使股份则祭出了《章程》第67条第2款作为挡箭牌，认为依据该规定，股东需单独或者合并持有公司有表决权股份达到总数的10%（不含投票代理权），且持股半年以上，方可提名董事和监事候选人。双方各持己见，争执不下，并闹到了中国证监会。证监会也没有给予一个明确的"说法"，只是认定该条款"不规范"，并以函件形式进行了"协调处理"。最后，双方达成了妥协，爱使股份董事会决定召开临时股东大会，在原来13名董事的基础上，增补大港油田提名的6名董事，使得董事会人数达到法定人数的上限19人。大港油田总算打入了爱使股份，而爱使股份13名董事均得以保存，大港油田的6名董事也翻不起大风浪，可以说是皆大欢喜。不过，就法律视角而言，爱使股份的做法在当时的确无可厚非。一是当时的《公司法》（1993）并未对股东提案权作出明确的限制，公司章程自然享有自治的空间。二是证监会的《上市公司章程指引》（下称"《指引》"）虽然设置了持股数量5%的限制，而基于该《指引》示范性和指导性的法律地位，并不具有强行法的功能。① 为了防范股东滥用提名权，干扰公司经营方略，公司完全可以基于章程自治，设置股东行使董事提名权的持股数量和持股时间要求，甚至设置不同于《指引》的持股数量和时间要求。问题是，公司有多大的自治空间呢？如果章程要求股东持股达到30%甚至50%，且连续持股5年或者10年，才能提名董事和监事候选人，那又如何看待这种限制呢？证监会实际上回避了这个问题，而这个问题是不能回避的，其模棱两可的"不

---

① 参见蒋大兴：《公司法的展开与评判》，法律出版社2001年版，第315页。

规范"于事无补,何以见得呢?

正是由于这种模棱两可的态度,公司并未因为"不规范"而放弃这种限制,而是在全流通时代到来之际,呈愈演愈烈之势。这样,也就有了前述伊利股份的两大限制措施:一是通过交易所证券交易获得公司股份达到 10% 的股东,未经董事会批准其增持股份计划的,不得享有董事和监事提名权。二是股东提名董事和监事候选人,需持股达到 10% 以上,且持股时间达到 270 日以上。尽管在投资者的强大压力之下,最终放弃了。但是,仍有一些公司继续沿用这类限制措施,美的电器要求连续 180 日以上单独或者合并持有公司有表决权股份总数 5% 以上的股东,才能提名董事和监事候选人。① 晨鸣纸业和 ST 百大均有持股 10% 以上的要求,锦州港虽然持股数量坚持了法定的 3% 的要求,而持股时间则要求 3 年。② 伊利股份虽然放弃了前述令人匪夷所思的限制措施,却亮出了更具有杀伤力的利器,限制董事任职资格,执行董事、董事长和总裁等职位让"外人"可望而不可即。对于诸如此类的限制,现有研究热衷于讨论其合法性,认为股东选择管理者的固有权利,章程只能依据法律保障其权利,而不能加以限制。既然单独或者合并持有公司股份 3% 以上的股东,就依法享有提案权③,从而前述 5%、10% 等持股数量限制和子虚乌有的持股时间限制,就不具有合法性。④ 笔者以为,这样的判断有过于简单化之嫌,不利于揭示公司反收购的章程自治空间,而只有借助于合理性分析才能实现这一目标。换言之,合理性是反收购措施正当化绕不开的坎儿。

为什么合理性分析不可避免呢?首先,章程可以限制包括提名董事候选人在内的股东权利。没错,股东享有选择董事和监事的权利。但是,该权利包括提名董监事以及选举董监事两个方面。赋予股东选择董监事的权利,并不意味着提名权由其亲自行使,这就好比公民有选举人大代表的权

---

① 《广东美的电器股份有限公司章程》(2009)第 82 条。
② 参见岳敬飞、袁克成:《上市公司谋划反收购,限制董事提名权成核心》,载《上海证券报》2006 年 8 月 11 日。
③ 参见我国《公司法》(2005)第 103 条第 2 款。
④ 参见王建文:《我国章程反收购条款:制度空间与适用方法》,载《法学评论》2007 年第 2 期;钟洪明:《上市公司反收购中的章程应用及法律规制》,载《证券市场导报》2007 年第 5 期。

利,但并非候选人非由选民亲自提名不可。考虑到选择董监事的专业性和选择过程的效率因素,提名权自然应交给最适合的主体,处于这种考量所设置的提名权行使条件,也是顺理成章的。其实,这并没有损害股东的董监事选择权,因为选举权还在自己手中,如果候选人不如意,自然可以不投自己手中的票。而提名者要使其候选人当选,亦应考虑持有选票的选举人的意见。其次,公司法规定,单独或者合并持有公司股份3%以上的股东,可以在股东大会召开10日前提出向董事会提交临时提案。它既没有强行法的形式,也不是隐性强行法,因为它并不是体现某种公共政策目的公司法的根本制度,故显然不能归为强行法规范。既然如此,作为章程自治的体现,公司自然可以通过章程设置不同于公司法的条件,无论是前述5%乃至10%的持股比例,还是180日、270日乃至3年的持股期限,均是章程自治的体现。最后,多数国家都为股东提案权设置了持股数量和期限的条件。就持股期限而言,日本和美国分别要求股东连续持股6个月和1年,方可行使提案权。这说明,尽管我国公司法没有这种限制,公司章程作出这种限制,并非别出心裁,而是有国际经验可资借鉴。至于持股数量的限制,采用的国家就更多,只是有的国家采用单纯的比例标准,有的则兼采比例和绝对数两个标准,只要符合其中一个标准即可。美国《示范公司法》、法国和意大利仅采用比例标准,分别为10%、5%和10%。① 美国SEC规则、英国、日本和德国则两个标准兼采,依据美国SEC1991年的《14a-8规则》,其持股比例和绝对数标准分别为1%和1000美元市值。英国分别为5%和至少平均持股100英镑的100名股东,日本分别为1%和300个以上的股东,德国分别5%和100万马克市值的股份。② 这就说明,持股数量的要求因国家而异,我国有关公司的5%和10%的要求虽然高于我国公司法的标准,但并非凭空杜撰,也有可资借鉴的国际经验。既然如此,为何有些限制出台后市场风平浪静,而有些限制措施则激起了民愤,被投资者批评为匪夷所思的举措呢?这就触及最关键的问题了,即限制措施的目的何在,这就决定了章程制定反收购措施的自治空间。

---

① 分别参见美国《示范公司法》第7.02条,法国《商事公司法》第160条,意大利《民法典》第2367条。
② 分别参见英国《公司法》(2006)第314、338条,日本《公司法》(2005)第303条,德国《股份公司法》第122条。

是的，反收购是必要的，但只有抵制损害企业长远利益的收购、价值破坏性的收购以及高管个人利益驱动性收购，才具有正当性。这就是说，反收购仍需以控制权市场正常发挥其优胜劣汰和公司治理的机能为前提。如果为反收购而反收购，或者以高管个人利益驱动性反收购抵制高管个人利益驱动性的收购，无异于五十步笑一百步，有悖于设置反收购制度的初衷。就伊利股份而言，通过交易所证券交易单独和合并其股份达到10%，股份增持计划需得到其董事会批准。否则，就丧失董监事提名权。这是股东股份交易自由的无耻干预！其用意何在呢？公司还对董事长、执行董事和总裁职位进行量身定做，即使控股了，也具有董监事提名权了，"外人"也难以打入该公司管理层。如果董事长、执行董事和总裁通通都要"自己人"，任人唯贤又如何体现呢？经理市场对其还有多大作用呢？这种举措与其说是反收购，毋宁说是为再任高管保位而构筑的铜墙铁壁式的堡垒，将控制权市场和经理市场的外部监督机能几乎剥夺殆尽。显然，仅仅拘泥于前述表面上的合法性分析，无法应对这些形形色色的变化多端的反收购措施，难以识别和判断其正当性。而引入合理性分析，则是透过现象看本质，通过揭示反收购措施的力度与公司所面临收购威胁的程度以及公司和股东价值最大化目标，是否成比例，是否相协调，从而判断反收购措施的正当性，就可以保障反收购不会偏离其正常行使的轨道。难怪，各国在赋予公司章程自治的同时，也限定了其自治空间。就股东提案权而言，依据美国《示范公司法》第7.02条，持股标准可以降低，也可以提高，但提高幅度以25%为限。德国和意大利也准予章程降低其法定持股数量，日本则不仅准予章程规定更低的持股比例，也准予缩短持股期限要求。可见，章程自治是自然的，但其自治空间以符合公司和股东价值最大化为限，借章程自治将高管保位的行径合法化与此背道而驰，完全是不合理的。

问题是，独立董事日渐普及，群体力量也愈来愈大，为何董事会还对高管种种个人利益驱动的反收购举措听之任之，甚至纳入公司章程，进而获得股东大会通过呢？这就涉及本书所要揭示的一个核心问题，董事会对于反收购也具有结构性偏见，具体分析容下文进一步展开。

三、企业反收购的董事会决策及其结构性偏见剖析

在回答这个问题之前,还得弄清董事会在公司反收购中到底起到什么作用。下文先解析在公司反收购决策权不同配置模式下的董事会决策机能,揭示其核心和枢纽地位,在此基础上解析董事会为何习惯性地将高管利益置于公司和股东利益之上,形成结构性偏见。

(一) 董事会的反收购决策权

1. 反收购决策权配置模式

对于公司控制权交易,无论是以公司为交易当事人的善意收购,还是以股东为交易当事人的敌意收购,最终均涉及股东股份的处置,而股份处置乃是股东的固有权利。按理说,对于股份如何处置,以何种条件转让,股东最有发言权了。问题是,公司控制权交易具有专业性和复杂性,股东未必了解公司股份的真正价值。股东要获得最佳的成交条件和价格,还离不开公司董事和高管的经营判断。新的问题接踵而至,按理说,独立董事应该秉公办事,是否应该接受收购还是反收购可以作出客观独立的判断。但是,他们与执行董事和高管们一起共事,天长日久,形成了不是兄弟的"兄弟",不是家族的"家族",可能自然而然地将执行董事和高管保位的利益置于公司和股东利益之上。为此,形成了公司反收购决策分配的三种学说,即经理中心主义、股东中心主义和折衷主义。经理中心主义认为,董事具有信息优势,更了解公司的价值,敌意收购的处理也像公司的正常经营决策一样,董事处于最有利的地位来判断收购报价的合理性,因而应有广泛的反收购决策权,包括有权否决敌意收购。股东中心主义则认为,收购不属于公司正常的经营决策,出售股份乃是股东的固有权利。何况,董事们在反收购决策中具有内在的利益冲突。为此,对于敌意收购董事只能是被动的,不能采取任何主动的反收购措施。折衷主义则认为,即使是以股东为交易当事人的敌意收购,就算股东了解其股份的真正价值,可以自主决策,而股东集体行动的"搭便车"问题可能使其难以作出决策或者难以作出理想的决策。何况,基于这种就一定专业性和复杂性,股东确有利用董事们经营决策专长之需要。为此,

反收购决策权的配置应以公司和股东价值最大化为价值取向,以股东和董事会决策权权利分配为基础,而非经理中心主义和股东中心主义这两个极端。

毫无疑问,折衷主义更符合实际,更具有可操作性。就以公司为交易当事人的善意收购而言,对向公司提出的各种控制权交易方案,包括公司合并、分立等,同意还是不同意自然属于董事会的经营判断,自有其裁量的余地。但是,董事的权利并非不受约束,这种交易需要经股东大会批准,而且需要以绝对多数股东同意予以批准。显然,这是以董事会决策权为基础,股东这种批准权主要体现为一种监督权,因为若董事会不同意该交易,根本就不需要股东大会批准了。那么,以股东为交易当事人的敌意收购又如何呢?实际上,通常所讨论的反收购决策权配置就是针对这种情形,实践中主要有两种模式:一是以英国为代表的股东大会决策模式;二是以美国为代表的董事会主导模式。在股东大会决策模式下,除非股东大会同意,原则禁止董事采取反收购措施。究其原因,英国有强制要约收购规则,收购人不可能通过两步收购手法压榨或损害股东利益,董事会相机采取反击性措施,对于保护股东利益并无多少实际意义。除英国外,我国香港原原本本继受了该模式。欧盟 2004 年实施的反收购指令中的被动性原则(passivity),也属于股东大会决策模式。但是,该指令给各个成员国留有很多的余地,只要成员国准予公司选择欧盟指令,该成员国就可以不执行被动性规则和突破权规则(right to break-through)。然而,在董事会主导的模式下,董事在信义义务约束之下,可以采取一切反收购措施。这就与英国正好相反,美国准予部分要约收购,股东可能收到收购人两步收购计划的压榨,董事会相机采取反收购措施,则可以维护股东利益。不过,所谓董事会主导并不排斥股东的决策权,分期董事会、绝对多数表决权、公平价格以及"毒丸"计划等,均需要股东大会批准,方可进入公司章程。如果没有这种章程授权,董事会也不能轻举妄动啊。可见,即使在董事会主导模式下,股东仍可制约董事的裁量行为,以免其背离公司和股东价值最大化的目标。比较而言,董事会主导的反收购模式更具有灵活性,更契合反敌意收购的应急性需要。为此,德国和日本也基本上采用了这种决策权配置模式。德国 2002 年实施的《证券取得与收购法》就准予公司监事会采取反收购措施,而在要约前 18 个月,股东大会也可以授权董事会采取反收购措施,该决议需要代表出席会议的股东有表决权股份的3/4以上同意。日本反收购立法也基本上美国化了,其《公司法》(2005)以及通产省和法务省2005年发布的收购指导意见,已经认可了"毒丸"计划的合法性。只要收购人持股比例达到一定程度,董事会无须股东大会批准,即可依据新股预约权自动配发新股。这就充分说明,赋予董事会应急处置权,采取反收购措施,已经得到了愈来愈广泛的认同,公司控制权市场并不特别活跃的大陆法系日本和德国也向美国模式靠拢,就是明证。

由此看来,简单地将反收购决策权归属于股东大会或者董事会,无异于掩耳盗铃,掩盖了事实真相。其实,公司反收购的决策权仍以股东和董事会的权利配置为基础,凡是与公司经营决策密切相关的,就应以董事会为主导。反之,如与股东权和股东大会职责密切相关,则以股东决策为主导。也就是说,即使在英国、欧盟和我国香港,虽然采取的是股东大会决策模式,但是,仍然不能否认董事会在反收购中实际作用和相应的决策权。究其原因,收购前的董事会经营决策与收购时的董事行为密切相关。若限制董事收购时的反收购决策权,势必导致董事在公司经营决策中采用其他措施,曲线救国,异曲同工,收到同样的反收购效果。这是股东和股东大会难以控制,防不胜防的。为此,即使在英国和韩国,董事仍可以基于公司和股东价值最大化,为目标公司寻求竞争性要约,为股东提供更好的选择,从而"白衣骑士"仍有用武之地。即使收购人已经发出收购要约,董事会仍可以通过具有法定资格的顾问就收购提出独立建议。如遇公司强烈反对该收购,这种"建议"可能会起到与反收购措施同样的效果。总之,无论采用何种模式,董事会均在公司收购中处于核心地位,拥有举足轻重的反收购决策权,这就是本章不遗余力探索对其反收购决策进行司法审查的道理之所在。

2. 我国公司董事会的反收购决策权

在我国,董事会的反收购决策权虽然没有美国式的典型董事会主导模式那样广泛,自由裁量余地没有那么大,但是远远大于英国式的股东大会决策模式。究其原因,我国也准予部分要约收购,为避免股东受到两步收购计划的压榨,有必要赋予董事会一定的应急性反收购权,以切实维护股东利益。

就以公司为建议当事人的善意收购而言,尽管这种决策需要股东大会批准,而且需要代表出席会议有表决权股东2/3以上股东同意,但是,这种交易的实质性决策权乃是在董事会手中。何以见得?公司为交易当事人,董事会收到公司合并、分立等方案后,是否同意乃是经营决策。如果董事会不同意,根本就轮不上股东大会批准了。易言之,董事会拒绝的,股东大会不可能批准,而董事会同意的,股东大会则很难不批准。这是因为,股东众多,具有集体行动的"搭便车"问题。同时,股东大会作出决议并没有法定人数的要求,只要有出席会议股东表决权的2/3以上股东同意即可形成决议。这样,通过董事会提出的议案也就易如反掌。可见,对于这种善意收购,董事会具有生杀予夺的自由裁量权。

对于敌意收购,董事会又有多大反收购决策权呢? 不可否认,鉴于我国资本市场尚处于转轨时期,市场还很不规范,损害投资者权益的情形时有发生,对于董事会在要约收购期间的应急性反收购决策权,的确有不少限制。其一,一旦收购人作出提示性公告,直至要约收购完成前,董事会要采取处置资产、对外投资、调整公司主要业务、担保、贷款等方式,可能对公司的资产、负债、权益或者经营成果造成重大影响的措施,需要经股东大会批准。[①] 否则,不得采用这些措施,这就大大压缩了董事会采取反收购措施的空间。其二,董事会针对收购的决策还收到一些一般性限制,如不得滥用职权设置不适当的障碍,不得利用公司资源向收购人提供任何形式的财务资助,不得损害公司和股东的合法权益。[②] 应该说,这样的限制是有必要的,也是合理的。

但是,这并不能否认董事会在反收购过程中仍可发挥举足轻重的作用,董事会实际上享有不可低估的反收购决策权。首先,就一般性限制而言,是针对董事会滥用职权设置的不适当的障碍。也就意味着,只要董事会没有滥用职权,所设置的障碍并非不适当,也就没有违反董事对公司的义务。反过来说,董事会拥有在其职责范围内设置适当障碍的裁量权和反收购空间。其次,对于要约收购期间必须经过股东大会批准方可采取的反收购措施,立法上采用的是列举法,即处置资产、对外投资、调整公司主要业务、担保、贷款等方式。这就意味着,凡是不在这个范围的,只要符合前述的没有滥用董事会职权,即可设置适当的障碍。比如,董事会完全采用"白衣骑士"策略,寻找收购竞争者参加要约竞争,或者是利用反收购措施,与收购人讨价还

---

① 参见我国《上市公司收购管理办法》(2006)第33条。
② 参见我国《上市公司收购管理办法》(2006)第8条。

价,为股东争取更好的交易条件。凡此种种,不一而足。再次,董事会还可利用对股东是否接受要约的建议权①,巧妙地反收购。对于股东是否接受要约的建议,董事会是基于对收购人的主体资格、资信情况及收购意图的调查,以及对要约条件的分析,自然可以随时塞"私货",加入其倾向性意见。至于独立财务顾问所提出的专业意见,因为所谓独立财务顾问也是董事会聘请的,而财务顾问业又是竞争性的市场业务,不能不看委托人的脸色行事。这样,董事会可以轻而易举地影响独立财务顾问的专业意见,通过专业意见的名义,不露声色地抵制了收购。一句话,无论是董事会的建议,还是独立财务顾问的专业意见,均可取得反收购措施的实际效果。最后,董事会还可以利用正常的经营决策,实施预防性反收购。公司章程自治和预防性反收购措施相结合,为董事会反收购提供了最为广阔的用武之地。尽管这种章程条款需要股东大会批准,如前所述,董事会提出的这种章程修改条款可以轻而易举地获得股东大会通过,前述伊利股份限制董事任职资格的条款以及美的电器限制股东的董监事提名权的条款,在股东大会上也是畅通无阻,就是明证。需要设计何种预防性反收购措施,这种措施是由股东大会批准,还是股东大会授权董事会"临事"决策,董事会均有广泛的裁量空间。难怪伊利股份在股改完成之后,为解决大敌当前的收购威胁,反收购便成为董事会日思夜想的问题,并成为频频动议修改公司章程的动力。在 2005 年 12 月到 2006 年短短的 3 个月时间内,就三次公告董事会修改章程的议案,最终获得股东大会高票通过。这样,伊利股份就为收购构筑了严密而周详的四道防线。

由是观之,我国董事会不仅对善意收购具有实质性决策权,也在敌意收购的反收购过程中享有较为广泛的决策权。为此,董事会决策是否合理便成为一个需要认真对待的课题。

(二)董事会反收购决策的结构性偏见剖析

问题是,董事会为何逢收购必反呢?董事会反收购决策是否属于一般经营决策呢?是否应受到经营决策那样尊重呢?这三个问题相互关联,对前两个问题的回答,决定了法院对董事会反收购决策司法审查的态度和审

---

① 参见我国《上市公司收购管理办法》(2006)第 32 条。

查标准的选择。这里先解析董事会反收购决策的结构性偏见,揭示其与一般经营决策的差异,下一部分拟探索对其更具有针对性的司法审查标准。

是的,董事会反收购决策就是要利用董事的经营决策专长,解决股东评估股份真实价值的专业性和复杂性问题。从这个意义上讲,它就是商事判断规则所保护的经营决策,应对其采用商事判断审查标准。但是,就像执行董事和高管可能基于个人利益驱动,为了营造公司帝国和提高薪酬,而发起收购一样,执行董事和高管反收购同样可能动机不纯,为了保位就反收购,逢收购必反。因而,执行董事和高管在这种决策中具有潜在的利益冲突,尽管不是纯粹的经济利益,但这种利益同样足以影响其对该事项的客观独立判断。从这个意义上讲,它又像董事自我交易,应适用完全公平审查标准。问题是,独立董事愈来愈普及,董事会愈来愈以独立董事为主导,他们在这种决策中并不存在自保这样的利益冲突,应该秉公办事,作出不偏不倚的经营判断呀。那么,为何他们也好执行董事和高管之好,恶执行董事和高管之恶,与其一个鼻孔出气,逢收购就反呢?对此,传统的主流经济学难以给出令人信服的解释,我们不妨另辟蹊径,运用第四章所述行为经济学所提供的分析工具,去揭示影响董事会决策的认知、情绪、情感、偏好等非理性因素,从而真正打开董事会决策过程的"黑匣子"。下面就分别运用前景理论和社会心理学理论予以解说。

1. 前景理论解说

前景理论是一个最有力的描述性理论,判断和结论源于经验事实,是基于对人性和人类价值的深刻理解,更接近于董事会决策的真实状态。对于认知偏差如何影响决策者决策,它能够更令人信服地解说。我们知道,认知乃是决策的基础,现代认知心理学通过不断通过实验验证发现,人们对信息的认知加工会受到自身多种心理因素的制约和激励,而这些心理因素又会引起投资者出现各种认知偏差,进而出现判断和决策偏差。而个体的心理偏差并非相互独立的,基于心理传染机制的交互作用,还会出现集体性认知偏差。独立董事也是人,认知偏差影响其反收购决策,自不待言。

在前景理论看来,人的决策包括编辑(editing)和评估(evaluation)两个阶段,先入为主的价值观和世界观的影响既影响编辑阶段,也影响评估阶段①,而编辑阶段则首当其冲。编辑是为了简化处理各种可能的选择,通过接受、剥离、编码、合成和取消等机制,使决策更加快速高效。如遇董事会决定反收购事务,编辑这个阶段受到根深蒂固的认知偏差的影响。以下从三个方面予以解说。

其一,过度自信(overconfidence)。这是得到较好证明的一种认知偏差,人们对事件发生概率的估计总是走向极端,过高地估计那些他们认为应该发生的事件发生的可能性,过低地估计那些他们认为不应该发生的事件发生的可能性。董事们之所以厌恶收购,天生就反收购,与过度自信所诱发的恐惧情绪息息相关。在他们的视野里,就是一旦公司被收购,高管就得下岗,就立马走人,即使没有确切的证据,他们也是宁信有,而不信其无。在他们看来,公司并购愈来愈多,而大多是毫无价值的,不过是收购人方面高管的沙文主义的表现,还有许多本来动机就不纯,最终会破坏公司的价值。过度自信使得他们以偏概全,一叶障目,过高地估计了损害公司长远利益和破坏价值的收购的概率,甚至将收购与短视性、投机性等同起来,自然会出现认识误区,导致决策偏差。

其二,还有维持现状偏差(status quo bias)。Samuelson & Zeckhauser (1988)研究发现,人们在维持现状和更好选择之间进行抉择时,具有维持现状的偏好。较明显的保守性偏差或维持现状偏差,表现为对新生事物持谨慎观望的态度,不敢尝试新的挑战。赋予效应(endowment effect)也表明,人们偏好于坚持其已有的东西,而不愿意与别人进行交易,以换得更好的替代品。董事会逢收购必反何尝不是这样呢?! 从理论上讲,现任高管表现不佳,公司业绩下降,作为控制权市场优胜劣汰的体现,现任高管自应有自知之明,为能人让位。收购人完成收购之后,新的高管取而代之,也是顺理成章的啊。但是,对于董事会而言,尤其是对于独立董事而言,现任高管有多好或者多差,他们心中有数,而新来的收购人可能更好,也可能更差。如果稍有不慎,选择错误,可能留下千古骂名。既然如此,还是维持现状好了。

其三,就是该决策后果的严重性。如下文所述,即使是独立董事,也与

---

① James D. Cox and Harry L. Munsinger, Bias in the Boardroom: Psychological Foundations and Legal Implications of Corporate Cohesion, 48 *Law and Contemporary Problems*, 1985.

执行董事和高管形成了不是兄弟的"兄弟"关系,不是家族的"家族"关系。对于执行董事和高管因收购而下岗,由于移情的作用,他们也会感同身受。一旦他们同意收购,收购人一入主公司,可能就会进行管理层改组,即使不是"清洗"原高管班子,董事长、总裁等关键岗位易主则是无疑的。这样的结果可以是一种"毁灭性的损失"(ruinous loss),面对如此严重的后果,他们可能在决策编辑阶段就一不做二不休,干脆不考虑收购有利于公司和股东最佳利益这个选项,彻底取消该选项。① 这样,独立董事也是逢收购必反也就不奇怪了。反之,他们逢收购而不反,倒是奇怪了。

2. 社会心理学解说

至于独立董事也厌恶公司收购,逢收购必反,社会心理学还可以提供三个方面的解说。

首先,一致对外系董事群体偏好的体现。泰弗尔和特纳(Tajfel and Turner)等人的社会认同理论告诉我们,物以类聚,人以群分,人们自然而然将人区分内群体(in-group)和外群体(out-group),内外有别,"我们"与"他们"不同。② 通过社会比较,成员可以从群体身份上获取自尊,提高自尊,常用手法就是偏见性知觉和歧视外群体。③ 如第四章所述,董事乃是一个具有高度社会情感凝聚力的群体。基于对内群体的特殊偏爱,即使是独立董事不会胳膊向外偏,而是有意无意地袒护内群体。风险认知的社会科学研究也表明,基于文化认同保护,人们往往站在哪个上,就唱哪个歌。也就是说,屁股指挥脑袋,话丑理短。独立董事即使再独立,休说没有一定的社会联系,很难被公司的执行董事和高管相中。就算他们与其没有任何联系,一旦加入公司,要履行职责,也得入乡随俗,还得合群呀。这样,很快就会形成不是兄弟的"铁哥"、"铁姐"关系,不是一个家族胜似一个"家族"。既然收购的公司是自家的事,一旦收购完成,自家"兄弟"可能就没有着落了,"兄弟"

---

① James D. Cox and Harry L. Munsinger, Bias in the Boardroom: Psychological Foundations and Legal Implications of Corporate Cohesion, 48 *Law and Contemporary Problems*,1985.

② 参见张莹瑞、佐斌:《社会认同理论及其发展》,载《心理科学进展》2006 年第 3 期。

③ H. Tafel & J C Turner, The Social Identity Theory of Intergroup Behavior, In Worchel S & Austin W(eds). Psychology of Intergroup Relations, Nelson Hall, 1986. 7 - 24; Amiot Catherine E, Bourhis, Richard Y., Reconceptualizing Team Identification: New Dimensions and Their Relationship to Intergroup Bias, Group Dynamics: Theory, Research & Practice, 2005, 9(2): 75 - 86.

的事就是自己的事。养兵千日,用兵一时,此时还不同仇敌忾,一致对外,更待何时?!这样,他们要是不反收购就奇怪了。果真如此,可能"兄弟"就没得做了,知趣的就趁早退出吧,自己不主动退出,可能就遭遇不体面的退出,像伊利股份前独立董事俞伯伟那样很快就被罢免了。①

其次,相互帮助是董事互惠的体现。作为一个情理社会,人情和面子受到高度重视,认人、认情、认面子蔚然成风,人们常常用不同的方式来对待和自己关系不同的人。② 关系也是董事的社会资本,独立董事也不例外。关系越多,办事能力越强,也就越"吃得开"③,董事相互给面子、送人情,也是顺理成章的。无论内部董事,还是外部董事和独立董事,都是社会精英,董事群体无异于一个社会精英俱乐部。其中,相当一部分董事是交叉任职,包括独立董事,在本公司为执行董事或高管,在彼公司则为独立董事。社会精英们有多种社会平台进行频繁的互动交往,诸如各种各样的研究会、论坛、俱乐部、EMBA 同学会等等,不一而足,志同道合的很快就会结成兄弟式的"铁哥"或"铁姐"关系。一份人情就是一份义气,"谁不会遇到点难事"、"谁都有难处"、"谁都会有在人屋檐下的时候"等等,风水轮流转,今天我帮你,说不定哪天就需要你帮我了。这样,还有什么不可以商量的呢,何必不顺水推舟,送人情呢。所以,面对收购这样大是大非的问题,作为"铁哥"、"铁姐"的兄弟,也就顾不上什么独立不独立了,自然会毫不含糊,坚定地站在反对收购的阵营了。

最后,看董事长和总裁脸色行事是董事会群体思维的体现。按理说,董事会作为集体决策机制,意在集中集体智慧,群策群力,提高决策质量。然而,作为一个动态交互过程,其决策质量受到非常复杂的多阶段、多变量、非线性因素的影响,不仅涉及群体成员的态度、价值观、偏好以及能力、权力等因素,而且会因群体成员间的社会交互而带来一系列的社会心理问题,如群体思维。④ 社会心理学的实验研究发现,群体凝聚力愈高,愈会导致群体决

---

① 参见曙光:《伊利股份:罢免独董,伊利错还是独董错?》,载《羊城晚报》2004 年 6 月 21 日。
② 参见黄光国:《人情与面子》,载《经济社会体制比较》1985 年 3 期。
③ 参见孙立平:《"关系"、社会关系与社会结构》,载《社会学研究》1996 年第 5 期。
④ 参见毕鹏程、席酉民:《群体决策过程中的群体思维研究》,载《管理科学学报》2002 年第 2 期。

策失误。作为一个具有高度社会情感凝聚力的群体,董事会群体思维也是意料之中的。一是董事具有从众的动力。究其原因,董事身份名利双收,价值极高,董事象征着功成名就,是成功人士的符号,担任大公司和上市公司董事更是可遇不可求。一旦担任董事,哪怕是津贴并不丰厚的独立董事,他们也会珍惜这一具有含金量的身份。① 这样,为了维持该身份,就得好好表现,就要尽量使其行为与群体保持一致,往往遇到矛盾绕道走,发表意见"顺杆爬",人云亦云,随声附和,也就不奇怪了。二是董事的自尊强化效应。董事的选任实际上操控在执行董事和高管手中,董事长或总裁往往一言九鼎,虽说上市公司大多设立了独立董事主导的提名委员会,实践中,董事选任仍然改变了这一现状。这样,无论当选董事还是专门委员会成员,基本上都是董事长或总裁的话语权。就算是独立董事,能够得到这种名利双收的职位,能够获得这种高含金量的身份,强化了个人自尊,自然会对董事长或总裁感恩戴德了。这就不难理解,为什么独立董事也会看董事长或总裁的脸色行事。既然如此,在公司收购这种重大决策上,就是考验其对董事长或总裁忠诚度的关键时刻,自然不能有自己的独立主张,而是想方设法揣摩作为"领导"的董事长或总裁的意图了。既然收购对董事长或总裁这种"领导"影响最大,那就更没有什么好犹豫的,唯有坚决地反收购这个选项了。

总之,即使是独立董事,作为具有高度社会情感凝聚力的社会精英"家族"的一员,过度自信和维持现状等认知偏差亦会影响其反收购决策,会认人、认情、认面子,甚至唯董事长或总裁马首是瞻,将与执行董事和高管的交情、友情等关系,置于公司利益和股东利益之上。可见,对于这种决策显然不能像董事会一般经营决策那样予以尊重,探索更有的放矢的司法审查标准,对其合理性进行审查。

四、反收购决策董事问责的中间标准评析

法院是最后说理的地方,司法审查也就成为正义与自由的最后一道防

---

① 参见杨雄胜、冯峥、兰岚:《上市公司独立董事制度实施效果实证研究》,载《财会通讯》2007年第6期;王铮:《上市公司高管薪酬暴涨》,载《上海国资》2008年第6期。

线,司法审查标准自应随着经济社会的发展变迁而作出享有的调整和完善。那么,司法审查标准又是如何回应董事会反收购决策中的结构性偏见呢？20世纪80年代中期美国特拉华州法院为了应对当时汹涌澎湃的收购与反收购浪潮,形成了三项中间审查标准,本节检讨其演进过程,揭示其局限性,指出构建统一的实体合理性审查的紧迫性。

(一) 三项中间问责标准

如前所述,执行董事和高管反收购可能动机不纯,而独立董事往往又与他们穿"连裆裤",甚至将脑袋借给了他们。那么,法院对董事会的这种结构性偏见采用何种审查标准呢？最初,这并未引起法院的重视和警惕,将其作为一般经营决策,从而适用商事判断审查标准。尽管法院表面上也要求董事证明反收购措施主要目的不是为了保位,但是这太容易了,董事轻而易举就达到该要求,只要证明他诚信行事,通过合理调查可以合理地认为潜在收购人对公司政策形成了威胁即可。这往往是走过场,法院支持了许多明明旨在自保的董事会反收购措施,从而引发了对审查标准的诸多批评。在20世纪80年代的收购浪潮中,形形色色反收购措施纷纷登台表演,反收购战愈演愈烈,董事会反收购决策中的结构性偏见日渐暴露。敢为天下先的特拉华州法院并未墨守成规,坐视不管,而是将判例法的"临事立法"机制发挥得淋漓尽致,采取与商事判断审查标准挂钩的形式,发展了Unocal规则、Revlon规则和Blasius规则等三项中间审查标准,对其进行前置审查。只有通过了该前置审查,董事会反收购决策才能享受商事判断规则的保护。虽然并未形成独立的审查标准,它们不过是商事判断标准的前置审查而已,但是,毫无疑问,这种结构性偏见已经引起法院的警惕,并想方设法地将其另眼相看,这三项中间审查标准就是对适宜的审查标准孜孜不倦的探索结晶。

1. Unocal规则

Unocal规则,亦称必要性与相称性标准,因特拉华最高法院1985年的Unocal案而得名。[1] 其基本案情是,Mesa公司以每股54美元的价格分两阶段收购Unocal公司。为了挤出其余小股东,第二阶段就是以面值而非市值收购其余从属证券。这是典型的挤压措施,目的就是让股东在第一阶段出

---

[1] Unocal Corp. v. Mesa Petroleum Co. (493 A.2d 946, Del. 1985).

售股份,尽管价格并不好,尤其是针对股东们可能担心丧失第二阶段的额外利益的心态,断了这条后路。作为防御,Unocal 公司董事会采用选择性自我收购,一旦 Mesa 取得其 50% 以上的股份,则所有除 Mesa 及其关联人士以外的 Unocal 股东均有权以每股 72 美元的价格向公司换取信用等级较高的债券,换股数额达到 49%。这就让收购方望而却步,因为要继续收购就意味着高昂的代价。董事会认为,其目的在于击退这种不充分的出价。就算敌意收购成功,也可以为小股东带来一些甜头。Mesa 公司诉诸法院,对这种歧视性防御措施提出异议,法院支持了 Unocal 公司。法院指出,董事会有权为了股东利益而对敌意收购作出回应。当然,该院也意识到董事会面临收购威胁时,其防御往往主要是为了自保,而非冠冕堂皇的公司利益和股东利益。这是一个"无所不在的幽灵",这里所说"无所不在的幽灵"不过是结构性偏见的另一种表述而已。该院虽然未将其作为自我交易,显然已经意识到其中的利益冲突,这正是结构性偏见的基本组成部分。

法院指出,在对其给予商事判断保护之前,得有一个门槛,即一项更高的义务需受到司法审查。这就是新的中间审查标准。它分为两步:一是必要性,即董事须有合理理由相信,对公司政策的威胁存在。二是成比例。防御措施相对于受到的威胁须合理。这就是权衡各种相互冲突的利益形成的中间审查标准。不过,这一加强审查标准(enhanced scrutiny)强度并不大。特拉华州最高法院认为,只要证明诚信和合理调查即可通过第一步审查,而第二步法院并不以其判断代替董事的判断,只是决定董事决策整体上是否在合理的范围之内。其实,这种加强审查标准似乎换汤不换药,与商事判断规则相差无几。事实上,只有强制性、排他性的防御措施才能构成不合理。不过,该规则还是具有非同凡响的意义。它表明法院已经觉察到这种内在利益冲突,即使没有明显的自我交易,董事会并非完全无利害关系。对此,应采用强化司法审查,而非商事判断标准之尊重。

2. Revlon 规则

Revlon 规则,亦称最高拍卖价标准,因 1986 年的 Revlon 案而得名。[①] 其基本案情为:Relvon 公司为对抗收购人 Pantry Pride,Revlon 先后采取部分回购股份、发行"毒丸"计划下的证券等方式进行防御,最后则求助于白衣骑

[①] Revlon v. MacAndrews & Forbes Holding Inc. (506 A. 2d 173, Del. 1986).

士 Forstman Little,并对其提供价格优惠的锁定资产。Pantry Pride 闻讯进一步将要约价格提高到超过 Forstman 的出价,条件是 Revlon 撤消"毒丸"及财产的锁定,但 Revlon 不为其所动,坚持与 Forstman 的合并,Pantry Pride 遂起诉至法院。特拉华州最高法院首先肯定 Revlon 第一阶段防御的合法性,且受商业判断规则的保护,紧接着认为当董事由收购的防守方变为在 Pantry Pride 和 Forstman 中间寻求一个最佳出价的"拍卖人"时,其职责即发生了变化,为驱逐一个敌意收购人而厚此薄彼,也就不再是适当的行为,董事应当为股东的利益而寻求一个最高的出价。Revlon 案表明,目标公司董事会为防御敌意收购而采取的措施一般会受到商业判断规则的保护。但是,当其被收购和分解已不可避免时,其首要使命是为公司股东寻找可能情况下的最高出价,而非主要考虑利益相关者的得失。在这个阶段中,董事对竞购者应保持中立,亦称之为董事的 Revlon 义务。锁定条款、不得选择条款或金降落伞条款等对竞价人厚此薄彼均违反董事的信义义务。

法院认为,如公司政策及其有效性不再直接促进股东利益,防御措施也就不合适了。此时,董事便成为为了股东利益而在出售中将公司价值最大化的拍卖人。本案中 Forstmann 要约的主要受益者为董事,不能认为董事会完全无利害关系。董事会提前终结积极拍卖,换取的仅仅是非实质性的价格提高,损害了股东利益,违反了信义义务。这样,董事会决策就不能受到商事判断标准的尊重。该案明确了在出售已经不可避免时拍卖责任的性质,明确地适用了比商事判断规则更严格的审查强度。一方面本案涉及 Unocal 案所说的利益冲突这一"无处不在的幽灵",防御措施和拍卖均有这种"幽灵"。这在公司出售情形下更为棘手,因为董事与股东关系进入最后阶段,董事很容易搞一锤子买卖。另一方面则是针对本案的具体事实加大了审查强度。尽管法院未援引 Weinberger 案,董事基本上为私利行事的事实,让法院对其采用了近乎传统公平审查标准的审查强度! 在 In re J. P. Stevens & Co. 案中,Allen 大法官指出,应将 Revlon 案理解为针对具体不忠实而采用的传统公平审查标准。这不是说所有拍卖均应如此,而是针对有明显利益冲突的情形。鉴于 J. P. Stevens 案并不涉及这样明显的利益冲突, Allen 大法官似乎适用了商事判断规则。Revlon 和 Unocal 规则之共同点就在于,对于利益冲突这种"无处不在的幽灵"需要强化司法审查。

在 1987 年的 Macmillan 案中,法院再次检验了最高拍卖价标准,并意识到司法审查强度需视利益冲突的程度而调整。其基本案情为：伊万斯和瑞利均公司最高管理者，伊万斯系 CEO。他们俩说服董事会采取各种反收购措施，实施由管理层控制的重组。虽然 Bass 集团发出收购要约，董事会置之不理，仍然进行重组。特拉华州衡平法院认为，反收购措施不合理、不成比例，董事违反了信义义务，禁止重组。重组受挫后，伊万斯另辟蹊径，与 KKR 探索管理层收购，而 KKR 承诺管理层在 Macmillan 公司有 20% 的股份。Maxwell 通讯公司发出现金收购要约，只要求平等获得信息即可。在多轮竞价中，KKR 均处于劣势，最后董事会接受了其名义上较高的出价，KKR 大获全胜，成为最后的赢家。其最终出价含有不得选择条件、锁定协议、结束费用以及费用补偿等。衡平法院虽然认为，该拍卖并非公平无私、中立，但并不支持禁止锁定协议、结束费用和费用补偿，因为它并未误导 Maxwell，也不妨碍其发出更高竞价。Maxwell 提起上诉，特拉华州最高法院改判。该案判决中，摩尔法官首先分析了利益冲突的程度是否足以援引 Weinberger 案的严格司法审查。伊万斯作为 CEO 控制了与 Maxwell 的磋商过程，知悉秘密信息，选择董事会财务顾问，这家公司正好是重组时所倚重的智囊。法院认为，他过分控制该过程，而他在 KKR 收购中又有自我利益。其控制和操纵拍卖过程乃是致命污点。董事会的麻痹大意和懒散使得有利益冲突的董事不法操纵董事会评议过程，董事会难以成为真正独立拍卖的监督者，显然有必要适用 Weinberger 案的严格审查标准。摩尔法官进一步指出了拍卖程序的缺陷，伊万斯采用种种方式向 KKR 倾斜，包括不正当地向 KKR 提示 Maxwell 的竞价。伊万斯隐瞒这种提示，实属欺骗董事会，董事会信赖其意见和建议作出的决定是可撤销的。法院认为，董事会行为违背了公平的所有基本标准。法官还用 Revlon 规则评析了拍卖程序。不得选择条款和锁定选择均不符合 Revlon 规则的要求。虽说锁定条款并非本身违法，其适用应给股东带来实质性利益，才能通过司法审查。KKR 的锁定条款徒有虚名，并因此终结拍卖过程，而这种名义利益完全可以从 Maxwell 获得，因而明显无效。面对差别待遇，法院应查明，董事是否合理地认为赋予特定竞价人的利益改善了股东利益。无论如何，董事会行为须与其试图获得的利益或特定要约对股东利益形成的威胁相比是合理的。只要符合该要件，司法审查便止步，适用商事判断规则。

3. Blasius 规则

Blasius 规则,亦称一般不得干预股东权标准,1988 年 Blasius Industries Inc. v. Atlas Corp. 案而得名。① 依据该标准,除非董事会有紧迫的理由(compelling justification),否则不可以在反收购中干预股东权。该标准出自特拉华衡平法院旨在通过比商事判断规则更加严格的司法审查,对股东表决权提供保护。董事的反收购行为有可能涉及运用两种不同的公司权力,即对于公司资产的权力和影响董事会与股东之间关系的权力。对于第一种权力的董事行为,适用商事判断规则。如董事合理地相信,存在对公司的威胁而采取反收购行为,则适用必要性与相称性标准。对于第二种权力的董事行为,适用一般不得干预股东权规则。董事会对于公司资产和管理的权力受股东选举董事的权力限制,股东并不进行公司经营决策,这些事务属于董事和高管自由裁量的范围,公司董事会在进行精英决策时有很大的自由度,而股东对于感到不适当的经营决策一般只有两种防护措施,或者卖出股票,或者通过选举更换董事。对股东表决权进行干预属于特别严重的情形,不属于董事会的商事判断,因为这会降低正当性的标准,从而使所有的情况都成为商事判断。事实上,基于商事判断规则的保护,董事几乎免于负担所有决策责任,原因就在于不满意的股东还可以通过选举替换董事。如果将这条后路给断了,尊重其商事判断标准还谈何正当性呢?!

可见,对于董事会采取的反收购措施的必要性及回应力度,是否干预股东权,以及是否对竞价人厚此薄彼等等,均在法院的前置审查之列。如不能通过该审查,就不能获得商事判断标准的尊重。这就意味着,法院已觉察到董事会反收购决策中的结构性偏见,有意识地通过前置性审查予以控制,以防其借反收购之名,行自保之实。

(二) 中间问责标准的局限性

是的,中间审查标准所实施的前置审查,确实已将董事会反收购决策另眼相看,并未自动将其作为一般经营决策给予商事判断的尊重。但是,作为"临事立法"的产物,都是为了应急之需而仓促登台,实际上就是头痛医头,脚痛医脚,杂乱无章,互不连贯,互不衔接。尽管每个标准就特定事实背景

---

① Blasius Industries Inc. v. Atlas Corp. (564 A. 2d 651, 1988).

而言都具有针对性，都比基本审查标准更强，但是就整体而言，它们并不能为董事会反收购决策提供系统的解决方案。其主要问题在于以下两个方面：

其一，削足适履，牵强附会地与商事判断标准挂钩。如前所述，无论是 Unocal 规则、Revlon 规则，还是 Blasius 规则，都是亦步亦趋地与商事判断标准和完全公平标准挂钩。通过前置审查的，即可受到商事判断标准的尊重。反之，则应接受完全公平标准的审查。这实际上是画蛇添足，人为地增加了后面一层审查。何以见得呢？无论是 Unocal 规则对反收购措施回应的必要性和合理性审查，还是 Revlon 规则和 Blasius 规则，对其是否干预股东权或者歧视竞价人的审查，必然要审查其实体合理性。这样问题就来了，商事判断标准是防范审查经营决策实体合理性而设，而中间审查标准先行审查实体合理性，那第二步的商事判断审查标准和完全公平标准还有什么意义呢？既然能够通过合理性审查，所谓第二步商事判断审查标准也就是多此一举。如果不能通过前置合理性审查，作为第二步的完全公平审查标准也没有实际意义，因为合理性标准都达不到，怎么可能达到完全公平标准，继续让董事们证明其行为完全公平，这种可能性微乎其微。可见，中间审查标准的合理性审查本应是独立的，不应依附于商事判断标准和完全公平标准。

其二，中间审查标准林立，叠床架屋，从而导致审查标准竞争，增加不确定性，当事人无所适从。实际上，这在 20 世纪 80 年代末期和 90 年代初期已经暴露出来，尽管特拉华州向来引领公司法创新风气之先，适用公司法最有经验，而其最高法院在帕拉蒙特（Paramount）案[①]前后立场的出尔反尔，足以说明标准林立所带来的标准选择问题。其基本案情：时代公司与华纳公司已达成换股的合并计划，合并之后华纳公司继续存续。帕拉蒙特公司出人意料地提出了一项针对时代公司全部发行在外股票的现金收购要约，并最终将收购价提高到 200 美元/股（公开收购要约提出时时代公司股票的市场价为 126 美元/股），要约的有效期截止日定在股东就时代——华纳合并计划进行表决之前。时代——华纳宣称其合并给股东带来的远期收益将超过帕拉蒙特的要约出价，并修改了合并计划，使时代公司可以立即以 70 美元/股的价格收购华纳 51% 的股份，稍后再以价值 70 美元/股的现金和股票

---

① Paramount Communications, Inc. v QVC Network, Inc., (637 A. 2d 34, Del. 1994).

收购其余 49% 的华纳公司股票。此项出价将使时代公司背负 70—100 亿美元的巨额债务,而时代公司原有的良好负债结构正是时代——华纳合并的基础之一。帕拉蒙特公司迅速提起诉讼,请求法院禁止时代——华纳合并。特拉华州最高法院维持了衡平法院的判决,认为本案与 Relvon 案的区别在于时代公司董事会并未面临一项"粉碎性"敌意收购,其所做所为只是普通的防御而已,而非对公司法人人格的抛弃,不应适用 Relvon 规则,时代公司可以与华纳公司合并。由此表明,Relvon 规则仅是适用于参与收购或公开出售,而不适用于本案的事实背景。此判决一出,便受到普遍批评,合并以后的时代——华纳公司业绩也不佳,其股价到 1993 年底仍未达到 1989 年帕拉蒙特公司的出价 200 美元。该判决就意味着,反收购决策的司法审查可以因战略发展计划而予以区别对待,目标公司董事会可以借战略发展计划,逃避不受其欢迎的收购要约。这样,明显地偏向了现任董事会。

有趣的是,在帕拉蒙特公司与时代公司的收购战后两年,帕拉蒙特公司自己也成了收购对象。1993 年夏天,帕拉蒙特公司开始与威康姆公司洽谈合并事宜。9 月 12 日,双方签订了锁定性的合并协议,以免触发帕拉蒙特公司章程中的"毒丸"条款。协议规定,该条款将做相应修改。QVC 公司几乎在同时向帕拉蒙特公司发出收购要约,几经争夺,威康姆公司将总出价提高到 93 亿美元,但仍比 QVC 公司的出价少 13 亿美元。这时,帕拉蒙特公司宣布接受威康姆公司的要约,并修改"毒丸"条款,以防接受 QVC 公司的要约。特拉华州衡平法院和最高法院一致认为,帕拉蒙特公司与威康姆公司拟议中的合并涉及帕拉蒙特公司控制权的转让,显然类似于 Revlon 案。根据 Revlon 规则,帕拉蒙特公司至少应该考虑 QVC 公司的出价。基于特拉华最高法院的这种见解,威康姆公司与 QVC 公司对帕拉蒙特公司控制权之争持续了 2 个月,最终威康姆公司取胜。人们不禁要问,最高法院这个判例为何与两年前的时代——华纳公司判例判然有别?公司法学者咖啡(Coffee)教授一针见血地批评道,该案表明特拉华州最高法院已经从时代——华纳公司案的立场上后退了半步,不再坚持只有对目标公司的分解或清算才导致目标公司的管理层的"拍卖"责任,是否适用 Revlon 规则取决于是否有一新控股股东参加收购竞价。面对叠床架屋的中间标准,就连适用公司法最有经验的特拉华州法院都会有如此大摇摆和偏差,岂能期望它们发挥对当事人的行为标准作用呢?

由此可见,为了化繁为简,减少复杂性,切实增强中间审查标准对董事会反收购措施的针对性,就应引入第四章所述诚信问责路径,采用统一的实体合理性审查标准。实际上,前述三项标准均可统一到实体合理性的旗下,而《ALI公司治理原则》第6.02条就反收购措施的有效性已经采用了实体合理性标准。Unocal规则的前置审查本来就是针对反收购措施的必要性与合理性,自然属于实体合理性审查了,而且还可以将其作为实体合理性审查基础规则。至于Revlon规则,完全可以转换为,董事会作为拍卖人,审查其是否合理认识到倾斜有利于价格最大化的股东利益,股东利益与对竞购人的倾斜是否成比例。Blasius规则无需作为独立的审查标准,该标准实际上是后果决定论,并未就决定董事是否剥夺了股东选举权提供任何指引,Unocal规则亦可适用于其事实背景。1990年代以来,法院也试图将Blasius规则融入Unocal规则,Stroud v. Grace案就是如此。① 这样,就不至于像完全公平标准那样过于苛刻,也不至于像商事判断标准那样过于尊重,促使董事们更理性地行事。

五、反收购决策董事问责的合理性标准

如何构建董事会反收购决策的合理性审查标准呢? 关键就在于把握好合理性的标准,正确地拿捏司法审查的强度。

(一) 合理性标准的把握

1. 合理性的相对性

如何判断董事会反收购措施的合理性呢? 如何判断其是否符合公司价值最大化的目标呢? 如果说企业高管薪酬合理性难以判断的话,董事会反收购决策的合理性判断则更为困难。尽管如此,有一点是共同的,那就是这种合理是一个范围,而非一个点。只要董事会反收购措施在合理性范围之内,就属于合理,无须精确地达到某一个点位才算是合理。具体说来,可以将其分解为正反两个方面,从正面意义上看只要基本合理即可,从反面意义

---

① 606 A. 2d 75 (Del. 1992).

看则以明显不合理为准。没有反面意义上的明显不合理,或者正面意义上基本合理,就属于合理。当然,依据原告就被告原则,原告需要为明显不合理承担举证责任。如原告不能举证证明这种明显不合理,或者被告董事能够证明其基本合理,即应承认其合理性。

  以我国企业采取的一些颇有争议反收购措施为例,这样的判断并不难,应在法官的专长范围之内。就股东行使董监事提名权而言,笔者承认,公司可基于章程自治提高持股数量的限制,如美的电器将其提高到5%,也有些公司将其提高到10%,应该都属于合理的范围。如果某家公司将该比例提高到30%甚至50%,那就明显不合理了。究其原因,公司立法的精神是要保护股东权利,而非限制股东权利。对于像股东提名权的持股数量这种非强行法规范,公司章程的确享有自治权,但这个自治是有限度的。也就是说,只能在一定空间内自治。作为这种自治的体现,公司可以降低法定标准,比如准予持股1%以上的股东行使董监事提名权,甚至可以放弃这样的持股数量门槛,这是增加了股东权利的保护,是符合公司立法精神的。当然,公司也可以提高该标准,但是提高该标准意味着对股东权利的限制,其所能够提高的幅度就不能像降低标准那样不受限制。正因为如此,美国《示范公司法》第7.02条不仅准予公司下调法定标准,也准予提高法定标准,唯下调幅度不受限制,而上调则以25%为限。这种规定显然更为合理,我国《公司法》(2005)第103条第2款并未设置这样的上限,并不意味着公司章程可以无限自治。如果将标准提高到连控股股东都无法行使董监事提名权,那股东选择和监督管理者的权利还有什么实际意义?!更重要的是,这就可能使公司治理结构瘫痪,公司事务任凭"内部人"把持和操纵,再差的管理者也更换不掉,从而与公司价值最大化的目标背道而驰。在我国,股东持有上市公司股份达到30%就推定为控股了[①],如果公司章程限制持股30%左右的股东行使董监事提名权,无疑是明显地不合理。同样地,伊利股份董事会2006年2月公布的限制持股10%以上股东的增持股份,如增持计划未获董事会批准,该股东不享有董监事提名权。这不仅限制了股东的董监事提名权,更是对股东股份转让自由的粗暴干预和践踏,属于明显的不合理,难怪被投资者斥责为匪夷所思。至于伊利股份反收购的第四道防线,将董

---

① 我国《公司法》(2005)第217条,《上市公司收购管理办法》(2006)第84条。

事长和总裁这样的关键岗位量身定做,基本上锁定为"内部人"的专利。这就明显地阻碍了公司控制权市场和经理市场优胜劣汰功能的发挥,明显地妨碍了股东通过公司治理结构选择更合适的管理者,更换力不胜任的管理者,有悖于公司价值最大化的目标,因而也属于明显不合理。

2. 影响合理性的主要因素

具体说来,做这种判断还需要把握影响董事会反收购决策合理性的五个主要因素。兹分述如下:

第一,公司的整体利益和长远利益。公司的最佳利益包括近期利益和长远利益,董事会可以牺牲一些近期利益以换取长期利益。[①] 最佳利益也不是眼睛仅仅盯着要约的溢价多少。如遇股东利益与公司最佳利益不一致,董事会拥有综合考量多种因素的裁量权,如要约的性质、时间、对价是否充分、要约不能实现的风险、合法性问题、对公司主要经济前景的影响等等。董事会无须仅仅考虑溢价多少,即使收购人要约的溢价很可观,董事们仍可基于综合考虑多种相关因素,确定并采取合理的措施。董事决策时还可以考虑可能有利于股东,但不利于其可以合法地关心的特定利益或者集团的因素。尽管也可以说这是公司的整体利益或者长远利益,但它实际上扩大了董事会考量是否有利于股东最佳利益的范围,如环境保护、社区利益、职工、供应商和客户利益等等。以美国为例,许多州明确准予董事会除考虑股东利益外,还考虑包括职工、供应商、客户和社区在内的其他利益相关者利益[②],绝大多数州均与第 2.01 条和第 6.02 条一致,在不对股东长远利益有重大影响范围内,董事会可以考虑利益相关者利益。有些州赋予了董事会

[①] 美国许多州均有这种规定,《亚利桑那州公司法》第 10-1202 条、《爱达荷州公司法》第 30-1702 条、《印第安纳州公司法》第 23-1-35-1 条(g)、《明尼苏达州公司法》第 320A.251 条、《新墨西哥州公司法》第 53-11-35 条(D)、《纽约州公司法》第 717 条(b)。

[②] 如美国《狄格州公司法》第 33-313 条(e)、《佛罗里达州公司法》第 607.111(9)条、《爱达荷州公司法》第 30-1602 条、第 30-1702 条、《伊利诺伊州公司法》第 8.85 条、《印第安纳州公司法》第 23-1-35-1 条(d)、《肯塔基州公司法》第 271B.12-210(4)、《佐治亚州公司法》第 14-2-202 条(b)(5)、《路易斯安那州公司法》第 12:92 条 G、《缅因州公司法》第 716 条、《马萨诸塞州公司法》第 65 条、《明尼苏达州公司法》第 302 A.251 条、《密苏里州公司法》第 351.347 条、《内布拉斯加州公司法》第 21-2035 条、《新泽西州公司法》第 14A:6-1 条(2)、《新墨西哥州公司法》第 53-11-35(D)条、《纽约州公司法》第 717 条(b)、《俄亥俄州公司法》第 1701.59 条(E)、《俄勒冈州公司法》第 60.357 条(5)、《宾夕法尼亚州公司法》第 511 条(b)、1715 条、《田纳西州公司收购法》第 48-35-202 条、《威斯康星州公司法》第 180.0827 条。

更大自由裁量权,如《印第安纳州公司法》第 23-1-35-1 条(f)。但是,这有一个原则,那就是董事会考虑该特定利益或者特定群体利益时,不得对股东长远利益构成重大影响。至于何种情形会对股东长远利益构成重大影响,则因事实背景而异。可见,董事会就更不能单单考虑股东可能在要约收购中获得的溢价,还要考虑其他因素,如公司章程特别强调的清洁生产政策,或者公司主营业所在地社区利益等等,或者如果公司过公开的从事业务方式以及持续信息披露机制,使得一取得公司股份的人就能够知悉这种公司政策,董事会即可将这种政策作为股东长远利益予以考虑。面对竞价要约,董事会并非一定要接受较高的出价。如果出价较低的方案,为职工或公司可以合法地保护的其他群体提供了更好的保护,而出价又不比高竞价低很多,当然可以接受较低的出价。

第二,替代竞价的非强制性。董事会寻求"白衣骑士"提供替代性竞价,非但不排斥收购人的要约,还扩大了股东选择余地,自然可以满足合理性要求。但是,如果替代性竞价方案具有强制性,限制了股东选择余地,则不具有合理性。作为自行竞价的部分要约,则与第三人的两步收购要约具有同等的强制性。此时,董事会需证明其回应的合理性。通过三个事实背景的对比,如何判断其合理性可谓一目了然。(1)甲公司以 50 元/股的价格对乙公司所有股份发出现金要约,乙公司股价一般为 35—40 元/股,其有效期截至 1995 年 5 月 1 日。乙公司董事会决定以 60 元/股价格回购 60% 的股份,有效期也是截至 1995 年 5 月 1 日。乙公司的这种部分要约迫使其股东接受其要约,即使是认为甲公司要约更好的股东也可能处于眼前利益考虑,接受这种部分要约。为此,原告可以基于这种强制性证明董事会决策的不合理性。如董事会不能举证证明其行为属于对收购要约的合理回应,则该反收购措施不具有合理性。(2)第二种情形与第一种情形基本相同,唯乙公司部分要约的有效期结束比甲公司要约晚一些,这样,就算甲公司收购不成功,接受甲公司要约的股东亦可向乙公司提出要约,从而增加了股东选择余地,不具有强制性,可以达到合理性的要求。(3)甲公司也是部分要约,拟收购乙公司 50% 的股份,甲公司和乙公司的要约有效期均截至 1995 年 5 月 1 日。这样,乙公司的要约也没有强制性,而是增加了股东选择余地,亦可达到合理性要求。

第三,执行公司已有的经营计划。如前所述,在收购期间,除继续从事正常的经营活动或者执行股东大会已经作出的决议外,未经股东大会批准,董事会不得通过处置资产、对外投资、调整公司主要业务、担保、贷款等方式,对公司资产、负债、权益或者经营成果造成重大影响。也就是说,不能仅仅因为有收购,公司就要放弃已有的经营计划,该计划自然可以包括处置资产、对外投资、收购等等。即使面对收购,董事会仍实施这些经营计划。否则,收购可能会冻结公司部分业务,进而影响股东利益。诚然,仅仅是公司曾有这种经营计划还不足为凭,还需要证明原来就有具体的实施步骤,董事会所做的就是按部就班地实施该计划,这样就可以推翻原告认为该措施不合理的指控。下面两个事实背景可资说明:(1)甲公司主要从事医药生产,从事化妆品生产的乙公司为其子公司,甲公司遂就决定出售乙公司,将精力集中于主业,一直在磋商将其出售给丙公司,而且获利颇丰厚。丁公司对乙公司所有股份发出收购要约,相对市价有40%的溢价。该要约的条件是,甲公司不要出售乙公司。对此,甲公司董事会可以毫不犹豫地与丙公司签约,否则,错过了这笔这么好的交易,会损及公司和股东最佳利益。尽管该交易可能使丁公司的收购搁浅,甲公司执行既定经营计划,属于合理行事。(2)经过调查分析,甲公司与乙公司订立了合并协议,将乙公司并入甲公司。合并公告之后,丙公司对甲公司所有股份发出要约收购,溢价高达80%。经甲公司翻番研究后,与要约收购相比,与乙公司合并更有利于公司和股东最佳利益。于是,甲公司对乙公司所有股份发出了现金要约收购,代替原来的合并计划。此外,并未采取任何措施阻止丙公司收购甲公司。丙公司指出,若甲公司一意孤行,继续进行收购,就会申请法院禁止其收购行动。实际上,只要丙公司不能证明甲公司乙公司合并系对其要约的不合理反应,就可以继续实施既定的合并计划,而丙公司出价的高额溢价并不足以说明该合并不合理。

第四,防止收购对公司的实质性损害。如完成收购可能给公司造成实质性损害,董事会可以采取反收购措施。此时,虽然可能限制了股东选择余地,但预防这种损害,这样的限制是必要的。如果要约收购人收购成功,董事会有合理的理由认为,其企图从事有违公平义务的交易,如以目标公司的财产提供担保,为下一步收购融资,即可阻止这样的收购。如要约收购的融资方式使得目标公司背负巨额债务,董事会亦可考虑这种负债是否足以危及公司的根本经济前景。如果合理地认为有这种威胁,即可予以抵制。同理,使公司背负巨额债务,而向股东支付高额溢价,如遇公司破产,股东可能因欺诈转让而承担责任。① 这也是董事们抵制收购可以考量的因素。

第五,反收购措施具有更大的经济价值。如果董事会认为,阻止收购可能为股东带来更大经济价值,就属于对收购的合理回应。董事们这样的考虑可以是基于其单方面行为,如阻止收购之后,进行公司重组或出售部分资产等,也可以是合理地相信,只要给予寻求替代竞价的时间和机会,就可以得到更有利可图的收购条件,当然也可以使其合理地认为,由现任管理层继续经营,可以为股东带来比收购更长远的价值。此时,董事会行为的确限制了股东选择收购的机会,使得收购被撤回,但只要这样的考虑是合理的,即应支持,因为唯有董事具有为股东增加预期的价值的能力。为此,董事会需要认真考虑以下问题,董事会提议的方案是否会增加公司的价值？公司业务继续按照既定模式进行经营,是不是为了增加价值？如果是,增加的价值如何才能较为现实地惠及股东？而对于收购要约的评估,则应分析其溢价到底有多少,并在此基础上进行决策。其实,就算不能增加公司的长远价值,能够增加与要约收购人讨价还价的筹码,亦未尝不可。以下两例可资说明：(1)甲公司向乙公司所有股份发出收购要约,其出价的溢价高达80％,所附条件是乙公司不处置其任何主要资产。乙公司经咨询财务顾问认为,出售乙公司部分主要资产所获价款,加上出售之后乙公司股份的价值,会超过要约收购的价值。这样,董事会就可以出售其部分主要资产,从而合理地抵制收购。(2)甲公司在一个特大城市从事钢铁生产,也曾有过辉煌的历史。董事会多年来一直贯穿清洁生产政策,股东们也知道这一政策,其盈利水平也就低于不严格执行该政策的其他厂商。乙公司对其所有股份发出要约收购,溢价高达80％,收购要约明确表示,要修改甲公司的环境保护政策,增加盈利水平。丙公司也对甲公司发出竞价要约,其出价的溢价比乙公司低,但低得不多。但是,丙公司表示要继续坚持其一如既往的环境保护政策。两相比较,董事会当然可以理直气壮地接受丙公司的要约,而非表面上出价较高的乙公司。

---

① 相关案例有：United States v. Tabor Court Realty Corp., 803 F. 2d 1288 (3d Cir. 1986); McClellan Realty Co. v. United States, 483 U. S. 1005, 107 S. Ct. 3229, 97 L. Ed. 2d 735 (1987); Wieboldt Stores, Inc. v. Schottenstein, 94 Bankr. 488 (N. D. Ill. 1988); In re Vadnais Lumber Supply, Inc., 100 Bankr. 127 (Bankr. D. Mass. 1989).

（二）司法审查强度的拿捏

与董事会的高管薪酬和股东代表诉讼决策的司法审查相比，反收购决策司法审查的前述三项中间审查标准，已不存在司法怀疑主义的问题。只要是董事会反收购决策，董事会就可能基于友情、交情等关系而"徇情"决策，在这方面法院再没有难为原告，令其证明各种关系对董事会反收购决策的实际影响。这体现了法院在这方面司法审查技术的进步，当然也从一个侧面反映出该领域董事利益冲突的广泛性和严重性，可以说公司控制权交易中利益冲突无处不在。如第四章所述，司法审查强度视利益冲突的程度而定，利益冲突愈大，司法审查强度也就愈大。这就意味着，执行董事和高管个人利益愈大，愈是"内部人"控制，董事会愈是被执行董事和高管框定，愈是缺乏独立性，就愈应强化司法审查。那么，对于不同的反收购措施应如何拿捏司法审查的强度呢？

首先，执行董事和高管个人利益愈大，司法审查力度愈大。正如收购可能是执行董事和高管个人利益驱动的一样，反收购很可能也是其个人利益驱动的。为此，执行董事和高管在公司持股愈多，其股权激励力度愈大，薪酬愈高。这些利益愈大，就愈希望维持现状，故司法审查力度应随其利益的增加而不断强化。相应地，作为维护其利益的表现形式，董事会执行董事愈多，独立董事人数愈少，其任职时间愈长，津贴愈高，其监督愈是习惯性的乏力，被"内部人"框定可能性也就愈大，故应随董事会尤其是独立董事被框定程度而提供司法审查力度。尤其是，愈是针对执行董事和高管自保的反收购措施，愈应强化司法审查。

其次，董事会单方面采取的措施愈多，司法审查力度愈大。尽管董事会尤其是执行董事和高管可能操纵股东大会，股东大会的批准往往是走过场。但是，经股东大会批准的反收购措施以及章程授权的反收购措施，毕竟要公开，要接受社会监督，何况大股东和机构投资者的眼睛还是雪亮的，从而可以制约一些过于激进的反收购措施。如伊利股份董事会 2006 年 2 月 20 日的有关限制持股 10% 以上股东增持股份，以及将行使董监事提名权的股东持股数量提高到 10%，就在投资者的强烈批评声中收回去了。为此，对于董事会单方面实施的反收购措施，其司法审查力度应大于股东大会批准实施的措施。董事会单方面可以实施的反收购措施愈多，其司法审查力度也就愈大。

再次，对股东权限制愈多，司法审查力度愈大。为巩固现任管理层的职位，防止大股东实施管理层改组，不少反收购措施涉及股东权利的限制。为此，对股东权利限制愈多，限制措施愈严厉，偏离法定标准愈多，对其司法审查力度也就愈大。

最后，反击性措施愈激进，司法审查力度愈高。反收购措施越是应急，就越可能由董事会单方面实施。执行董事和高管在公司利益愈大，其反收购动力和决心也就愈大，反击性可能就愈强。收购人收购条件愈好，给予股东的溢价愈高，其反收购措施力度可能也就愈激进。凡此种种，均应随反收购措施反击性强度的升高，相应地提高其司法审查力度。

总之，执行董事和高管利益愈大，其框定董事会的动力愈大，反收购措施对股东权限制愈多，反击性愈强，董事会愈是习惯性缺乏独立性，就愈可能"徇情"决策，也就愈应强化司法审查力度，以法院的判断取代董事会判断。惟其如此，才能促使董事们拒绝"跟着感觉走"，以便收购行驶于抵制那些损坏企业长远利益、破坏价值以及高管个人利益驱动的收购的正常轨道，真正促进企业价值最大化。

第七章　股东代表诉讼决策董事问责的合理性标准

董事们习惯性地忽视董事和高管问责的公司诉权,自然会厌恶相应的股东代表诉讼,往往逢股东代表诉讼必反,此乃董事会结构性偏见的表现。本章在厘清为何股东诉讼亦需尊重董事会决策的基础上,运用前景理论和社会心理学理论分析该偏见的形成机理,并评析各种中间问责标准的局限性。在此基础上,探索其诚信问责路径的合理性标准和审查强度的拿捏。

一、他们何以对公司诉权习惯性地冷漠?!

我国资本市场从来就不缺乏大股东操控上市公司的现象,上市公司和广大中小股东的利益在控股股东一次次侵占资产、关联交易、违规担保的行为中受损,ST猴王、ST吉发、春都股份、大庆联谊、美尔雅、三九医药等等,都是如此,已经"披星戴帽"的*ST三联也没有逃脱这一命运。*ST三联的前身为郑百文股份有限公司(下称"郑百文"),1998年开始连续三年亏损,濒临退市边缘,股东几乎颗粒无收。2000年前后三联集团遵循国际惯例,历时3年多对郑百文实施战略性重组,该项注资重组十分成功,郑百文得以咸鱼翻身,并取得多赢的良好效果。在三联集团的控制下,郑百文又更名为三联商社。要不是三联商社8年前的重组,郑百文所有股东权益早已化为乌有,按理说,股东们从心里是感激三联集团的。然而,他们对三联集团所寄予的期望很快又化为泡影,三联集团不但没有把更名后的三联商社经营好,更是将其作为提款机。2004—2008年近五年来,公司业绩节节下滑,大股东违规行为连遭查处,亏损数额年年攀升,再次沦为*ST三联。2008年亏损达到9432.21万元,2009年第一季度继续亏损。2008年2月,国美借道山东龙脊岛建设有限公司以5.37亿元的高价,拍得三联商社2700万股限售股,以持股10.69%成为公司第一大股东。

2009年6月2日,*ST三联的独立董事卢涛以及流通股股东郑建伟、北京和君创业咨询公司向全国公开征集股东授权,只要达到公司股本的1%,就对前大股东三联集团提起股东代表诉讼。*ST三联总股本为2.52亿股,必须征集超过250万股流通股民的授权才能达到起诉条件。触发小股东们发起维权行动的导火线,乃是一起银行追偿欠款的蹊跷诉讼。5月22日,*ST三联公告称,济南商业银行(下称"济南商行")2008年11月借款给山东三联商社1.32亿元,三联集团及其另外两家关联方山东三联城市建设有限责任公司、山东凤凰城发展有限公司为其提供担保。山东三联商社逾期未支付利息,济南商行向山东省高级人民法院提起诉讼,要求解除相关的借款合同并偿还借款本金及相关利息约1.35亿元。从表面看,这件事情原本是三联集团旗下企业与银行之间的欠款,而借款发生在2008年11月,当时三联集团已不持有*ST三联的股权,并无法律意义上的关联关系。但是,*ST三联还是被列为被告,理由是三联集团曾于2001年对*ST三联进行重大资产债务重组,注入约4亿元资产。该案定于2009年6月17日开庭,*ST三联的房产和银行账户均被查封,而这几乎是*ST三联的所有资产。如果银行胜诉,已经"披星戴帽"的*ST三联来说,无疑是退市倒计时,因为新的控股股东国美已经表示无力注资。

其实,该案还只是冰山一角。截至2009年5月,因三联集团及其关联方欠付供应商货款及银行贷款事项,共导致*ST三联作为连带被告的事件已有20起,公司账户被查封冻结金额558万元,公司账户被强制执行累计划走资金442万元,公司房产被查封25514.2平方米。此外,三联集团及其关联方尚对公司存在1419.77万元的资金占用未予清偿。8年前三联集团重组郑百文之时,三联集团所承诺的资产置入也存在大量的虚假不实。前述三联集团因自身1.3亿元贷款违约,却导致上市公司资产被查封的事件,更是我国证券市场的咄咄怪事。原来,三联集团是济南商行的股东之一,入股时间为2001年10月26日,目前持有4000万股,占2.397%的股权比例。济南商行多年来一直与三联集团有密集的资金往来。济南商行2007年年报显示,三联集团旗下山东汇泉饭店管理有限公司欠款1.245亿元,位列十大贷款客户第 7 位;2008 年年报显示,三联集团旗下山东三联商社欠款 1.32 亿元,位列十大贷款客户第 9 位;该行的集团客户中,三联集团的授信总额 45185 万元,占该行资本净额的 16.16%,额度位居集团客户的首位。耐人寻味的是,2008 年 6 月 17 日,济南商行以 7.2 元/股竞拍到三联集团持有的 2276 万股三联商社股权,蹊跷的是,该股权正是济南商行因三联集团欠款申请拍卖的,这种自挂自拍最终被法院认定无效。这样,股东们对＊ST 三联莫名其妙地作为被告感到愤愤不平,也就不难理解了。①

前控股股东三联集团无疑损害了＊ST 三联的利益,董事会理应毫不犹豫地拿起法律武器,维护公司利益,无须小股东们艰难地征集小散户的授权。可以理解的是,虽然 2008 年＊ST 三联的控股股东易主,国美通过第三方收购获得控制权,但是董事会改组一波三折,三联集团仍牢牢地控制着＊ST 三联,自然不能指望三联集团控制下的董事会对三联集团提起诉讼。不然,也就难以理解三联集团为何拼命抵制国美提出的董事会改组方案。问题是,国美夺取控制权 1 年之后,2009 年 2 月成功地实现＊ST 三联董事会改组,三联集团派出的董事均被拿下。新董事会 7 名董事,国美就提名 4 人,其中包括两名独立董事胡天森和卢涛,董事长王俊洲和副董事长孙一丁,3 名独立董事就有 2 人为国美提名。② 鉴于国美与三联集团早已誓不两立,这样国美不仅具有追诉三联集团的动力,也有这样的能力。那么,为什么＊ST 三联的董事会仍然按兵不动,无所作为呢? 有趣的是,如果董事会要对三联集团手下留情的话,国美提名而当选的独立董事卢涛为何不说服董事会采取行动,而是兴师动众,史无前例地成为小股东维权的三位发起人之一呢? 对于董事会的不作为,国美方面的高管只是表示"无力应对",真正原因尚不得而知。

本案系我国《公司法》(2005)实施后首例股东代表诉讼,尽管不可能真正提起股东代表诉讼,但是仍然受到了各方面的广泛关注。这里之所以不厌其烦地引证本案,并非因为它是首例,也不是因为它在多大程度上维护了公司利益,而是它为解说股东代表诉讼的地位和董事会在其中的作用提供

---

① 参见肖渔、卢青:《＊ST 三联小股东发起首例股东代表诉讼》,载《证券时报》2009 年 6 月 3 日。

② 参见彭友、郑义、张良:《国美改组三联商社董事会初告捷,王俊洲将任董事长》,载《上海证券报》2009 年 2 月 3 日。

了最佳的注脚。我们不妨追问，*ST三联董事会对问责前控股股东问责都如此扭扭捏捏，怎么能够期望他们毫不留情地问责董事同僚呢？如果我们假定，股东已经对部分董事和高管提起代表诉讼，董事会按照诉讼程序可以组成特别诉讼委员会，由其决定继续进行该诉讼是否有利于公司最佳利益，我们能够期望这些无利害关系董事或者独立董事作出客观独立的判断吗？这样的董事决策值得信赖吗？如果答案是否定的，利用什么标准衡量董事的这种决策是否合理呢？为回答这些问题，本章拟从董事会结构性偏见的视角，剖析现行中间问责标准的局限性，提出建构统一的合理性问责标准的构想。

二、股东代表诉讼的代位性与代表性

（一）股东派生诉权

诉权实质上就是司法保护请求权，是一个国家的民商事主体依法享有的一项基本权利。其依据是宪法，属于人权的重要内容。公司权益遭受侵害或者与他人发生争议时，自然享有诉权。如遇董事违反对公司的忠实义务或勤勉义务，需要对董事问责，公司享有诉权理所当然。依据《公司法》（2005）第150条，董事执行职务时违反法律、行政法规或者公司章程的规定，给公司造成损失的，应当承担赔偿责任。这是公司的实体权利，而国家审判权的行使是被动的，诉权则将公司实体权利引到国家审判权面前，成为其间的桥梁和纽带。问题在于，公司虽然具有独立人格，但公司毕竟不是自然人，公司意思的形成和行为均需借助自然人，董事是公司领导机关董事会的成员。如遇公司对董事行使诉权，就置董事会于尴尬的境地。如果董事是天使或者圣人，我们可以期望董事会铁面无私，毫不偏袒地对部分董事乃至全部董事提起诉讼，主张损害赔偿。关键是，董事并非圣贤，可能会袒护董事同僚，"董董相护"，董事会怠于行使诉权，公司诉权就会落空，公司的实体权利就得不到保障。

为补救这一缺陷，股东代表诉讼制度赋予了股东的派生诉权。这样，如遇公司合法权益遭受侵害，而公司怠于行使诉权，则符合法定要件的股东可以为公司的利益以自己的名义起诉董事,向其主张损害赔偿。通过股东代位行使公司诉权,就可以避免因公司消极不作为而遭受损失。该制度发源于英美,经过长期司法实践的探索和深入的理论研究,股东代表诉讼制度日趋完善,在鼓励诉讼和限制滥诉、保障股东权和尊重公司独立人格之间取得较好的平衡,大陆法系国家也广为借鉴,建立了相应的股东代表诉讼制度,在其逾百年的发展中功能日显,生命力益强。我国在《公司法》(2005)之前并未确立股东代表诉讼制度,股东并不享有派生诉权,但是这不能阻挡社会经济生活对该制度的需要,实际上在没有成文法规定的情形下,最高法院就通过司法解释,在个案中已经对股东代表诉讼予以放行。《公司法》(2005)顺应了社会经济发展的需要,第152条正式确立了股东代表诉讼,赋予了股东派生诉权。归结起来,股东可以在四种情形下行使派生诉权[①]:一是董事利用关联交易损害公司利益,给公司造成损失的;二是董事执行职务时违反法律、行政法规或者公司章程的规定,给公司造成损失的;三是股份公司董事会决议违反法律、行政法规或者公司章程、股东大会决议,致使公司遭受严重损失的;四是上市公司董事将其持有的该公司股份在买入后6个月内卖出,或者在卖出后6个月内又买入,董事会怠于行使该短期交易归入权的。易言之,在这些情形下,只要公司怠于行使诉权,符合法定条件的股东就可以代位行使该诉权,切实维护公司的合法权益,最终也维护了自身的合法权益。

(二)股东代位权与前置程序

股东派生诉权是股东代行公司诉权,实际上是代位权,股东代表诉讼具有代位性。股东虽以自己的名义起诉董事,却是为了公司利益而代公司行使诉权,诉讼结果也归于公司。既为代位诉讼,也就意味着公司诉权的优先性和优越性,前置程序就是平衡股东代位权和公司诉权的制度设计。作为公司诉权优先性和优越性的体现,前置程序也是顺理成章的。如果公司自愿行使公司诉权,自无股东代位之必要。但是,该程序不应为股东对董事问责设置太多障碍,既要保障公司诉权的优先性,也要保护股东的代位权,为

[①] 分别见我国《公司法》(2005)第21条、第113条、第150条和《证券法》(2005)第47条第2款。

股东伸张权利提供充分的空间。下面分别就先诉请求程序和诉讼许可程序：

1. 先诉请求程序

依据我国《公司法》(2005)第152条,对于董事违法违章造成公司损失的,原告股东需书面请求监事会或者不设监事会的有限责任公司的监事向人民法院提起诉讼,只有监事会或者监事收到股东书面请求后拒绝提起诉讼,或者自收到请求之日起30日内未提起诉讼时,原告股东才能为了公司的利益以自己的名义直接向人民法院提起诉讼。情况紧急、不立即提起诉讼将会使公司利益受到难以弥补的损害时,可以免除该请求程序,直接以自己的名义向人民法院起诉董事,追究其赔偿责任。这样,股东可以在三种情形下行使代位权：一是监事会或者监事拒绝起诉董事；二是监事会或者监事在30天等待期届满未起诉董事；三是紧急情况下,无须经过先诉请求程序,即可行使代位权。在前两种情形下,股东必须进行先诉请求,由监事会决定是否行使公司诉权,问责董事,体现了公司诉权的优先性和优越性。究其原因,股东代位行使公司的诉权,如果公司自愿行使该诉权,自无代位之必要,公司诉权优先,自不待言。也就是说,除非情况紧急、不立即提起诉讼将会使公司利益受到难以弥补的损害,可以免于先诉请求程序外,股东只有在监事会或者监事怠于行使公司诉权时,方可代位行使公司诉权。①

应该说,这一先诉请求程序并未给股东行使代位权设置太多障碍,有利于中小股东伸张权利。首先,与大多数国家一样,原告股东只是需要一次先诉请求即可,而且前置程序的请求人无须与原告股东是同一人,只要有符合条件的股东请求公司起诉,而公司拒绝起诉或者等待期届满未起诉,后面的股东无须再请求公司起诉,即可径行起诉董事。显然,这比德国所要求两次请求程序更有利于中小股东伸张权利。德国不仅要求股东在诉讼请求程序之前,请求公司起诉,而且还要求股东在获得诉讼许可之后,首先请求公司

---

① 在英国,即使公司已经行使诉权,起诉董事,如果股东认为公司起诉和继续进行该诉讼的方式构成了滥用法院程序,或者未勤勉地进行诉讼,则股东也可以向法院主张代位权。一旦法院许可,股东就可以提起代表诉讼。这就进一步扩大了股东伸张权利的空间。见英国《公司法》(2006)第262条。这与本书前述的董事会结构性偏见理论不谋而合,诉讼进行之中董事会结构性偏见,同样可以通过股东代位权予以矫正。英国的做法为我们提供了有益的借鉴。

起诉,只有在确定公司拒绝起诉或者逾期不予回应时才能行使代位权。① 这对于股东未免过于苛刻,无怪乎德国股东代表诉讼极为罕见。其次,公司不起诉决定不能阻止股东派生诉讼。这就意味着,只要监事会或者监事拒绝起诉董事,不管基于何种理由拒绝,股东均享有代位权,即可代行公司诉权,起诉董事。而在股东代表诉讼最为发达的美国,董事会不予起诉的决定则受到一定的尊重。依据《ALI 公司治理原则》第 7.04 条(a),如果公司已经拒绝起诉,并向原告股东给予书面回复,虽然股东仍然享有代位权,但是公司不予起诉的决定受到一定的尊重。这就表现为更高的起诉门槛,要求诉状陈明三个方面的特定化事实(particularized fact),如果不具有这方面的特定化事实,法院可以依据被告的请求驳回起诉。这三个方面的特定化事实包括:(1)回复的说明不正确;(2)如果该原则第四编、第五编或第六编规定,审查基础交易或行为适用商事判断规则,则该拒绝不符合第 4.01 条(c)商事判断规则的要求;(3)如果第四编、第五编或第六编规定,审查基础交易或行为适用商事判断规则以外的标准,则(i)拒绝请求的无利害关系董事不符合第 4.01 条(c)(2)商事判断规则的诚信和信息要求,或(ii)无利害关系董事不能合理地认为拒绝请求符合公司的最佳利益。鉴于我国刚刚引入股东代表诉讼制度,从鼓励股东诉讼出发,避免因尊重公司不予起诉的决定而压缩股东伸张权利的空间,现在不赋予监事会或者监事不予起诉决定阻止股东代表诉讼的效力,亦未可厚非。最后,就是 30 天的等待期短于美国和日本的 90 天和 60 天,更好地限制了公司的消极不作为,有利于股东行使代位权,更有效地监督和制约董事。

2. 诉讼许可程序

诉讼许可程序则是另一种前置程序,符合条件的股东不能直接向法院以自己的名义起诉董事,主张损害赔偿,而是首先要请求法院准予其以自己的名义起诉董事,代行公司诉权。这实质上是一种特许程序,法院需依法对该申请进行审查,决定是否准予其以自己的名义代行公司诉权。只有得到法院的许可,股东方可行使代位权,起诉董事,追究其损害赔偿责任。我国并未设置诉讼许可程序,那么是否有这种必要呢? 笔者认为,完全不需要。否则,会严重妨碍股东行使代位权,股东代位诉讼严重不足。其一,这是英

---

① 参见胡晓静:《德国股东派生诉讼制度评析》,载《当代法学》2007 年第 2 期。

国和德国少数国家的做法,绝大多数国家没有这种前置程序。其二,该程序过分地压缩了股东伸张权利的空间。就英国而言,既没有对原告股东持股数量的要求,也没有美国式的当时持股规则,但是股东代表诉讼极少,原因就在于 Foss v. Harbottle 案所确立的保守主义立场,诉讼许可就是这种保守主义的体现,英国《公司法》(2006)第 261—263 条沿袭了这种做法,维持了诉讼许可程序。如果诉因是基于公司同意的尚未发生的作为或者不作为,诉因是基于得到公司批准或者追认的已经发生的作为或者不作为,或者负有促进公司成功义务的董事不会申请进行该诉讼的,法院均不准予股东提起代表诉讼。在德国,单个股东并不享有代位权。[①] 对于严重的违法违章行为,符合条件的股东才有权请求法院任命特别代表,代表公司起诉。无论是英国还是德国,均有败诉方付费规则。一旦败诉,不仅要承担自身的律师费,而且还可能被判令承担胜诉方的大部分律师费。这样,原告往往对股东代表诉讼望而却步,休说势单力薄的小股东,就是实力雄厚的机构投资者也要三思而后行,英国仅有 1 个机构投资者提起股东代表诉讼。[②] 就其初衷而言,是期望通过这种事前筛选,排除那些不可能的没有价值的诉讼,减轻法院的工作负担。结果,在多种因素的共同作用下,这样不仅可能排除了有价值的诉讼,甚至将有价值的诉讼排斥在法院之外。为此,为避免公司诉权的优先性压缩股东伸张权利的空间,完全没有必要引入这样的前置程序。

(三)先诉请求程序存在的问题及改进思路

尽管我国并未设置诉讼许可程序,先诉请求程序也没有为股东代位权设置太多障碍,但是,实践中股东要代行公司诉权,问责董事,仍然困难重重,各地法院受理股东代表诉讼案件后的处理方式也是多种多样。这与先诉请求程序中适格请求人和请求对象的不合理性直接相关。适格请求人乃是股东代表诉讼的前提,而适格请求对象则对前置程序功能发挥具有决定

[①] Johannes Adloff et al. , Public Company Takeovers in Germany 44 (2002); ángel R. Oquendo, Breaking on Through to the Other Side: Understanding Continental European Corporate Governance, 22 *U. Pa. J. Int'l Econ. L.* 975, 1013, 1015 (2001).

[②] D. D. Prentice, Some Aspects of the Corporate Governance Debate in D. D. Prentice and P. R. J. Holland (eds.), *Contemporary Issues in Corporate Governance* 25, 39 (1993).

性意义,甚至关系到股东代表诉讼的质量。① 适格请求人更多地涉及股东代表诉讼的代表性问题,容后详述,这里集中讨论对前置程序功能发挥具有决定性意义的适格请求对象。依据《公司法》(2005)第 152 条,对于董事问责,先诉请求以监事会或者不设监事会的有限责任公司监事为请求对象,由其代表公司决定是否起诉董事。诚然,其用意很好,体现了交叉监督的思路,对董事和高管的指控请求由监事会或者监事受理,对监事的指控请求则由董事会或者不设董事会的有限责任公司执行董事受理。休说监事不履行职责,对监事指控的请求却由被监督、且有违法违章行为的董事会受理,形成监督悖论。② 从表面上看,监事会的职能就是监督董事和高管,由其受理对董事指控的请求,似乎顺理成章。何况,德国也是监事会受理对董事指控的请求,日本设置监事的股份公司也是如此。

其实,我国对董事问责的这种请求对象设计,忽视了公司治理的权力路径,与公司经营管理的运作机制不协调。尽管我国沿袭大陆法系的公司治理结构,但与德国公司治理结构的权力路径差异甚大。我国董事会与监事会并列,监事会虽然负有监督董事的职能,还具有罢免董事的建议权,但监事会与董事会平起平坐,相互并无隶属关系。而德国监事会位居董事会之上,负责董事的任免,由其受理指控董事的请求,决定是否起诉,也是顺理成章的。的确,日本公司治理结构为我国的直接蓝本,在其传统形态的公司治理结构中,董事会与监事会也是平起平坐,相互也没有隶属关系。但是,日本已意识到这种架构的缺陷,已经引入了英美模式的委员会设置公司,大公司纷纷选择这种新型的治理结构。在这种模式下,公司设置提名委员会、监查委员会和薪酬委员会等专门委员会,其中半数以上委员需为外部董事,监查委员会的董事不得兼任该公司及其子公司的执行官或者执行董事。这样,公司就可以免于设置监事会,也就不存在与董事会平起平坐的监事会。此时,则由监查委员会受理对指控执行官或者董事的请求,而非设置监事公司的监事。③ 与传统模式相比,委员会设置公司理顺了公司治理结构中的权力路径,受到了大公司的青睐。可见,由监事会监督与其平起平坐的董事

---

① 参见沈贵明:《股东代表诉讼前置程序的适格主体》,载《法学研究》2008 年第 2 期。
② 沈贵明教授认为,这会导致监督机制混乱。参见沈贵明:《股东代表诉讼前置程序的适格主体》,载《法学研究》2008 年第 2 期。
③ 日本《公司法》(2005)第 408 条、847 条。

会,本来就底气不足。

从公司经营管理的运作机制来看,由监事受理对董事指控的请求,并决定是否起诉,也是不可行的。一是整体上看,董事会强监事会弱。从上市公司和国有企业的惯例来看,董事长由党委书记兼任,监事会主席则由工会主席兼任,孰强孰弱,一目了然。面对如此强势的董事会,监事会监督哪有底气。二是职工监事处境尴尬。职工董事至少占1/3,在公司经营管理过程中,他们往往是董事们的下属,接受他们的领导。这种下级对上级的监督,不是不可能,也是难度极大。"你要我公开,就让你'工'开",这种威胁对监事是现实的,实践中也不乏其例。被监督者掌握着监督者的命运,决定着他们的饭碗和升迁,以至于人们难以感觉到监事会的存在。三是监事并不具有经营决策的专长。董事是否违反对公司的义务,起诉董事是否符合公司最佳利益,这也是经营决策,自然需要经营决策的专长,而监事们没有这方面的专长,期望他们作出符合公司最佳利益的判断,未免太难为他们了吧。主张以监事会为主要请求对象的沈贵明教授也承认这个问题,提出监事会决策涉及公司经营决策或者商事判断的问题,由监事会征求无利害关系的董事的意见。这似乎是多此一举,与其这样,不如直接由无利害关系董事和独立董事为请求对象,由其判断起诉董事是否符合公司最佳利益。

我们知道,先诉请求程序的基本目的就是维护公司的独立人格和竭尽公司内部救济,适格的请求对象不仅应当能够代表公司进行诉讼,更重要的是能够"竭尽公司内部救济",定纷止争,为公司最佳利益行事。如前所述,监事会承担这一角色明显力不从心。笔者认为,先诉请求程序的适格请求对象应为无利害关系董事和独立董事。[①] 其实,这并不以改革我国公司治理结构为前提,鉴于路径依赖,这样的改革不是短时间内就能够实现的。就是在现有的公司治理框架下,只要先诉请求程序规范给予公司一定的自主权,准予公司章程自主决定先诉请求程序的请求对象,就可以实现这个想法。对于上市公司而言,已经推行独立董事制度,董事会一般均设有独立董事主

[①] 刘凯湘教授虽然注意到,要发挥由独立董事主导的诉讼委员会的作用,并主张通过对董事会进行扩张解释予以实现。但是,并未明确指出,是否以独立董事组成的诉讼委员会来替代力不从心的监事会。其实,诉讼委员会就是代表董事会,就是否起诉特定董事作出决定,这种扩张解释并没有必要。参见刘凯湘:《股东代表诉讼的司法适用与立法完善——以〈公司法〉第 152 条的解释为中心》,载《中国法学》2008 年第 4 期。

导的提名委员会、审计委员会和薪酬委员会等专门委员会,以独立董事主导的诉讼委员会行使该职能,可以说呼之欲出。一般公司虽未推行独立董事,这并不影响公司自行聘请独立董事,更不用说还可以发挥无利害关系董事的作用,只要公司章程有这种自主权,公司完全可以选择无利害关系董事和独立董事为请求对象。有人可能会质疑,无利害关系董事和独立董事也不能完全信赖,也免不了结构性偏见问题,其判断也就不可能完全客观独立。其实,作出这样的选择,是因为无利害关系董事和独立董事更符合先诉请求程序的目的,比监事更能够胜任该职能,而非独立董事可以真正独立。独立董事不可能完全独立,独立董事亦需问责,尤其是通过诚信路径审查其决策的合理性,容下文详述。

三、股东代表诉讼的董事会决策及结构性偏见分析

(一)股东代表诉讼的董事会决策及其尊重

为确保公司的先诉权,我国《公司法》(2005)第152条设置的先诉请求程序,针对董事、高管和监事的指控请求分别以监事会和董事会为请求对象,由其决定是否行使公司诉权,问责董事、高管或者监事。在我国,董事会发挥作用仅限于先诉请求程序,一旦提起股东代表诉讼,董事会并不享有请求诉讼中止和驳回诉讼请求的权利。就董事会决定的效力而言,仅仅保障了公司诉权的优先性,是否行使公司诉权的话语权首先在公司,但并未体现公司决策的优越性。一旦董事会明确拒绝对董事提起诉讼,股东即享有代位诉权,起诉条件也是一视同仁,并不因为董事会已经拒绝而有所不同。

比较而言,美国则是将董事会置于中心地位,作为及早甄别诉讼的价值以及衡量其对公司的影响的第一道防线。董事会不仅有权决定是否行使公司诉权,而且在股东代表诉讼之中也享有多方面的权力,可以请求中止诉讼程序,可以基于原告股东不适格或者股东代表诉讼不符合公司最佳利益,请求法院驳回原告股东的起诉,可以反对禁令或者其他实质性影响公司的救济措施,可以对原告股东和被告董事之间达成的和解协议草案提出异议,甚

至无需原告股东的协议就可以与被告和解。① 至于股东代表诉讼是否符合公司最佳利益的评估,董事会一般授权一个专门委员会进行,即通常所说的特别诉讼委员会(special litigation committee)。该委员会可以由董事会任命,亦可由法院任命,成员不得少于2人。如由董事会任命,如独立董事足以达到法定人数,多数独立董事通过即可;无论独立董事是否足以构成法定人数,由多数独立董事任命的2名以上独立董事组成的委员会的多数票通过。法院任命则是由公司提出申请,任命1名以上独立人士组成该委员会。委员会成员不得与该诉讼有利害关系,而且作为一个整体能够作出客观的判断。

更重要的是,董事会决定受到尊重,而在我国公司法上,董事会决策则没有得到任何尊重。对于原告股东的先诉请求,董事会拒绝起诉与不予答复的差别仅仅在于,逾期不予起诉的只有在30天的期限届满才能起诉,而董事会明确拒绝的,原告股东立即就可以提起股东代表诉讼,起诉条件没有什么差别。显然,这不利于充分发挥董事会的经营决策专长,尽可能早地筛选没有价值的诉讼,因而应借鉴美国的经验,给予董事会决策一定的尊重。就董事会拒绝起诉而言,只要公司在拒绝之时或者之后向原告股东作出书面答复,并说明具体理由,则原告股东提起股东代表诉讼需符合更高的条件,应在诉状中陈明特定事实(particularized fact),如果该事实属实,具有证明以下三种情形重大可能的,方才可以提起诉讼。这三种情形为②:(1)回复的说明不正确;(2)如果该原则第四编、第五编或第六编规定,审查基础交易或行为适用商事判断规则,则该拒绝不符合第4.01条(c)商事判断规则的要求;(3)如果第四编、第五编或第六编规定,审查基础交易或行为适用商事判断规则以外的标准,则(i)拒绝请求的无利害关系董事不符合第4.01条(c)(2)商事判断规则的诚信和信息要求,或(ii)无利害关系董事不能合理地认为拒绝请求符合公司的最佳利益。否则,被告董事有权在开示程序之前就请求驳回起诉。这样,无利害关系董事的决定就不至于因为原告简单的一纸诉状而遭遇异议,不仅会促使董事会慎重对待先诉请求的决策,也可以促使原告股东认真研究董事会答复中的有关信息,有的放矢,而

---

① 美国《示范公司法》第7.43—7.44条,《ALI公司治理原则》第7.05—7.09条。
② 美国《ALI公司治理原则》第7.04条(a)(1)和(2)。

非无病呻吟,泛泛而谈,从而提高诉讼质量。

就算原告股东闯过这一关,董事会还可基于诉讼不符合公司最佳利益而请求驳回起诉,董事会的这种决策同样受到尊重。对于针对董事提起的股东代表诉讼,董事会或者特别诉讼委员会认为该诉讼不符合公司最佳利益的,即可请求驳回起诉。董事会或者委员会应获得顾问支持或者其合理地认为必要的其他支持,其决定应基于充分调查基础上的评估,并向法院提交有关其决定报告或者其他书面文件,陈明法院进行司法审查的所需要的情况。这样,董事会的决定就可以受到尊重。如果法院认为董事会或者委员会的程序与前述标准有较大差距,还可以准予董事会或者委员会予以补救,在此基础上提交进一步的报告或者书面文件。对于董事会或者委员会的决策,法院尊重的程度因其基础交易或者行为的类型而异。只要基础交易或行为属于经营决策,法院司法审查同样适用商事判断规则,予以高度尊重;如果基础交易或者行为属于董事自我交易,对董事会或者委员会的决策则适用合理性标准。只要符合以下两个条件,法院即可驳回起诉:一是董事会或者委员会合理地认为驳回诉讼符合公司最佳利益;二是该决定有法院认为可以信赖的理由。可见,即使是基础交易属于董事自我交易,对于这种交易引发的股东代表诉讼,董事会或者委员会的决策亦受到一定的尊重。

不难看出,董事会在筛选和驳回无价值诉讼方面可以发挥重要作用,法院只是负责审查董事会或者委员会的决策。这样,只有极其少量的案件能够闯五关过六将,进入到审理阶段,从而大大减轻法院的诉讼负担,节约诉讼成本,提高诉讼质量。可见,基于公司诉权以及股东代表诉讼的代位性,董事会在股东代表诉讼中亦具有中心地位,其决策也受到相应的尊重。

(二)股东代表诉讼董事会决策的结构性偏见分析

问题是,在何种程度上尊重董事会的股东代表诉讼决策呢?一个十分现实的问题就是,为何董事会逢股东代表诉讼必反呢?如本章开篇的引例所示,董事会无暇顾及公司的诉权,以至于独立董事也走上街头,征集股东的委托授权。假定加害人为公司董事或者高管,面对这样的公司诉权,董事会可能就不仅仅是无暇顾及,更是情愿理睬了。若是已经绕开前置请求程序,由这样的董事会组织的特别诉讼委员会,就能够秉公办事吗?显然不能寄予这样高的期望。实践证明,自20世纪70年代在许多案件采用该委员会以来,只要采用该诉讼委员会,它们就会众口一词地认定继续诉讼不利于公司最佳利益,异口同声地呼吁终止诉讼。其实,这也不奇怪,该委员会由被告来选择和组织,自然会以怀疑的眼光看待对其他董事同僚的诉讼,也并非以小人之心度君子之腹。如涉讼董事不期望这样,那又何必费时费事地组织这样的委员会呢?!① 对此,Alford v. Shaw 案的上诉法院这样评论道:"没有哪个委员会决定继续进行诉讼,即使有些认识到该诉讼的法律价值也是如此"。虽难免夸大其词,不过反映了人们对该委员会的基本印象。这就很难用传统主流经济学的理性决策范式来加以解释了,因为该委员会里的董事或者成员与该案件并无利害关系,完全可以秉公办事,行使客观、独立的判断。事实却截然相反,无利害关系董事也置公司和股东利益于不顾,系统地偏向于董事同僚。相应地,如第四章所述,这就需要我们另辟蹊径,运用行为经济学所提供的更具有解说力的分析工具,去揭示影响董事会决策的认知、情绪、情感、偏好等因素。这样才能真正打开董事会决策过程的"黑匣子",为我们评价选择司法审查标准提供更好的铺垫。下面就分别运用前景理论和社会心理学理论解说董事会股东代表诉讼决策中的结构性偏见。

1. 前景理论解说

作为一个最有力的描述性理论,前景理论具有坚实的经验事实支持,是基于对人性和人类价值的深刻理解,更接近于董事会决策的真实状态。它可以解释认知偏见如何影响决策者对信息的处理,进而影响其决策的行为。认知乃是人类独特的心理过程,它是决策的基础。而人的认知加工会受到决策者多种心理因素的制约和激励,这些心理因素会引发各种认知偏差(cognition bias),导致判断和决策偏差。更严重的是,个体的心理偏差并非相互独立的,基于心理传染机制的交互作用,还会出现集体性认知偏差。董事对股东代表诉讼的决策何尝不是如此呢? 就其决策过程而言,编辑(editing)和评估(evaluation)两个阶段均会受到先入为主的价值观和世界观的影响。②

编辑阶段首当其冲,它是为了简化处理各种可能的选择,通过接受、剥

---

① Joy v. North, 2d cir. 1982。
② James D. Cox and Harry L. Munsinger, Bias in the Boardroom: Psychological Foundations and Legal Implications of Corporate Cohesion, 48 *Law and Contemporary Problems*, 1985.

离、编码、合成和取消等机制,使决策更加快速高效。无论是由董事会决定是否起诉,还是由特别诉讼委员会决定是否继续进行诉讼,编辑阶段均由着根深蒂固的认知偏差。其一,董事会文化中有董事个人责任的恐惧情绪,这种情绪来自各自媒体对董事个人责任的报道和渲染,即使没有确切的证据,董事们倾向于认为股东代表诉讼与日俱增,公司从这种旷日持久的诉讼中收益甚微,最大受益者乃是原告代理律师,他们可能捞取了可观的律师费。在他们看来,股东代表诉讼是无价值的、不道德的,甚至是部分股东在恶意诉讼,敲诈公司董事。其二,董事与被告关系密切,往往感同身受。他们从内心深处不情愿看到董事同僚被诉讼拖累,甚至严重影响其职业声誉。何况,董事不仅要考虑决策的后果,还会顾虑其附带后果和决策者的特殊需要。股东代表诉讼的结果无疑是负面的,被告董事可能会下岗走人,无疑是一种"毁灭性的损失"(ruinous loss)。面对如此严重的后果,在决策编辑阶段董事们可能一不做二不休,可能压根儿就不考虑起诉或者诉讼有利于公司最佳利益的这个选项,取消该选项。[①]

评估阶段亦然。风险认知的社会科学研究表明,董事决策还受到文化认同保护的影响(culture identity protection),并不存在无偏见的董事,无利害关系的董事也不例外。具体说来,个人所在群体的文化地位愈是依赖某项活动,他就会自然而然地将其风险最小化。此时,他是基于特定行为是否符合其文化规范,而选择是否相信相应的社会风险。对于与其文化规范相符的特定行为,即使可能具有灾难性,也可能基于这样的偏见而熟视无睹,视而不见。同理,如下文所述董事是一个具有高度社会情感凝聚力的群体,自然倾向于将其董事同僚的不合规行为的风险最小化,甚至视而不见。面对外群体对同僚的指控,惺惺相惜是很自然的,"若不是上帝恩宠,被告的就是我了"[②](there but for the grace of God go I),就是移情(empathy)作用的体现。这样,即使股东提起的是有价值的诉讼,也难以指望无利害关系的董事认定其利于公司最佳利益,这种风险评估可能使群体的决策有系统性的风险。[③]

---

① James D. Cox and Harry L. Munsinger, Bias in the Boardroom: Psychological Foundations and Legal Implications of Corporate Cohesion, 48 *Law and Contemporary Problems*,1985.

② Julian Velasco, Structural Bias and the Need for Substantive Review, 82 *Washington University Law Quarterly*, 2004.

③ Regina F. Burch,The Myth of the Unbiased Director, 41 *Akron Law Review*, 2008.

2. 社会心理学解说

为何无利害关系董事也厌恶股东代表诉讼？社会心理学可以从董事群体偏好、董事互惠以及董事会群体思维三个方面予以解说。

第一，董事群体偏好。依据泰弗尔和特纳（Tajfel and Turner）等人的社会认同理论，人们自然而然地将人区分为内群体（in-group）和外群体（out-group），并有着"我们"与"他们"之分，我群与他群之别。[1] 成员的群体身份可以让其通过社会比较，获取和提高自尊，偏见性知觉和歧视外群体乃是提高内群体地位的常用手段。[2] 如前所述，董事乃是一个具有高度社会情感凝聚力的群体。基于对内群体的特殊偏爱情感，董事们自然不会胳膊向外偏，而是有意无意地袒护内群体。风险认知的社会科学研究表明，基于文化认同保护，人们往往站在哪个上，就唱哪个歌。此时，即使是无利害关系董事组成的特别诉讼委员会，往往也会对董事同僚的侵害公司或者股东利益的行为麻木不仁，视而不见。究其原因，董事们可能视股东代表诉讼为大逆不道，具有破坏性，直接威胁到公司的最高层，并可能给被告董事带来"毁灭性的损失"。后果如此严重，自然要同仇敌忾，一致对外，自然难以指望董事会作出客观独立的判断了。这样，董事偏袒内群体，排斥外群体，也就暴露无遗。

第二，董事互惠。人情和面子在情理社会受到人们的高度重视，认人、认情、认面子蔚然成风，公事常常需要私办，合理先得合情，人们常常用不同的方式来对待和自己关系不同的人。[3] 关系也是董事的社会资本，关系越多，办事能力越强，也就越"吃得开"[4]，董事相互给面子，送人情，也是顺理成章的。无论内部董事，还是外部董事和独立董事，都具有相似的社会地位。[5] 他们不仅有共同语言，而且还因为公司之间董事和高管的交叉任职，

---

[1] 参见张莹瑞和佐斌：《社会认同理论及其发展》，载《心理科学进展》2006年第3期。

[2] H. Tafel & J C Turner, The Social Identity Theory of Intergroup Behavior, In Worchel S & Austin W (eds). Psychology of Intergroup Relations, Nelson Hall, 1986. 7 - 24; Amiot Catherine E, Bourhis, Richard Y., Reconceptualizing Team Identification: New Dimensions and Their Relationship to Intergroup Bias, Group Dynamics: Theory, Research & Practice, 2005, 9(2): 75 - 86.

[3] 参见黄光国：《人情与面子》，载《经济社会体制比较》1985年3期。

[4] 参见孙立平：《"关系"、社会关系与社会结构》，载《社会学研究》1996年第5期。

[5] 参见James D. Cox and Harry L. Munsinger, Bias in the Boardroom: Psychological Foundations and Legal Implications of Corporate Cohesion, 48 *Law and Contemporary Problems*, 1985。

以及频繁的互动交往,形成了"兄弟"或"弟兄"关系,成为"铁哥"或"铁姐"。这种感情因素一旦渗透到选择和判断之中,自然会网开一面,什么都好说好商量。如果今天我们决定将你诉讼到法院,说不定哪天你们又要决定将我诉讼到法院,何必不相互"给面子"、"送人情"呢?! 可见,无利害的董事亦非圣人,他们在董事同僚"兄弟"的情分面前,同样被"自废武功",丧失客观独立的判断。

第三,董事会群体思维。董事会集体决策,意在集中集体智慧,群策群力,提高决策质量。然而,群体的集体决策是一个动态交互过程,涉及非常复杂的多阶段、多变量、非线性因素,不仅涉及了群体成员的态度、价值观、偏好以及能力、权力等因素,而且会因群体成员间的社会交互而带来一系列的社会心理问题,群体思维就是由此形成的一系列的非理性行为之一。[①] 社会心理学的实验研究发现,高水平的群体凝聚力(group cohesion)将会导致群体决策失误。董事会正是这样的群体,一是董事具有从众(conformity)的动机和激励。群体身份,能够让成员获得认同感、归属感、有力感、优越感、自豪感等心理感受。当群体成员对群体身份有着很高的评价时,群体成员一般都愿意继续维持群体身份,从而具有使其行为与群体保持一致的激励和动力,人云亦云,随声附和。[②] 董事身份名利双收,价值极高,担任董事是一个光荣的事情,担任大公司和上市公司董事往往可遇不可求,自然会珍惜这一身份。[③] 这样,董事们具有维持该身份的强烈愿望,就得有所表现,就要尽量使其行为与群体保持一致。为了赢得认同,董事往往遇到矛盾绕道走,发表意见"顺杆爬",人云亦云,随声附和。二是董事的自尊强化效应。董事

---

① 参见毕鹏程、席西民:《群体决策过程中的群体思维研究》,载《管理科学学报》2002年第2期。

② Cartwright D., The Nature of Group Cohesiveness. In Cartwright D, Zander A ed. Group Dynamics, *Harper and Row*, 1968. pp.91–109.

③ 执行董事领取高薪丰酬,外部董事和独立董事虽说这种利益不大,上市公司独立董事的津贴一般为10万元以内,2003年的平均数才2.7万元,而他们否接受董事职位主要考虑的是名,而非利。董事社会地位高,受人尊重,与这些人共事,成为称兄道弟的朋友甚至"铁哥"、"铁姐",可以证明一个人的自我价值,人们往往以与社会名流共事而自豪。2007年独立董事的平均津贴已经上升到4.95万元。参见杨雄胜、冯峥和兰岚:《上市公司独立董事制度实施效果实证研究》,载《财会通讯》2007年第6期;王铮:《上市公司高管薪酬暴涨》,载《上海国资》2008年第6期。

的选任实际上操控在执行董事和高管手中,往往由董事长或 CEO 钦定人选。虽说上市公司设立了独立董事主导的提名委员会,姑且不说不少提名委员会纯属傀儡,就算它能够发挥董事提名的功能,董事提名实际上仍是董事长或 CEO 的话语权,认为其完全独立行事不过是一种"幻觉"。无论当选董事还是专门委员会成员,基本上是董事长或 CEO 说了算。能够得到这种名利双收的职位,强化个人自尊,大家自然会对他们感恩戴德。这就不难理解,为什么董事发表意见往往沿着董事长或 CEO 的意图"顺杆爬",随声附和。即使董事长或 CEO 违反对公司的义务,即使是无利害关系的董事或者独立董事,出于感恩戴德也不情愿将其诉诸法院,毁其一生。

由此观之,无论是董事认知中的先入为主等偏差,还是认人、认情、认面子,即使是无利害关系的董事和独立董事,在股东代表诉讼的决策中也可能丧失独立性。可见,结构性偏见是董事会股东代表诉讼决策中不容忽视的心理机制。

四、股东代表诉讼决策董事问责的中间标准评析

如何对待股东代表诉讼董事会决策的结构性偏见呢?最初,对特别诉讼委员会的决定,法院不假思索地(uncritically)将其作为商事判断予以尊重。但是,随着董事会结构性偏见的逐步暴露,法院也并未坐视不管,而是与时俱进,不断地进行探索,建立了中间司法审查标准。相应地,立法上也有所回应,美国《示范公司法》和《ALI 公司治理原则》也设计出分别与完全公平标准和商事判断标准挂钩的中间审查标准。但是,名目繁多的中间审查标准均是削足适履,无法提供有的放矢的司法审查标准,不能系统地解决董事会结构性偏见问题。

(一)中间问责标准:对董事会结构性偏见的司法回应

特拉华州衡平法院和最高法院向来引领公司法创新风气之先,通过各种形式的中间审查标准回应现实的需要,将判例法"临事立法"机制和优势

发挥得淋漓尽致。① 在 1981 年 Malonaldo v. Zapatta Corp. 案中②,法院就基于错综复杂的"现实"(reality)③,对特别诉讼委员会的决定进行了前置审查。此后,法院对特别诉讼委员会的决定也越来越谨慎,而非当然给予商事判断的尊重。归结起来,各州的做法可以分为三种模式:(1)对于多数董事介入诉讼的情形,不考虑或基本不考虑董事会或委员会的决定。(2)最低审查(minimal review)模式。纽约州采用该模式,赋予其商事判断规则保护。无论是否可以免于先诉请求程序,对董事会的决策均只是做最低审查,限于董事会或者诉讼委员会的独立性、主观善意和调查的合理性这三个方面,不审查相关决策的依据是否合理的问题。(3)区别对待模式。特拉华州采用该模式,将免于先诉请求和必需请求这两种情形予以区别对待,前者适用"两步走"审查标准,后者适用商事判断标准。北卡来罗纳州亦步其后尘。

1. 最低审查模式

纽约州的最低审查(minimal review)模式源于该州最高法院的 Auerbach v. Bennett 案,亦称 Auerbach 模式。在本案中,美国通用电话电信公司的股东 Auerbach 基于该公司董事对国外的政治家及公务员行贿,对其提起了主张损害赔偿的股东代表诉讼。董事会据此组成了此事发生后才进入董事会的三名外部董事为成员的特别诉讼委员会,授予其董事会对该代表诉讼所拥有的所有权力。经过 6 个月的详细调查以后,该委员会认为,股东代表诉讼不符合公司最佳利益,故请求法院终止该诉讼。纽约州最高法院根据传统的商事判断规则,支持了该委员会的决定。该院的判决书指出,在一般情况下法院对董事的经营决策评头论足是不恰当的。公司本来就享有诉权,股东只是享有派生诉权,只要不存在欺诈或不诚实,法院应该尊重该委员会的决定。法院所要审查的只是,该委员会成员的独立性以及是否与该交易有利害关系,以及该委员会所选择的调查方法是否恰当,实施的调查程序是

---

① 这是判例法中法官造法功能的体现。参见 William T. Allen, Jack B. Jacobs, Leo E Strine Jr., Function Over Form: A Reassessment of Standards of Review in Delaware Corporation Law, 26 *Delaware Journal of Corporate Law*, 2001;另见罗培新:《填补公司合同"缝隙"——司法介入公司运作的一个分析框架》,载《北京大学学报》(哲学社会科学版)2007 年第 1 期。

② 430 A.2d 779(Del. 1981).

③ Julian Velasco, Structural Bias and the Need for Substantive Review, 82 *Washington University Law Quarterly*, 2004.

否正确,调查内容是否充分等内容。至于该委员会有关终止代表诉讼这一决策实质方面,依据商事判断规则,不在司法审查之列。在本案中,董事的行为是从公司的最佳利益出发,为了公司在海外顺利开展业务而行事,与董事个人没有任何利害关系。为此,法院轻而易举地适用了商事判断标准。但是,如果董事自己也和该交易之间存在利害关系,法院是否还会采取这种审查标准,则是另一回事了。仅就本案而言,法院避免对董事会或诉讼委员会的决定进行实体审查,显然限制了司法审查的范围。

2. 区别对待模式

区别对待模式始于特拉华州最高法院 1981 年的 Malonaldo v. Zapatta Corp. 案,确立了一个分两步走的适度审查标准,故被誉为 Zapatta 模式。后来的 Aronson v. Lewis 案对该模式有所发展。在本案中,公司股东 Malonaldo 基于董事会在为董事提供认股权时,不正当地将时间提前,违背了信义义务和《联邦证券交易法》第 14 条(a)的规定,基于先诉请求徒劳无益,以所有董事为被告提起股东代表诉讼。为此,在董事会后来成立的特别诉讼委员会中,两名成员均为新董事。该委员会通过对有关事件进行调查和分析,认为提起代表诉讼会违反公司最佳利益,故请求法院终止该代表诉讼。是否批准该委员会驳回诉讼的请求呢?

特拉华州最高法院认为,应将原告股东需要向公司提出诉讼请求和可以免除请求两种情况予以区别对待。对于前者,股东向公司提出的诉讼请求被公司拒绝后,仍然提起代表诉讼时,诉讼委员会以起诉会损害公司的利益为由,请求终止诉讼的决定只要不属于违法、不当的范畴,法院就对其给予商事判断的尊重。而对于后者,法院则建立了"两步走"审查标准。首先审查的是该委员会的独立性和诚实性,以及作出该决定的理由、公司须对委员会的独立性、诚实性以及调查的合理性承担举证责任。公司举证成立后,法院根据自身的裁量进行第二步的审查,以其自身的判断决定是否认同该委员会的决定。对该委员会决策进行实体合理性审查,这是具有划时代意义的。为何要审查该委员会决策的实体呢?正是在本案中,法院明确地意识到该委员会决策中的结构性偏见,虽然没有使用这个措辞,而是采用"现实"这一措辞,其实际指向的正是董事会结构性偏见。该院承认,独立委员会有权请求终止代表诉讼,但错综复杂的"现实"却有足以值得警惕的风险。这里所说的"现实"就是:"我们必须注意到,这些董事是在对任命他们为董事和委员的同一公司的董事作出决定,自然而然的问题就是,若不是上帝恩宠,被告的就是我了。"①移情(empathy)或惺惺相惜自然会发挥作用。进一步要追问的问题是,对董事独立性、诚信以及合理调查的追问是否足以防范有意或无意的滥用。这里所说的"现实",不过是结构性偏见的不同表述而已。尽管新董事并非被告,这里也无所谓自我交易,法院还是不愿意认定无利害关系董事就真正无利益冲突。对此,法院头脑很清醒,已经意识到应强化对这种董事决策的司法审查。其做法也很务实,只要"现实"需要,就保留否决委员会决定的权利,并建立了"两步走"的前置审查,其用意很清楚,就是要针对已经通过第一步审查的公司行为,如结果不符合其精神,仍然保留否决权,解决"傀儡"委员会的形似神非问题。可见,法院对"董董相护"这种"现实"已有所警惕,即使无利害关系董事的决定也未必一定获得尊重。此后,许多案件步其后尘,包括北卡来罗纳州。但是,本案中法院以其独自的经营判断取代该委员会的判断,也受到裁量权过大和干预经营决策过深的诟病。

后来,特拉华州最高法院在 Aronson v. Lewis 案中明确指出,"两步走"审查模式仅适用于免于先诉请求程序的股东代表诉讼,不适用于需要先诉请求程序的案件。这是因为,免于先诉请求程序的股东代表诉讼中,董事大多参与了被指控的违法违章行为,或者缺乏独立性,诉讼委员会自觉或不自觉地偏袒他们的可能性更大。对于需要先诉请求程序的案件,董事会或者诉讼委员会的决定,则受商事判断规则的保护。不难看出,对于可以免于先诉请求的股东代表诉讼而言,"两步走"审查模式已经触及特别诉讼委员会决策的实体合理性,显然比纽约州的最低审查标准更为严格。

(二)中间问责标准:对董事会结构性偏见的立法回应

司法界对董事会股东代表诉讼的结构性偏见的讨论如火如荼,中间审查标准迭出,也推动了相关立法,最具有代表意义的就是美国《示范公司法》和《ALI 公司治理原则》,前者以转换举证责任予以回应,只要董事会的独立董事不占多数,即应由公司承担举证责任,证明其决定符合法定条件,后者则以股东代表诉讼所涉及的基础交易或行为的法律属性,确定对特别诉讼

---

① Zapatta Corp. v. Malonaldo 430 A. 2d 779(Del. 1981).

委员会决定的审查力度。总体而言,都属于与完全公平标准和商事判断标准挂钩的中间审查标准,亦未系统地解决董事会结构性偏见。

1. 举证责任转化模式

1997 年版《示范公司法》首次明确了董事会拒绝股东代表诉讼请求的法律后果,以及法院对待特别诉讼委员会有关驳回起诉的建议的态度,对董事会的结构性偏见也有所回应。其立足点乃是以董事会的独立性确保该委员会的独立性,只要具备独立性的董事会所组成的特别诉讼委员会,只要是在合理调查的基础上,诚信地认为继续进行股东代表诉讼不符合公司最佳利益,法院就应将其作为商事判断予以尊重,准予该委员会的请求,驳回股东的起诉。那么,如何组织特别诉讼委员会呢?董事会、董事会专门委员会以及法院均可任命特别诉讼委员会。对于董事会而言,出席董事会的独立董事符合法定人数,多数独立董事同意该决定,即可有效地任命该委员会成员。至于董事会的专门委员会,只要出席董事会的多数独立董事指定的成员不少于两人,且均为独立董事即可。也就是说,由董事会的独立董事指定独立董事,组成该委员会。至于法院任命,其成员可以只有一人,也不一定非得是公司董事,知名律师或公司法专家均可,完全取决于法院的裁量。公司请求法院任命该委员会,多是由于找不到足够的独立董事,或者该董事没有时间或不愿履行这种职责。不难看出,其核心就是为了确保该委员会的独立性,而这种保障是建立在对董事会独立董事的信赖基础之上。

为了体现对独立董事的信任,特别诉讼委员会股东代表诉讼的决定的效力也通过举证责任的转移体现出了这种差异。具体说来,只要独立董事占董事会的多数,即可推定其任命的特别诉讼委员会所作出的决定已尽到合理调查,系诚信地认为继续进行诉讼不符合公司的最佳利益。此时,要证明董事会不具有独立性,由原告股东承担举证责任。法院任命的特别诉讼委员会,也享有这样的待遇。反之,如果独立董事不占董事会的多数,不但不能享受前述推定的保护,公司还应就董事会的独立性承担举证责任,但并未授权法院审查该委员会决策的实体内容。[①]

可见,该模式虽对特别诉讼委员会的偏见有所警惕,对独立董事不占多数的董事会所任命的特别诉讼委员会的决策的举证责任予以区别对待。但

---

① 美国《示范公司法》(1997)第 7.44 条(e)、(f)。

是，仍未摆脱商事判断标准的巢臼，未涉及该委员会决策实体合理性问题。何况，董事会独立未必特别诉讼委员会就独立啊。将董事会的独立性与特别诉讼委员会的独立性混为一谈，这样的举证责任转移也就是无的放矢，对该委员会的结构性偏见并没有针对性。

2. 视基础交易或行为的法律属性而区别对待

《ALI 公司治理原则》采用这种模式，视股东代表诉讼所涉及的基础交易或行为的法律属性的不同，分别适用忠实问责路径的完全公平标准和勤勉问责路径的商事判断标准。具体说来，如基础交易或者行为属于董事的忠实义务，对该特别诉讼委员会的决定适用实体合理性审查。如基础交易或者行为属于董事的勤勉义务，对其决定适用商事判断审查标准。[①] 该原则还吸收了前述 Zapatta 模式的"两步走"方法，首先审查董事会或该委员会在提出终止股东代表诉讼过程中的有关要件，如符合这些要件，再进行第二步的审查，审查董事会或该委员会在作出提出终止代表诉讼决定时所适用的实质性要件。正是在这个阶段，根据基础交易或者行为的法律属性的不同，给予了前述差别待遇。虽然 Zapata 模式也是区别对待，但是其差别待遇的基础在于，多数董事是否有利害关系或请求是否达到必要的合理怀疑的程度。

视基础交易或行为的法律属性而区别对待，也是无的放矢，对于特别诉讼委员会的结构性偏见并没有针对性。这是因为，该委员会的董事或者委员并非因为与基础交易或行为具有利害关系，丧失独立性，而是因为认知偏差或者认人、认情、认面子，而系统地偏向于董事。对于这种结构性偏见，采取与基础交易或者行为绑定的审查标准，无异于缘木求鱼，南辕北辙。

（三）中间问责标准的局限性

这样看来，这些纷繁复杂的中间标准均亦步亦趋地与忠实义务的完全公平标准和勤勉义务的商事判断标准挂钩，并未对症下药，没有将董事会结构性偏见这样一个中间地带予以区别对待。其结果，要么过于苛刻，要么过于尊重。就完全公平标准而言，董事会结构性偏见显然不属于忠实义务所规范的董事自我交易，董事之间的友情和交情本身并不是问题，更不是董事

---

① 《ALI 公司治理原则》第 7.10 条。

自我交易所规范的利益冲突。董事群体偏好、群体思维以及董事认知偏差根本无交易可谈,自然谈不上自我交易了。董事互惠的确有一种交易的味道,这里所"交易"的是董事的人情和面子,而非转移资源或者义务。显然,此"交易"并非董事自我交易之"交易"也,将人情交换关系等同于一般的市场交易也是不妥的。完全公平标准旨在规制董事"徇私"决策,这种自我交易是可以避免的,而董事会结构性偏见则是不可避免的,如果也采用完全公平标准,无利害关系董事的决策与有利害关系的董事决策也就没有什么差别了,特别诉讼委员会也就没有任何实际意义了。① 但是,如果对其适用商事判断规则,又过于尊重,非理性决策造成的决策错误或失误,与一般经营决策的失误性质上有根本性差异。结构性偏见所酿成的决策失误或错误,就算源于认知偏差,往往也是董事将脑袋交给执行董事和高管,被他们框定(framing)所致。至于群体偏好,董事互惠,董事群体思维,为董事长或 CEO 捧场,人云亦云,随大流,根源就在于"董董相护","徇情"决策。如果将其与一般经营决策一视同仁,那就尊重过度了。

更重要的是,这会滋生司法怀疑主义,实际上并不认可交情、友情等理性因素对董事决策的影响。对基于友情和外部业务关系而产生偏袒的责难,法院不仅不予同情,还要求原告证明友情、交情等私交对董事决策的实际影响。这是很苛刻的要求,也是原告无法完成的使命。在 Aronson v. Lewis 案中②,特拉华州最高法院首次明确提到了结构性偏见。这是一个股东代表诉讼中,原告基于前置请求徒劳无益而起诉,焦点问题就是原告如何证明前置请求是徒劳无益的。法院认为,在确定前置请求是否徒劳无益时,衡平法院享有适当的裁量权,可以决定原告所诉称的特定事实是否对以下两个要素构成合理怀疑:一是董事无利害关系、独立;二是该交易属于合理行使商事判断的结果。在本案分析中,法院在脚注中这样提到结构性偏见问题,"批评者可能会指责我们,对全美董事会俯拾皆是的结构性偏见以及影响董事会独立评议和决策的其他社交活动,熟视无睹。对于前置请求徒劳无益的案件,结构性偏见的难度就在于要在起诉书中予以证明…我们

---

① Julian Velasco, Structural Bias and the Need for Substantive Review, 82 *Washington University Law Quarterly*, 2004.

② 473 A. 2d 805 (Del. 1984).

也认为,衡平法院对起诉书中指控董事会偏袒的特定事实进行裁量,即可决定请求是否徒劳无益"①。显然,法院要求原告对偏见进行充分的证明,实际上就是不承认结构性偏见属于董事关系的内在因素,不承认它是不证自明的。这就大大加重了原告股东的负担,影响股东代表诉讼功能的发挥。

总之,不对董事会结构性偏见寻求系统的解决办法,而是通过这样那样的中间审查标准,头痛医头,脚痛医脚,将其完全公平审查标准和商事判断标准挂钩,注定是行不通的。如第四章所述,有必要构建单独的诚信问责路径,以实体合理性审查标准取而代之,促使董事们谨慎行事。

五、股东代表诉讼决策董事问责的合理性标准

如第四章所述,对董事会股东代表诉讼决策中的结构性偏见,同样适用诚信问责路径,对其进行合理性审查。那么,如何把握董事会股东代表诉讼决策的合理性呢?下文从合理性标准的把握以及股东代表诉讼中董事"徇情"决策的司法审查强度两个方面展开分析。

(一) 合理性标准的把握

如何判断董事会和特别诉讼委员会决策是否合理呢?这就是合理性标准的拿捏问题。我们知道,实体合理性审查就意味着要审查经营决策内容的好坏优劣,不管决策程序如何,只要不合理就不予支持,就应问责。显然,这就比勤勉路径下的理性标准的要求高。在理性标准之下,法院只要认为董事行为不是不可容忍即可,而在合理性标准下,法院需要在某种程度上同意董事的行为,虽然不需要完全同意。② 但是,这并不是要求理想化的经营决策,正如忠实路径所要求的完全公平也不要求完美无缺一样。也就是说,合理性是相对的,它只是要求基本合理,而非完全正确。尤其是与企业高管

---

① Aronson v. Lewis 473 A. 2d 805 (Del. 1984).
② 这样的区分可以在行政诉讼的司法审查标准中得到印证,科克教授对行政诉讼中的合理性标准与任意性标准就是采用这样的区分,这里的任意性标准就是一种极端宽松的标准,对行政机关的决定高度尊重,公司法上的商事判断规则与其相当。参见 Koch, Administrative Law and Practice (vol. Ⅲ), St. Paul, MN: West Publishing Co, 1997。

薪酬的合理性相比,股东代表诉讼决策的合理性更具有模糊性,更难以量化,而且没有像薪酬顾问那样的专家意见可供咨询。所以,董事会和特别诉讼委员会的股东代表诉讼决策在合理范围之内,就属于合理,无须精确到某一个合理的点位。具体说来,可以将其分解为正反两个方面,从正面意义上看只要基本合理即可,从反面意义看则以明显不合理为准。没有反面意义上的明显不合理,或者正面意义上基本合理,就属于合理,就无须干预。反之,原告能够证明不起诉或者请求驳回起诉明显不合理,即应干预,并对相关董事问责。

以何种标准来检验是否正面上的基本合理和反面上的明显不合理呢?企业价值最大化乃是董事行事的价值取向,这就是检验董事会或者特别诉讼委员会不起诉或者申请驳回起诉的合理性的根本标准。这就意味着,如果不起诉或者申请驳回起诉纯粹是或者主要是为了董事或者高管的个人利益,甚至是为了个别股东的私人利益,而非企业利益,无疑是明显不合理的。如果仅仅是因为诉讼需要投入时间、精力和经费,从而影响企业的近期利益,而从长计议有利于企业长远利益的,因此不诉或者申请驳回起诉也是明显不合理的。如果诉讼确实丧失企业的部分业务关系,而该诉讼可能获得利益明显超过这种业务关系的损失的,这样的不诉或者驳回起诉申请也是显然不合理的。这样看来,只要抓住了企业价值最大化这个纲,在特定事实背景下判断是否起诉或者申请驳回起诉的合理性,其实并不困难。在本章开篇引证的案例中,*ST 三联 20 多次作为连带被告被迫卷入诉讼,公司账户多次被查封冻结,公司房产也被查封,上市公司几乎成为空壳,原因仅仅是因为其与前控股股东三联集团曾经有过关联关系,而原告往往则与第一被告有着千丝万缕的关联关系。以本案的导火线为例,原告济南商业银行不仅与前控股股东有着密切的业务关系,三联集团属于原告的十大客户之一,而且三联集团还是持有原告 2.397% 股份的股东。这种诉讼的结果往往都是连带被告承担连带责任,没有任何利益可言。可以说,这就是大股东对上市公司赤裸裸的"掠夺"。对于如此明目张胆地损害公司利益的行径,董事会按兵不动,不予起诉,显然就是明显不合理。

(二)司法审查强度

如前所述,中间审查标准所滋生的司法怀疑主义,苛求原告股东证明这样那样的"董董"关系对董事会和特别诉讼委员会决策的影响。而在诚信问责路径下,就没有这样的苛刻要求了,原告只是需要举证证明"董董"关系的存在,至于是否构成"徇情"动机,这就不是原告所能够证明的了,而是需要法官结合客观事实予以认定或推论。究其原因,"行为人主观状态除其本人外,事实上难以掌握。因此,方法上只有借助外界存在的事实或证据推敲之"[①]。民法上过失的认定,刑法上犯罪目的或动机,均是如此。这里的董事"徇情"动机也不例外。只要法院认定这种"董董"关系,至于是否构成"董董相护",就应转而查明在这种背景下的董事会或者委员会不诉或者申请驳回起诉的决策是否合理。易言之,"董董"关系本无罪,关键在于是否"董董相护"。"董董"关系产生的交情、友情可能影响决策,也可能没有影响决策。只有依据前述标准认定其不诉或者申请驳回起诉的决策不合理,才谈得上"董董相护",才需要问责。这样,就大大减轻了原告的举证责任。原告只需要证明"董董"关系的存在,并证明不诉或者申请驳回起诉明显不合理,而无须证明"董董"关系对董事决策的实际影响。

何种"董董"关系才足以构成"徇情"动机呢?对董事会和特别诉讼委员会不诉或者申请驳回起诉决策适用何种司法审查强度呢?如第四章所述,司法审查强度视利益冲突的程度而定,利益冲突愈大,司法审查强度也就愈大。就董事会和特别诉讼委员会的不诉或者申请驳回起诉决策而言,其司法审查强度需要考虑群际竞争、被执行董事和高管框定程度以及董事基于认人、认情、认面子而互惠这三个方面。

1. 群际竞争愈大,司法审查力度愈大

董事会和特别诉讼委员会之所以厌恶股东代表诉讼,其认知偏差源于群际竞争所产生的群体偏好,因而群际冲突愈大,这种认知偏差可能愈大,其司法审查强度也就愈大。一般说来,有限责任公司股东比股份有限公司尤其是上市公司的股东少得多,"搭便车"问题较小,股东较为积极地介入公司事务,并监督公司董事和高管的行为。比较而言,公司管理的专业性和复杂程度也较低,一般股东取代公司董事和高管的可能性也较大,因而群际竞争更为激烈,故对有限责任公司以及规模小、股东人数较少的股份有限公司的董事会和特别诉讼委员会的不诉或者申请驳回起诉的决策应强化审查力

[①] 曾世雄:《损害赔偿法原理》,中国政法大学出版社2001年版,第73页。

度。就股东类型而言,机构投资者、法人股东以及大股东比一般自然人股东更具有监督公司事务的积极性,更有可能取而代之,公司董事和高管可能更厌恶这种股东的请求或者诉讼,故对于董事会和特别诉讼拒绝机构投资者、法人股东以及大股东的先诉请求,或者就其提起的诉讼申请驳回起诉,应加大司法审查力度。

2. 执行董事和高管愈是操纵,司法审查力度愈大

作为公司诉权的体现,股东提起代表诉讼之前一般需要先请求公司诉讼,董事会应基于公司最佳利益决定是否起诉。之所以利用特别诉讼委员会,也是需要以其客观独立的判断,确定继续诉讼是否有利于公司最佳利益。无论是董事会还是特别诉讼委员会,均应在合理调查的基础上,诚信地作出其合理地认为符合公司最佳利益的判断。当然,董事和委员均可依靠公司经理层、职工,也可以听取外部专家的意见。但是,最终决策权在董事和委员,他们不能将脑袋交给别人。否则,就很容易被框定,被执行董事和高管牵着鼻子走,甚至成为其傀儡。为此,董事会和特别诉讼委员会独立调查愈少,执行董事和高管包办愈多,就越应强化审查力度,以遏制这种"跟着感觉走"的不负责任现象。

3. 董事会愈是一团和气,司法审查力度愈大

一般说来,董事以及董事、高管与委员会成员之间关系愈密切,群体凝聚力愈高,愈是可能一团和气,愈是应强化对其决策的司法审查力度。如前所述,董事相互吸引受个人特质、相似性、熟悉性、互补性以及临近性等因素影响。这样,担任董事时间愈长,愈是容易形成"铁哥"、"铁姐"关系,相互认人、认情和认面子的可能性愈大,愈应重点关注,加强审查力度。董事会或者委员会规模愈大,"搭便车"问题愈严重,愈是可能随声附和;董事长或CEO愈专制,一手遮天,或者一言堂;独立董事和委员会成员的选任愈是受董事长或CEO操纵,其薪酬或津贴愈高,愈是容易导致其对董事长或CEO感恩戴德,与董事长或CEO一个鼻孔出气,甚至穿"连裆裤"等等,均应加大审查力度。

总之,董事会和特别诉讼委员会不诉或申请驳回起诉的决策,因其结构性偏见而需要进行实体合理性审查,而拿捏颇具模糊性的合理性标准,则应以企业价值最大化为价值取向,司法审查强度亦应视利益冲突程度而定,董

事、高管与股东群际冲突愈大，董事会和委员会愈是被执行董事和高管操纵及一团和气的，愈应强化其决策的审查力度。这并非对董事会和委员会的不信任，而是通过外部监督，促使其更加谨慎行事，以免"跟着感觉走"。